HOL VAN A NEMZET ?

Szitnyai Zoltán

HOL VAN A NEMZET?

A HÍDFŐ BARÁTI KÖRÉNEK KIADÁSA

Fabó László
22 Hancock Street, San Francisco, CA 94114, U.S.A.

ISBN 0—936398—12—4

Készült 11 pontos Times Roman betűkkel
a Framo Publishing fényszedő gépén
561 W. Diversey Pkwy., Chicago, Il 60614, U.S.A.

Bevezető

Nehezen szántam rá magam, hogy eleget tegyek e könyv kiadói kérésének és rövid bevezetőben hajtsam meg mélyen a fejem, tanítványi rajongással és baráti melegséggel SZITNYAI ZOLTÁN előtt, aki egy életen át példaképem és büszkén és boldogan mondhatom, évtizedeken át barátom volt.

Szitnyai Zoltán ezen publicisztikai gyűjteménye remekmű s ezt annak is el kell ismernie, aki esetleg politikai, világnézeti, társadalmi, vagy más okból az egyes írások mondanivalójával vagy a bennük rejlő erkölcsi normákkal, történelmi következtetésekkel nem ért egyet.

Újságíró-főiskolás éveim alatt amikor nyomdai gyakorlatra az Athenaeum nyomdába osztottak be és mint u. n. ,,slapaj" a Színházi Magazinnál dolgoztam, hol ebben, hol abban a kávéházban találkoztam össze és ülhettem együtt Vele. Leggyakrabban Kovách Aladár és Szamosi József társaságában. Csodálatos, érdekes és izgalmas társaság volt ez. Ha a naprendszerhez hasonlítanám azt mondhatnám, hogy ha Kovách Aladár volt a központi hőt és fényt adó gócpontja ennek az irodalmi bolygórendszernek, SZITNYAI üstököse volt a társaságnak. Megjelenése mindég felvillanyozott mindenkit és őt helyezte az érdeklődés középpontjába. Az 1938 és 1944 közötti 5-6 év alatt talán ha tíz alkalommal találkoztunk. Azután nem hallottam róla egészen 1949 nyaráig, vagy őszéig, erre már pontosan nem emlékszem. A hír az volt, hogy felesége, Gitta, csendesen, óvatosan azon dolgozik, hogy ha a börtönben levő író kiszabadul, amilyen gyorsan csak lehet, nyugatra kerüljön. Aztán egy napon egy utazgató magyar jóvoltából levél érkezett Karinthiából, hogy Szitnyaiék sikeresen, angol megszállás alatti osztrák területre értek és szeretnének az amerikai zónába, Salzburgba átkerülni. Örömmel üzentem a hírközlő útján, hogy szívesen látom őket és ideiglenesen nálam lakhatnak. Pár napra rá meg is érkeztek. Azt mondja a közmondás, hogy ,,lakva lehet megismerni az embert" és ez igaz. Nem időnként a kávéházba berobbanó híresség, sikeres író, vagy apám barátja volt aki megérkezett, hanem egy börtönben megacélozódott, megaláztatások fölé emelkedett, értelmetlen és esztelen kínzások után szabaddá lett, múltját meg nem tagadó, elveit fel nem adó, meg nem alkuvó ember. Úgy éreztem, hogy annyi évi ismeretség után valójában csak Salzburgban ismertem meg igazán. Néhány hét után lakást kaptak, de attól kezdve is csaknem naponta együtt voltam vele.

Milyen ember volt? — Finom, halk és előkelő. Férfiszépség, elegancia, udvariasság, szerénység voltak a legfőbb sajátosságai. Mindig halkan, de tűzzel, de meggyőzően, szinte hipnotizáló erővel beszélt. Nemcsak *magyarul, de németül, franciául is. Szlovákul, csehül, oroszul is. Az olasz klasszikusokat eredetiben fejből idézte még 80 éves korában is. Horátius latin ódáit, görögül pedig Homérosz Odisszeáját. Megdöbbentően jól ismerte a mezőgazdaság, a csillagászat, a haditudományok, a fizika, a kémia, a színpadtechnika, a földrajz és a geológia minden csínját-bínját. De igazi területe a történelem és a közélet volt.*

Nem egyszer előfordult Salzburgban együtt töltött éveink során, hogy délután öt óra tájban beszélgetni kezdtünk a Pitter Szálloda kerthelyiségének árnyas fái alatt (óh, de szerette ezt a kerthelyiséget!) és csak akkor álltunk fel, mikor a főúr hajnali kettőkor határozottan és visszavonhatatlanul közölte, hogy ,,Sperrrstunde, meine Herrrschaften, Sperrrstunde". Persze a záróra csak a vendéglőre vonatkozott, nem ránk. Megindultunk lassan ballagva Szitnyaiék kis lakása felé. A szerény két szobát ahová később beköltöztek, Szitnyainé kastéllyá, írói szentéllyé varázsolta és amint beléptünk, kívül maradt a háború utáni Ausztria és mi egy századeleji irodalmi szalon légkörében folytattuk, néha reggel négy óráig, a megkezdett beszélgetést: Mátyás királyról, vagy Tildy Zoltán vejéről; Hatvany Lajosról; József Attiláról; Bem tábornok családjáról; Az Állástalan Diplomások Országos Egyesületéről, vagy az ÁVO kínzási módszereiről.

Azután Salzburgból az Egyesült Államokba kerültem és attól kezdve éveken át csak levélben érintkeztünk. Kegyeletes és féltő gonddal összegyűjtött és megőrzött levelei egy öregkorára is rendkívül frissnek és rugalmasnak megmaradt szellemet tükröznek.

Igen, csodálatos elme volt SZITNYAI ZOLTÁN — és olyan nehéz és olyan hihetetlen leírni, hogy ,,VOLT"! Mert annyira él, írásait annyira nemcsak ma, de holnapután is írhatta volna, hogy nehéz elhinni, — testben már nincs közöttünk.

Szülei nem értek meg olyan magas kort mint Ő, amikor utoljára meglátogattam Salzburgban, — rövid pár hónappal halála előtt, — s magas koráról beszélgettünk, bánatos, de mosolygó arccal mondta: ,,Nemsokára utánuk megyek és találkozni fogok ,,Apám öcsémmel" és ,,Anyám hugommal", — hiszen mindketten sokkal fiatalabban léptek át az örökkévalóságba, mint én".

Posztumusz kötete méltóképpen zárja le az életében megjelent mintegy ötven kötetre terjedő monumentális életművet.

Chicago, 1982. Szent István napján

NINCS VEZÉRÜNK

Uram, Császárom! Marcus Aurelius!

Hajdani világbirodalmad roppant térségének egyik kései alattvalója járul eléd, aki azon garammenti tájak közelében született, ahol Te véres háborúk fáradalmai közepette táboroztál és halhatatlan vallomásaid néhány fejezetét írtad ott vezéri sátorodban. Filozófusokon nevelődött római voltál, aki görögül írott örökéletű naplódban így vallottál önmagadról: „Én, mint Aurelianus, Rómát kaptam hazámul, de mint ember, magát a világot."

Tudod-e Császárom, akit győzelmes csaták után Vindobonában ért utol a vég, hogy műved, a nagy mű, amelyet birodalmad megmentésével és az Augustus-i határok visszaszerzésével alkottál, csupán halálodat élte túl, és a rohamos hanyatlás egymást követő évtizedei, két évszázad alatt szétforgácsolták, megsemmisítették a Pax Romanának a brit szigetektől Etiópiáig, Hispániától Szíriáig terjedő s öröknek látszó alkotását?

Földöntúli létedbe elért-e Hozzád annak a híre, hogy amiért annyi fáradalmat vállaltál és rengeteg életet áldoztál fel, nem a birodalom, hanem szellemed élte túl az évezredeket, nem az egész világnak szánt császári hagyatékod, hanem a pergamentekercsek, amelyeket senkinek sem szántál, írtál tele önmagadról szóló vallomásaiddal, és amelyek mégis ott vannak majd kétezer év múltán is, a lelki táplálékot kereső mai ember szellemi lakomáin, próféták, apostolok, Aurelius Augustinus, Dante, Rousseau, Goethe vallomásainak örök gyülekezetében?

Szobrod, a népeket kormányzó hatalmasok galériájában, istenekké nyilvánított elődeid meg utódaid kőarcképei között van, nevedet mégis azok a pergamentekercsek tették halhatatlanná, amelyekre nem győzelmeid hadiútjáról, nem a római sasok röptéről, és nem az uralkodás művészetének titkairól, hanem legrejtettebb énedről, Rólad, az emberről tettél nagyon igaz, bölcs megnyugvással zárt tépelődések után, nagyon emberien őszinte vallomást. Te, a Császár, aki a sors kegyelméből tengereket, bőséggel termő földeket hódítottál vissza légióid igája ellen lázadt kvádoktól, marcomannoktól. Magad is, mintha előre láttad volna az eljövendőket, nem uralkodói sikereidre hivatkoztál a sorsnak megköszönve a legtöbbet, amit életedben valaha is kaptál, hanem a véletlenre, amely kezedbe adta a frígiai rabszolga, Epiktetos gondolatokat érlelő, halhatatlan könyvecskéjét.

Te új értelmezést adtál a panta rhei herakleitosi tételének, amikor császári trónod magasságából állapítottad meg, hogy Európa és Ázsia csupán morzsája a világegyetemnek, az óceán csupán egy cseppje a világmindenségnek, az Athos hegy csupán kis göröngy a mindenségben, a jelen csak egy pillanat az örökkévalóságban. Minden parányi, változó és mulandó. Te mondtad a dicsőség és a győzelem büszke korszakairól, amelyek Helikével, Pompeivel, Herculaneummal, Augustus egész udvarával elmerültek a múltba, hogy csak sírok ezek, amelyekbe idők és népek temetkeznek. „Szánd hát rá magad ember — mondtad Te —, és vonulj vissza éned szűk világába, hagyd a külsőséget, ahol minden feledésbe vész a végtelen idő árjában, amelyben elhal a legnagyobb dicsőség visszhangja is."

Magad elé dobtad a kérdést, hogy Isten miként tűrheti a bűnt, az általa teremtett világban? S abba a hitbe menekültél vigaszért, hogy a természet rendjében semmi sem lehet teljesen rossz. „Nem látod — kérdezted önmagadtól —, hogy a növények, madarak, hangyák, pókok, méhek miként teljesítik munkájukkal küldetésüket?" S míg légióiddal vért ontattál könyörtelenül, evangéliumi szavakkal hirdetted, mintha az üldözött keresztények táborába tartoznál magad is: „Ha vétkeznek ellened, a vétkezőé a gyalázat, tiéd a megbocsátás kötelessége."

Uram, Császárom! az élet lényegébe tekintő bölcsességed alázatos tanítványaként szívlelem meg és vallom Veled, hogy mindannyian annak a világállamnak vagyunk a polgárai, amelyek az egész emberiség részére azonos törvényeket írt elé, de lám, Te, aki mindezt tudtad és hirdetted, mégsem vonultál vissza éned szűk világába, hanem már uralkodásod első éveiben kardot kötöttél és rövid megszakításokkal haláodig viselted azt. Te, a sztoikus bölcs, a nérói udvar rabszolga-filozófusának szellemi követője, tűzzel-vassal gázoltál végig egész Európán meg Távol-Keleten, hogy lerombolt városok, rabszíjra fűzött népek, otthonaikból kitaszított százezrek jajveszékelése kövesse légióid útját.

Hidat verettél a Duna árja fölött, de nem azért, hogy a képzeletedben élő világállam elvont eszményét szolgáljad, hanem, hogy hadaidat a lehető legnagyobb gyorsasággal vethesd Pannonia földjére és vezérelhesd tovább a római birodalom minden veszélyeztetett pontjára, uralmad biztosítása és megszilárdítása érdekében. Uram, Császárom, előttem van vonásaid kőbe vésett mása: gondolatokkal formálódott homlok kiugró párkánya alól mélybe néző tekintet, klasszikusan egyenes orr és szelíd vonású arc, amelylyel bízvást lehetnél igehirdető próféták, szentek, mártírok, avagy a teológia titkaiba hatoló egyházatyák egyike.

De Te nem voltál, Te császár és hadvezér voltál, légióid élén egyhuzamban öt esztendőn át meneteltél lakott tartományokon és embernemlakta tájakon. Míg a hadviselés táborozó szüneteiben vallomásaidat írva, egy elvont világállam polgárának vallottad magad, és hirdetted a megbocsátás keresztényi gondolatát, seregeid élén már csak az örök római voltál, akinek a szemében nem a filozófiai igazság a „suprema lex", hanem a respublica üdve.

Csupán római és császár voltál, akit egyetlen pillanatra sem tartott vissza, habozóvá sem tett elvont eszményeid erkölcstana, amikor mind a négy égtáj felől, szinte összebeszélésszerűen támadtak a britek, kvádok, partusok, marcomannok, szaratmák, vandálok. Te tétovázás nélkül ragadtál fegyvert a rád bízott birodalom védelmében, s a hadműveletek folytatásához szükséges anyagi áldozatokat nemcsak alattvalóidtól követelted meg, hanem jó példával járva elöl, két hónapon át tartó nyilvános árverésen adattad el császári palotád hadiköltségekre felajánlott műkincseit, berendezésének szinte minden mozdítható darabját.

A cselekvés óráiban nem voltál meditáló humanista, hanem a tettek embere, uralkodásra elhivatott császár, Te, akinek nevét az ókori humanisták legnagyobbjai közt örökítette meg a szellemtörténelem. Filozófus voltál, lelkedben a legszelídebb ember, aki a Stoa szellemében kívántad szolgálni alattvalóid érdekeit és uralkodásod első évében stoikus bölcsekre ruháztad a főbb állami tisztségeket, ám a cselekvés pillanatában elszakadtál a tudósok álmodozó gyülekezetétől, visszaléptél a rideg valóságok világába és a történelem egyik legkeményebb kezű, hivatását könyörtelen kötelességtudással ellátó államvezetője lettél.

Te voltál az, aki derűs beletörődéssel vállaltad a legborzalmasabb hadifáradalmakat, Te voltál az, aki a birodalom elleni lázadást véres mészárlással toroltad meg, Te, a szíved szerinti keresztény, birodalmad egyik végétől a másikig, mindenütt megengedted a keresztények üldözését. Te voltál az, akinek hallgatólagos beleegyezésével ölték meg Szent Polikarpot meg Szent Justint, és aki a dunai háborúnak halálod előtti évében is engedélyt adtál vindebonai meg lioni keresztények lemészárlására.

Te nem voltál elefántcsonttoronyban élő széplélek. Az nem, de erős lélek, az voltál! Nem az eszmét üldözted a keresztényekben, nem hitüket, hanem a keresztény tanok hirdetésével birodalmad épségét és polgári rendjét veszélyeztető törekvéseket. Róma volt legfőbb eszméd, (gyönyörű eszme volt!) s bár benned is a mindenek fölött uralkodó egy Isten szelleme élt, a keresztény tanok követőit, ha nem ismerték el Róma mindenhatóságát, amelynek akkor már csupán jelképpé vált istenei között foglaltál helyet Te is, lázadó bűnösöknek tekintetted őket.

Így kellett tenned, nem is tehettél másként.

*

Mi, a kereszténység és újkori humanizmus szellemében nevelődött kései utódok megértjük már a Császárt, aki voltál, de vajon mit szóltak kortársaid, amikor nem vártál stoikusan, a Stoán fecsegő, karba font tehetetlenséggel, hanem igenis háborúba parancsoltad népeidet, szélnek eresztetted habozó filozófusaidat, és félelem nélküli, egyszerű katonákat állítottál magad mellé, amikor nem Róma műkincseit gyarapítottad, hanem Mars isten oltárára lökted a meglevőket is. Aztán harcokba küldted birodalmad védelmében gladiátorokból, rabszolgákból, banditákból, barbárokból és Róma területén létező vallások papjaiból is toborzott seregedet.

Császárom, nem vádoltak meg azzal, hogy a szellem és a kultúra árulója vagy, mivel hadiállapot idején a hadiállapot törvényét követted és tartottad be? Nem vetették szemedre, hogy elpártoltál ifjúkorod eszméitől, és midőn az uralkodásban rád került a sor, vasakarattal tetted meg mindazt, amit államvezetői küldetésed megkívánt?

Hozzám nem kerültek el erről szóló feljegyzések, de közelebbről ismerve az örök emberi együgyűséget, lehetségesnek tartom, hogy ért ostoba és méltatlan vád. Ha azok esetleg eljutottak császári trónod magasságáig, palotád egy magányos zugában, vagy a hadi fáradalmak szüneteiben, vallomásaidat irogatva az örök rendről, bizonnyal mosollyal állapítottad meg, hogy a balga vádaskodás is az élet örök rendjéhez tartozik.

Te mindent vállaltál, amit vállalnod kellett, és mitsem tagadtál meg abból, amit éned legbensejében vallottál. Te is jól tudtad — miként előtted Ő —, hogy mivel tartozol az Istennek, és mivel tartozol a császárnak, aki akkor Te voltál, Isten különös kegyelméből.

*

12

Vindobonában ért utol a vég, miután új tartományt kanyarítottál Bohémiából és fiadra, Commodiusra bíztad műved folytatását.

Napiparancsodért jelentkező gárdatisztednek, fiadra mutatva, így feleltél halálod előtti órádban:

— Kérdd a felkelő naptól, az enyém lealkonyult.

Róma gyászt öltött és siratta azt, aki uralkodásának két évtizede alatt oly sok szenvedést kényszerült okozni alattvalóinak, s akit azok mégis, istensége díszítő jelzői nélkül, egyszerűen atyjuknak szólítottak.

*

Te már nem vagy, Te már csak emlék vagy, kőbe vésett örök fogalom a Capitolium oszlopán, és mi, szellemed kései alattvalói, vágyódva nézünk vissza azokra, akiknek Te voltál a császára.

Nekünk nincs császárunk, de vezérünk sincs, akit atyánknak szólíthatnánk.

HOL VAN A NEMZET?

Az éjszaka csöndjét felverő sikoly mindennél jobban érzékelteti a halálveszedelembe került ember rémületét. Hasonló hatást vált ki az éj némaságába kiáltó hang, amikor ereje tudatában lévő férfi száll szembe támadójával.

A népeket is gyakorta verte fel segélyért kiáltó jaj, önvédelmi harc zaja, de a létében fenyegetett magyar nemzet jajkiáltása visszhangtalan maradt történelmünk éjszakáin.

Juliánus barát, majd a tatárok elől menekülő kunok világgá kiáltották már, hogy a tatár Dzsingiz khán által teremtett birodalom tengernyi serege özönlik Európa felé, Batu khán vezérlete alatt. A világ nem vette tudomásul azután sem, hogy a kievi Oroszországot, Lengyelországot letiporták, s a muhipusztai csatavesztésből menekülő IV. Béla királyt Ausztria hercege meg is sarcolta.

A tatárok pedig, miként a szemtanú Rogerius spalatói érsek Carmen Miserabileajából tudjuk, kirabolták, felégették a gazdag városokat, öldökölték a népet, asszonyokat, gyermekeket is, és éhinséget idéztek elő, míg egy esztendő múltán, Ogutu nagy khán halálával bekövetkezett belső zavaraik hazánk elhagyására kényszerítették őket.

Kevéssel utóbb, újabb tatárvész hírére, IV. Béla a császárnak és IV. Ince pápának közös védelmi érdekeket szorgalmazó levelet írt. Talán a levelekkel szólalt meg először az európai államok közösségi szelleme. Előbb, mint a támadó háborúkat viselő, krakéler királynak, a francia Szép Fülöpnek, akit Frankhon átkának nevez Dante, 1305-ből származó levele, amelyről irodalmunk otthon élő nagyja tett említést a nemzettel foglalkozó cikkei egyikében. Tudása gazdag tárházából merítő adatok tömegével járja körül a nemzet, a nacionalizmus, szocializmus fogalmát és érthető okokból hallgatott arról, ami a rendszer nemtetszésével találkozott volna.

Hunyadi 1456-ban, nándorfejérvári győzelmével visszaverte ugyan a magát győzhetetlennek tartó ozmán hatalmat és hét évtizedre kedvét szegte az újabb betöréstől, de Európa hatalmai mit sem tettek egy újabb támadást elhárító összefogás érdekében. Mozdulatlan szemlélői voltak a bennünket marcangoló eseményeknek, akár 1956-ban.

Az ifjú II. Lajos király hiába küldte követeit Európa udvaraiba, hiába írta az angol királynak: „Ne engedje Felséged, hogy a kereszténység testéről leszakítsák annak egyik tagját. Felőrlődtünk a hosszú harcban, minden erőnket kiadtuk, a török támadását kivédeni nem tudjuk." A nemzet reménytelenül, de elszántan nézett szembe végzetével a mohácsi síkon, ahol a király s majd húszezernyi magyar halt hősi halált.

A török hódoltság másfél évszázada alatt Habsburgok uralkodtak az ország nyugati és északi részén. A nemzet élniakarását eminnen, meg amonnan bizonyító vészkiáltások hatástalanok maradtak. A konstantinápolyi Hét toronyban mindvégig raboskodtak magyarok, és hűségesküjüket megszegő, királyainkká koronázott Habsburgok jó magyarok hosszú sorát bebörtönöztették, lefejeztették.

A nemzeti jogok sérelmének és a nyomorba döntött nép panaszának ismételt bizonyítéka az a jaj, amellyel lázadó jobbágyok vert seregének vezére, Esze Tamás fogadta a Lengyelországból hazatérő Rákóczit Verecke „híres útján", és vele a póri nép olyan érzelmi lobogással, miként egykor Dózsa vezért.

E jaj vált tetté, amikor Rákóczi a „Recrudescunt diutina inclytae gentis Hungarae vulnera" (megújulnak a dicsőséges magyar nemzetnek régi sebei) szavakkal kezdődő kiáltványát intézte a „Nemes és nem nemes magyarokhoz" 1703-ban, és királyi rangú nagyfejedelemként vezette nemzete szabadságharcát. Megrendítő, amit a császári önkényről, a császári hadak garázdálkodásáról mond a Rodostóban írott önéletrajzában.

A nagymajtényi síkon leterült a zászló, látszólagos beletörődés kábulata és a rendőruralom besúgórendszere némította el a nemzetet, míg Martinoviccsal, a korszellemtől áthatott, francia műveltségű fiatalok vérbe fojtott összeesküvéssel akarták visszaszerezni a haza és nép szabadságát. Ez harangkondításként vezette be a reformkorszakkal érlelődő 1848-as eseményeket, Kossuth vezérlete alatt, Rákóczi Ferenccel azonos célokért.

Az 1867-es kiegyezés volt az a forduló pont, amely az alkotmányos élet visszaállításával azt a reményt keltette, hogy további önállósulással szerzi vissza a nemzet állami önállóságának teljességét, a Monarchia közös ügyévé tett hadügy, külügy és önálló vám szuverén intézésével.

Úgy rendeltetett, hogy a trianoni országcsonkítással szerzett állami önállóságunkat is elvesztettük a második világháborúval bekövetkező szovjet megszállás által. A nemzet ifjúsága az 1956-os szabadságharccal ismét bebizonyította, hogy nem hódol be a zsarnokságnak és nem adja fel az önálló állami léthez való jogot.

Az 56-os szabadságharc összezúzása utáni hóhéri munka elnémította a bátrakat is, majd a szabadságjogok némi csökevényeivel megvesztegetett ország látszólag megbékült az apák, gyermekek, testvérek gyilkosaival, és nem volt, aki szolzsenyicini haraggal hirdette volna a népszabadság jogait s a rendszer bűneit.

„Milyenek vagyunk nemzeti mivoltunkban, mi magyar anyanyelvűek? — kérdi irodalmunk odahaza élő nagyja, aki megbélyegzőnek találja a nevéhez illesztett nacionalista jelzőt és Jaurésféle „engesztelhetetlen" internacionalistának vallja magát. Azt állítja, póri származása és színmagyar Rácegrespusztán való születése, meg gyermekkori tapasztalatai jogán, hogy az úgynevezett köznépnek „a latifundium pusztáin az egyéneknek, nyugodtan mondhatjuk így, fogalmuk sem volt, — így helyes a kifejezés — arról, hogy ők magyarok."

15

Hideg zuhanyként hatnak a költő szavai, aki színmagyar vidékről, „a magyar anyanyelvűség közepéből" érkezett a magyar életbe. Mondjunk le hitünkről, hogy a puszták és falvak népe nemzeti megmaradásunk legszívósabb őre, nemzeti nyelvünket tápláló tiszta forrás?

Lehet-e, hogy a rácegrespusztai nép ajkán sohasem csendült fel a fohász: „Isten áldd meg a magyart!"? Vagy, ha el is dalolta, csupán szajkózva tette, annak tudata nélkül, hogy ő maga az a magyar, akiről az örök fohász szól? És a nagy költő-előd parancsát sem hallották soha, hogy „Hazádnak rendületlenül légy híve, ó magyar!"? Az ősmagyar zsolozsmát sem, amely Boldogasszony Anyánkhoz könyörög, hogy ne feledkezzék meg rólunk, szegény magyarokról? Avagy Rácegrespusztán sohasem jártak választások idején korteskedő szónokok, és sohasem hallották, hogy magyarok? És náluk nem úgy mondták 48-hoz hűen, hogy „Kossuth apánk"? Nem hallották, nem tudták, hogy ők azok a magyarok, akikről dalban, fohászban, szónoki beszédben szó van? Mit tudtak hát önmagukról? Talán abban a hitben éltek, hogy szlovének, rácok, svábok?

Szebb lenne elásni a harci bárdot, amelyet nagy költő-elődök utódja végül is önmaga ellen forgat. Idejét múlt a főrangúak öszszességét elítélő vádaskodás. Tudjuk, hogy sok volt a bűn, de számos főurat koszorúz örök dicsőség azért, hogy megmaradt az ország, népét nem szívta magába környező idegen népek áradata és hogy maga az író is azon a nyelven írhatja remekműveit, amelyre bölcsőjét ringató anyai dúdolás tanította.

Felsorolhatatlan a főúri magyarok névsora az árvízi hajós, báró Wesselényi Miklóson is túl, aki „Balítéletek" című könyvében ugyancsak ostorozta, Széchenyinél is keményebben, saját osztályát. Vagy a maguk korából a népjogokért harcoló nagybirtokos Justh Gyula, aki az önkénytől bőszülten robogott fel a Bécsi Burg márványlépcsőin a királyig, szemébe mondani, hogy alkotmányunkat sértette meg Chlopy-i hadparancsával, amelyben a magyarokról nem mint nemzetről, hanem „néptörzsről" beszélt. Ezért, amire nem volt még példa, visszaadta belső titkos tanácsosi méltóságát. A főnemesi nagyok hosszú sorának végén Teleki Pál tragikus alakja, akit az adott szót megtartó becsület késztetett az önkéntes halálba, amikor német páncélos seregek meneteltek magyar területen át, Jugoszlávia ellen.

Irodalmunk nagyja a nemzetivel foglalkozó egyik esszéjében ultrakonzervatívnak nevezte Tisza Istvánt. Igaza van, Tisza valóban az volt, de e magatartását menti az a jogos aggodalom, hogy a választói jogosultság általánossá és titkossá tétele a magyarok vezető szerepét veszélyeztethetik törvényhozásunkban, más részt, utat nyitnának azoknak a szélső baloldali világnézetet követő törekvéseknek, amelyek 1945 után a kommunista államrendszert vezették be.

A hajdani vezető réteg elbírálásánál alapul szolgálhat költőnknek az a megállapítása, hogy „az okok burka alatt gazdasági érdekek rejlenek." A jobbágyságot nem a magyar rendi világ találta ki, hanem magukkal hozták azok a gazdasági körülmények, amelyek a tömegerő kényszermunkával való igénybevételét tették szükségessé világszerte, a gépek feltalálása előtt.

A demokratikus nyugati államokban réges rég megszűnt már a jobbágyság, de Oroszországban a cári uralom bukása után, a bolsevista rendszer más „burok" alatt felújította a rabszolgaságot és azt inkvizíciós, középkori terrorral kényszeríti mindmáig a népre. A jövőt illetőleg megnyugtató azonban, amit költőnk vall: „Minél képtelenebb egy helyzet, annál közelebb az, hogy elviselhetetlen ellentmondásaiból kibuggyan a megoldás: a gyötrelemoldó új állapot".

A költő jól tudja azt is, hogy nemcsak érdekek azonosságán alapuló közösség a nemzet, hanem érzelmi kapcsolat, amely évezredek óta mindmáig megdobogtatja a szíveket, s ahol nem dobogtatja meg, ott már nincs is nemzet. A nemzeti érzés talán sehol sem mélyebb, mint a magyarokban, akiket ezért erényeiket túlbecsülő sovinizmusban marasztalnak el. Ám tegyék. Ezer éves államiságunk csodája nem valósulhatott volna meg e „sovinizmus" nélkül. Létünket megtartó erő volt a keletről, nyugatról történő kísérletekkel szemben.

A franciák sovinizmusa sem marad el a miénk mögött. Sok évszázados örökség ez nálunk is. Az oroszok pedig, mai zsarnokaik alatt épp úgy imádják szent Oroszországukat, mint a vérengző „cár atyuskák" idejében. Szolzsenyicin nem kevésbé orosz nacionalista annak ellenére, hogy világgá kiáltotta a bolsevizmus népírtó bűneit. A Párizsba disszidált költőnő sem kevésbé megszállott orosz, bár súlyosan elítélte a szovjet állapotokat és úgy nyilatkozott, hogy Oroszországban egyre többen döbbennek rá a kommunizmus ideológiai ürességére. Egyike azoknak, akiknek

17

évekig tartó elmegyógyintézeti gyötrést kellett elszenvednie, mert részt vett a moszkvai Vörös téren a Csehország megszállása elleni tüntetésen.

A vérengző és nagynak nevezett Péter cár is nemzeti — és nem dinasztikus célzatú — politikát követett. Ebben ma sincs különbség a nép és zsarnokai között. A cárizmust megszüntető bolsevizmus nemzeti külpolitikát folytat, amelynek legfőbb törekvése beolvasztó szándékkal fojtani el más népek nacionalizmusát.

A nemzeti érzelem, nemzeti közösségi tudat legtanulságosabb példája az ószövetségi zsidók állama. Évezredekkel előzte meg a forradalmakból keletkező nemzeti államokat s a mai Izraelben felújulva, annak leghatékonyabb éltetője.

A nacionalizmus a társadalmi fejlődésnek olyan eredménye, amelynél nemcsak hasznossági érdekek, hanem azoknál erősebb és hatásosabb érzelmek kötik egymáshoz az egyedeket. Ősmúltba kapaszkodnak gyökerei és meg-megújuló jövőbe hajtanak ágai. A kommunizmus az emberi agyvelő által kitalált társadalmi rendszer, amely sohasem hatálytalaníthatja az évezredek óta létező, ösztönökkel és érzelmekkel táplált nemzet létét.

A nemzet, mai értelemben, azonos nyelvű emberek összessége, tekintet nélkül fajukra és leszármazásukra, de a nemzetbe tartozásnak mindmáig elengedhetetlen követelménye, hogy akit magába fogad, az tegye magáévá a vérszerinti nemzet sajátosságait, hagyományait, törekvéseit és a nemzethez tartozással járó sorsközösséget. Enélkül is lehet valaki állampolgár, de sohasem lehet hazafi.

A nemzeti (nacionalista) érzelemnek sohasem volt szükségszerű velejárója a más nemzetekkel szembeni ellenséges magatartás, sem a dolgozó osztályok érdekeit vélt nemzeti érdekeknek alárendelő, burzsoá politikai és ideológiai irányzat, miként a rendszer kivánalmai szerint, a Magyar Tudományos Akadémia Értelmező szótára állítja. A magyarok első királya fiának szóló intelmeiben, amelyek utóbb a magyar törvénykönyv élére kerültek, az államvezetés követelményévé tette a betelepülő idegenek megbecsülését, mert „az egynyelvű ország gyönge és törékeny". A magyar nacionalizmus sohasem irányult más nemzetek ellen. Nem voltak hódító háborúi sem. A Ferdinánd király és utódai szolgálatában álló, dalmáciai születésű Verancsics Antal diplomata és püspök, majd esztergomi érsek, művei egyikében elismerően írja, hogy a különböző népek mindig „concordibus animalis" éltek a ma-

18

gyarokkal. Sem a közjogokból, sem a boldogulásukat nyújtó lehetőségekből nem zárták ki őket.

És ma? Amikor a közjogok legfőbbjétől, a szabad vélemény-nyilvánítás jogától fosztották meg saját hazájában a magyart. Miért hallgat a nemzet? Vagy már nincsenek is hazafiai? Csak állampolgárok gyülekezete, amely megalkuvással veszi tudomásul Moszkvának azt a törekvését, hogy megszüntesse soviniszta egyeduralmának legfőbb akadályát, az egyes népek nemzeti érzését.

Hol van a nemzet, amely 1956 októberében oly igéző bátorsággal szállt szembe félelmetes hatalmú zsarnokával?

Szelleme él! A rémtetteket megörökítő feljegyzésekben, azokról szóló írói alkotásokban rejtőzködve. — Él ott, ahol összehajol négy-öt elbúsúlt magyar, ahol boldogító vágyak teljesülését várják a fiatalok, ahol keresztet vetnek, kalapot emelnek templomok előtt és mindenütt a meg nem félemlíthető, láthatatlan szivekben.

Bár elnémítottan, de él, történelmünknek 1945 óta tartó éjszakájában.

MAGYAR ÁTOK

Büntető villámok és dicső cselekedetek fénye világítja be ezernyi átokkal sújtott történelmünket. Az ezeréves átok azonban kevésbé az, amelyet magyar átoknak szokás nevezni. Az igazi átok nem benső viszálykodások bűnös hajlamáért sújtott ránk, hanem azért a nemzeti erényünkért, hogy hűen és nemegyszer a magunk kárára töltöttük be földrajzi helyzetünkkel kapott szerepünket Európa népeinek együttesében.

Ezer éven át voltunk: „Rajta magyar! Ne hagyd magad magyar! Tarts ki magyar!", de egyszer sem voltunk: „Veled vagyunk magyar! Megsegítünk magyar! Nem hagyunk el magyar!"

Vérünk vakolta Európa biztonságának falait, de a mi biztonságunkat nem védte Európa.

Ez volt a magyar átok, és ma is ez!

Annak a magyar nemzedéknek, amely az első világháborúval esett át a tűz- és vérkeresztségen, amely megharcolta a második világháborút is, még fülében zúgott az apái által keseregve idézett herderi jóslat, amely azt károgta rosszindulatú óhajjal, hogy a magyarok, miután betöltötték Nyugat védelmére rendelt küldetésüket, hamarosan nyomtalanul merülnek el a germán és szláv népek tengerében.

A két világháborús nemzedék tanúja volt annak is, miként törtettek a jóslat teljesülésére törekvő szándékok. Nyugat felől bismarcki elképzelés, Ferenc Ferdinánd-i tervezgetés, pittsburghi szerződés, trianoni bárd, majd hitleri mohóság a pontosan meg nem határozott német élettér birtoklásának igényével, amelybe könnyen beilleszthető a magyar államiság megszüntetése is. Keletről a pánszlávizmus sűrűsödő hálója, végül Moszkva fegyveres ereje.

A germán veszély csökkent, de meghatványozódott a keleti. Az emberiség legnagyobb katasztrófái közé tartozik, hogy a nyugati államok már a lenini korszakban is, közönyből vagy üzletező érdekek tálnyi lencséjéért, diplomáciai kapcsolatok felvételével, kereskedelmi szerződésekkel segítették elő a Szovjetállam megszilárdulását, országaikban lehetővé tették a kommunista propagandát, s végül háborús katonai szövetségükkel fél Európa urává tették azt az államot, amely meg akarja szüntetni az ő létezésüket.

A magyarok, akik már átszenvedtek egy kommunista rémuralmat, a második világháborúban nem a nyugati hatalmak ellen, hanem a nyugati keresztény civilizáció védelmében csatlakoztak a szovjet elleni német hadművelethez, s a leveretés után oly erkölcsi ellentállással folytatták a bolsevizmus elleni harcot, hogy azt Eden, Nagybritannia akkori külügyminisztere, követendő példaként állította a szatellitállamok népei elé.

A magyar nem fatalista, mint sokan hiszik, a magyar nagyon is hajlamos arra, hogy a fátummal szembeszálló magatartást tanúsítva, véráldozattal védelmezze jogait, harcolja ki megmaradását. Amikor Rákosi Mátyás bitófáinak árnyékában már az volt a látszat, hogy fásult megalkuvással némult el a nemzeti közvélemény, e hiedelem oly döntő cáfolatot kapott 1956 októberében, amely bámulatot keltett az egész világon.

A Nyugat tapsolt, de mitsem tett azért, hogy az első kábulatból eszmélő Golem ökle össze ne zúzhassa a kivívott magyar szabad-

20

ságot. Kihasználatlan maradt a szovjethatalmat — létezése óta első ízben — széteséssel fenyegető lehetőség. A tűz, amely a magyar lángolás láttán, a leigázott szomszédos államokban is gerjedezett már, forradalmi kitörésre lobbanthatta volna az orosz nép százmillióiban felgyülemlett keserűséget. Szétrobbanthatta volna a négy évtizede tartó szovjet despotizmust ugyanúgy, mint amikor a bolsevisták hasonló népi keserűség lángra lobbantásával döntötték meg a cárok despotizmusát.

Ami 56-ban halálos veszedelemként fenyegette a szovjetet, a nyugati közöny következtében hol berlini fallal, hol Kubával, hol Vietnámmal, s legutóbb az ótestamentumi területeken izzó viszállyal bumerángként hull az egész antikommunista világra. Ha Amerika, Nyugat egyetlen esélyes bajvívója a történelmi porondon, nem teszi jóvá 1956-ban tanúsított magatartását, további bumerángok egész sorozata érheti s a kommunistákat semmi sem tarthatja vissza attól, hogy az óceánon túl is meghonosítsák államrendszerüket.

De várható-e jóvátétel attól az Amerikától, amelyet a saját területén lejátszódó események biztonságában és megmaradásában veszélyeztetnek? Mert mit érhet el azzal, ha Apollóival meghódítja a Holdat, felkutatja naprendszerek titkait, de nem vet véget a véres paródiának, amellyel fiai nyíltan tagadják meg a katonai szolgálatot, kommunista bujtogatók pénzén szított zendülők rombolással, gyújtogatással, fosztogatással karhatalmi közegek gyilkolásával nyilváníthatják politikai véleményüket, és az ifjúság szellemi elitje, az egyetemek hallgatói a melléjük terrorizált még kriptokommunista professzorokkal olyan anarchisztikus állapotokat, felfordulást idézhetnek elő, amelyek lehetővé tehetik, hogy a bolsevizmus fegyveres harc nélkül teríthesse le ma még legnagyobb ellenfelét?

Amerika, az ezer évekre visszatekintő történelem időmértéke szerint, fiatal állam. Vannak nemzeti hősei, egyenlőségért, szabadságért vívott harcokról regélő dicső emlékei, de nem kellett elszenvednie önállóságát megfosztó zsarnokságot, nem alakíthatta ki azt a hazát féltő közösségi érzést, amely a balsorsban eggyé kovácsolódott népek legfőbb ereje. Amerikának nem „harc a menedéke", nem kard a legfőbb önvédelmi eszköze, hanem a dollár.

A kétszázmilliós Amerika események véletleneiből összeverődő fajok, népcsoportok, nyelvek, kultúrák különbözőségének

konglomerátuma. Azonos lelkületű nemzetté kell erjednie, hogy
előbb-utóbb szét ne hulljon alkotó elemeire, hogy hatásosan véd-
hesse önmagát két sokkal homogénabb, népét engedelmességre
fegyelmező kommunista mammuthatalommal szemben, és be-
tölthesse a nyugati civilizáció megvédésére hivatott történelmi
szerepét, amit a kommunista veszély nőttön növekvő árnyékában,
esengve vár a nyugati világ.

Akkor talán rólunk, magyarokról is lehull az ősi átok és leszünk
végre, ami még sohasem voltunk: ,,Veled vagyunk magyar! Meg-
segítünk magyar! Nem hagyunk el magyar!"

LÁTHATATLAN MAGYARORSZÁG

A magyarok számára 1945. április 4-én ért véget a történelmi
dráma, amelyben egyedül azért vettek részt, hogy visszavessék
az erőt, meg szellemet, amely Kun Béla romboló ekéivel szántotta
végig a magyar életet.

Elkezdődött Magyarország beerőszakolása a kommunista
közösségbe. A történelmi aréna páholyaiban nyugati nagyok
tapsolták a keleti győzőt, nyugati tábornokok tették szabaddá
további útját nyugati területek felé, nyugati bölcsek szövegezték
népek népbírósági megaláztatásának törvénykönyvét, nyugati
karhatalmi erők zárták emberkarámba, kezelték bűnözőkként a
nyugati civilizáció humánumában bízó, Nyugatra menekült fegy-
vertelen tízezreket.

Negyedszázad telt el azóta. Fiatalok vénhedtek, öregek ha-
lódtak a hontalanságban, s akik megmaradtak a hajdaniakból,
ma már azok is kifelé szedelőzködnek azzal a keserű tanulsággal,
hogy mitsem teljesíthettek történelmi küldetésükből és vajmi kevés
az, amit eszméikből, célkitűzéseikből elfogadtathatnak az őket
követő emigrációs nemzedékkel. A fiatalok más irányt követnek,
más elveket vallanak, más küldetést szolgálnak s magatartásukban
mindig van az előző nemzedékkel szembeszegülő, forradalmi
vonás.

Látszólag így van és mégsincs így. Francois Mauriac a párizsi háborgások idején azt mondta a Le Figaro munkatársának, hogy a fiatalok hamarosan kigyógyulnak fiatalkorukkal járó magatartásuk gyermekbetegségéből. Ezzel azt akarta mondani, hogy mire megvalósíthatnak valamit forradalmi elképzeléseikből, azok elavulttá válnak az őket követő új nemzedék szemében. Örök ellentét másíthatatlan folyamatában sohasem kerülhetnek közös nevezőre öregek meg fiatalok, de az egymást váltó nemzedékekből álló emberiség örök időktől és mindörökké az öregek által emelt alapokra építi további életét.

Az emigráció huszonöt esztendeje határkő, amelynél az elmúlásba induló nemzedéknek el kell készítenie szereplése mérlegét és el kell döntenie, hogy az emigrációnak van-e még történelmi rendeltetése. Lehet-e tényező az eljövendő Magyarország társadalmi rendjének kialakításában, politikai iránya kijelölésében és a nemzetközi életben méltó helyének kiharcolásában. Van-e még érzelmi közösség az emigráción belül, hajlam, vágy, közös akarás, hogy a befogadó állam polgárává váltan is őrizhesse, utódainak adhassa át a tudatot, hogy idegenbe vetődött, de magyar érdekeket szolgáló, hazavágyó cseppjei a vasfüggöny mögé börtönzött nemzetnek.

Egyre többen vallják, hogy céltalanná vált, létjogosultságát vesztette az emigrációs külön utakon járó politikai magatartás. A megalkuvók, az emigráció szakadárjai hirdetik ezt, hogy lelkiismeretük előtt menthessék 45-ös meg 56-os fogadkozásuk elárulását. Nem mérlegelik, amit a magyar jövő kíván. Csupán személyes boldogulásuk érdekli őket, és hideg közönnyel fordítanak hátat emigráns közösségeknek, magyar szolgálatnak.

Ők azok, akik hazalátogatnak gépkocsijukon, travelcsekkel bizonyított jólétüket mutogatni, kiskocsmákban borozgatni, bárokban pezsgőzni, mulatókban ölelkezni, radványi rengetegben vadászni, Balatonon vitorlázni, fényképeken mosolyogni, riportokban áradozni, aztán hírt hozni Nyugatra, hogy otthon olcsó az élet, pazar a fejlődés, a világ legszebb hídja az Erzsébet híd, legremekebb szállodája a Hotel Duna, városfejlesztési csoda az Angyalföld, humánus a rendszer, elégedettek az emberek és haja szála sem görbül meg annak, aki nem vét a törvények ellen.

Elhallgatják azonban, hogy a városfejlesztés nem múlja felül a rohamléptű technikai haladásnak a legsötétebb Afrikában is mutatkozó eredményeit, hogy nincs sajtó- meg véleményszabadság, a dolgozók nem védhetik érdekeiket a Nyugaton elismert sztrájkjoggal, céltudatos terror sorvasztja a hitéletet, s a bíborosok kollégiumának magyar főpapját a Rákosi rendszertől öröklött módszer tartja távol érseki székétől. Hallgatnak arról is, talán tudomásul sem vették, ami a látszat mögött van: keserű emlékezés a dermesztő hajnalokra, amikor Nagy Imrétől Tóth Ilonáig, magyarok százait vitették vesztőhelyre.

Ezek az emigráns szakadárok követelik azt is, hogy az emigráció ne akarjon külön testként élni a befogadó állam társadalmában, hagyjon fel a szervezkedéssel, politikai reményekkel, saját sajtóval, könyvkiadással, mindennel, amivel odahaza elégedetlenséget szít a szerintük véglegessé vált államrenddel szemben. Vegye tudomásul az exigenciák változását és ne akarjon nemzetközi életet sugalmazó tényező lenni. Érje be és örömmel érje be azzal, hogy hazátlan hányódás küzdelmes évei után, befogadó állam polgáraként érhetett révbe, ápolhatja nemzeti kultúráját, hagyományait, amennyiben nem elszakadási vágy bújik meg lojalitása mögött. Hagyjon fel az otthoni milliók felszabadításának ábrándjával, az otthoniak ezt már maguk sem akarják. A reakciós elemeket felszívta az idő, az elégedetlenséget lecsillapította kormányzati méltányosság s a huszonöt év alatt felnövekedett nemzedékek már nem ismernek más rendszert, mint a kommunizmust. A negyedszázad alatt elszenvedett kudarcok és csalódások után lássák be végre az emigránsok, hogy Yaltában, Potsdamban nem átmeneti intézkedéssel zártak le világháborús korszakot, hanem olyan irányt adtak a történelmi eseményeknek, amelytől többé nem lehet eltérni. A Nyugat maga is megalkuvással biztosítja békéjét, mert ha nem teszi, felrobbanthatja a meg nem alkuvó kommunizmus.

A megalkuvás apostolai csak Nyugaton terjeszthetnek efféle defetista elveket, a vasfüggönyön túl, nyilvános önkritikával kényszerítik térdre, némítják börtönbe, elhallgattatják mindörökre a megalkuvást hirdetőket. A kommunisták tudják, hogy egy közösség számára nincs bomlasztóbb métely a nagy célokat feladó megalkuvásnál, és hogy célokat elérni csak meg nem alkuvó kitartással lehet.

Megszűnt a 45-ben nyugatra menekültek reménye, hogy néhányesztendős vargabetű után, felszabadítókként térhetnek haza és megszűnt az 56-os hősi tettekbe vetett remény is. A nyugati világban szétszóródó magyarok sorsa hasonlóvá lett a zsidó diaszpórákhoz és új országról ábrándozó egykori zsidó reményekhez. Mi azonban előnyösebb helyzetben vagyunk az egykori hazájuk visszaszerzéséért szervezkedő zsidóságnál. Van vérrel és karddal szerzett, mindmáig létező országunk, de szabad magyar csak a hontalanságban van, abban a másik és láthatatlan Magyarországban, amelyet a menekült magyarok alkotnak a világrészekből álló Nyugat térképén. Mindaddig meg kell tartanunk hontalanná válásunkkal szerzett országunkat, amíg fel nem szabadul az ezeréves haza.

Ez a láthatatlan Magyarország őrtorony, amelyből éberen figyelhetjük a vasfüggönyön belüli történéseket és a jövőnkről döntő világpolitikai fejleményeket. Dobogó is, amelyről tájékoztatást, bátorítást küldhetünk haza és elkiálthatjuk Nyugat felé mindazt a panaszt, amit a hazulról érkező levelek, menekültek és látogatók mondanak el. Ennek a láthatatlan Magyarországnak szüksége van a hontalan magyarokat összefogó szervezetekre, sajtóra, könyvkiadásra, ifjúságot nevelő iskolákra, nemzeti nyelvünket ápoló, emigráltságunk történelmi küldetését hirdető költőkre, írókra, művészekre, jó magyar papokra, akik Pázmány Péter magyarságszeretetével szolgálják az oltárt. Szüksége van minden emigráns magyarra, aki nem csupán azért hagyta el hazáját, hogy boldogulhasson, hanem mert él benne a vágy, hogy előmozdíthassa a haza felszabadítását.

A háborúk utáni bosszúvágytól irányított politika véget ért. Nyugat részéről, ha nem is alapelveket feladó koegzisztenciális szándékkal, de azzal az igyekezettel, hogy népek boldogulását, békéjét előmozdító intézkedésekkel tegye reálisabbá a be nem tartott ígéretek, diplomatamosolyok, hadi izomzatot mutogató fenyegetések terméketlen korszakát.

A népek közötti összhang egyszer talán a politikai határokat megszüntető, egyesült világállamba foglalja majd a népeket, de soha meg nem szüntetheti azt a pompás sokféleséget, amellyel a nemzetek sajátos kultúrája színezi, gazdagítja, kölcsönhatásokkal termékenyíti a világ népeinek összességét. Elviselhetetlenül egyhangú és szürke lenne a nemzeti sajátosságok különbözősége nélkül.

A sajátos nemzeti jelleg megőrzése mind nehezebb a vasfüggöny mögötti népeknél. A nagypéteri álmok megvalósítására törekvő Moszkva érdeke, hogy ahol lehet, elhalványítsa, megszüntesse a sajátos nemzeti vonásokat és eloroszosítsa a leigázott népeket.

25

Ezt a törekvését hátráltatja az emigráció, ha nemzeti karaktert, nemzeti öncélúságot őrző láthatatlan Magyarország marad a nyugati világban, ahol nyíltan hirdetheti mindazt, amit odahaza elsuttogni sem szabad.

„Minden nyelvnek két nagyszerű szava van: az igen és a nem — mondta Sydney Smith, Saint-Jean D'Acre-t védő angol admirális. — Bátran és keményen kell kimondanunk a két szót, ha kell, a vérpadig hangoztatva igazunk igén-jét és nem-jét."

Ilyen igent és nemet mondó, eszményeikhez hű magyarokra van szüksége a magyarok láthatatlan Magyarországának.

1867 ÉS 1967

Vérengző megszállás, elvesztett alkotmány, zsarnoki önkény, rendőruralom, börtön, bitó, államférfiak és katonák száműzetése követte a világosi fegyverletételt.

Mindez döbbenetes hasonlósággal ismétlődött meg egy évszázad múlva, a második világháború után.

1849 és 1945 hasonlóságánál is szembetűnőbb azonban az ellentét azok magatartásában, akik a nemzet szószólóiként fogadták a két tragikus eseményt. A magyar társadalomban 1945 után is meg volt a hajlam, hogy néma ellentállás fegyverével harcoljon jogaiért, miként ősei a Bach-korszak alatt. Ennek fényes tanújelét adta a kisgazdapártot 1945. november 4-én óriás győzelemhez juttató akaratával, majd az 1956-os szabadságharc jajkiáltásának vérbe fojtott, világtörténelmi cselekedetével. A nemzet millióiban nem aludt ki a felszabadulásba vetett remény, a sors azonban megtagadta e millióktól, hogy történelmi küldetést betöltő olyan vezetői legyenek, mint a száz év előtti nemzedéknek adott nagyok között: a „legnagyobb magyar", „Kossuth apánk" és „haza bölcse". 1945 után a „nemzet bölcs tanítómestere", Moszkva véreskezű, puhánytestű szadistája önmagát ruházta fel e díszítő jelzővel, mely népünk nyelvén az utálat, megvetés gúnyos szólamává vált.

26

Ha a ma magyarja visszanéz az 1945 óta eltelt két évtizedre, nem találja méltó utódait az 1867 előtti nehéz évek dicső vezéreinek. Azt, aki látta és meg nem félelmíthetően sugalmazta a nemzet által követendő magatartást, a zsarnokra veszélyt jelentő egyetlen erőt, nemzeti remények letéteményesét, sietve bebörtönözték, mielőtt messze távlatokba tekintő szellemével betölthette volna történelmi küldetését. Mindszenty elnémításával elárvult a magyarság.

Nem volt Széchenyink, aki lelki összeomlásából hazája sorsára eszmélve, a magyarországi ellentállást erősítette a Döblingből kibocsátott írásaival. Nyílt levélben figyelmeztette és a nemzeti eszmények meg nyelv életbentartására hivatott Akadémiát, hogy nemzethalálhoz vezethet, ha nem áll ellent az elnémetesítő törekvéseknek és a bécsi kormány rendeletét teljesítve, megszünteti a tudományok magyar nyelven való művelésének alapszabályaiba foglalt követelményét. Nem sokkal ezután báró Bach osztrák miniszternek névtelenül megjelentetett „Visszapillantás"-ára adott válaszában világgá kiáltotta az elnyomás zsarnoki módszerével előidézett elégedetlenséget és népnyomort. Mitsem törődve a leskelődő végzettel, a tett minden követelményét vállalva, nyílt levelet intézett Ferenc Józsefhez, Ausztria császárához, arra szólítva fel őt, hogy állítsa vissza a magyar alkotmányt, mert a nemzet alkotmányos szabadsága érdekében védekezni fog minden rossz ellen, ami a Lajthán túlról jön. Azzal a drámai intelemmel fejezte be levelét, hogy X. Károly és Lajos Fülöp francia királyok sorsára juthat Ferenc József is, ha nem teljesíti a nemzet akaratát.

Kossuth szelleme erejével folytatta Magyarország szabadságáért vívott harcát a hontalanságban. Southamptonban, Londonban, Manchesterben, Birminghamban tartott tüzes beszédei a magyar ügyet alig ismerő értelmiségiek és ipari munkások ezreiben keltettek érdeklődést. Isten újból kezébe adta a tárogatót és szavainak gyújtó hatása olyan volt, akár 1848. július 5-én, amikor a Vigadóban tartott országgyűlés emelvényéről kiáltotta történelmivé vált szavait a padsorok felé: „A haza veszélyben van!" Vagy amikor Cegléd piacán a nemzeti zászlók alá hívta az Alföld népét. A Londonban tartott népgyűlésen szavaival feltüzelt hallgatósága az osztrákbarát Times példányainak elégetésével nyilvánította együttérzését a szabadságuktól megfosztott magyarokkal. Cobden, az angol ipari munkások védelmezője és a szabad kereskedelem apostola jegyezte fel Kossuthnak Southamptonban

27

tartott beszédéről, hogy Angliában évek óta nem hallottak olyan szónoklatot, amelynek szépsége ehhez a beszédhez lenne mérhető.

Amerika földjén, ahová már az Egyesült Államok kormánya által küldött Mississippi gőzfregatton érkezett, Amerika szellemi életének legkiemelkedőbb alakja, Emmerson köszöntötte a hódolat hangján. Költői szárnyalású beszédében a szabadságeszmény megtestesítőjeként ünnepelte Kossuthot. Az amerikai út leírhatatlan lelkesedést kiváltó diadalút volt s bár nem hozta meg, hogy az Egyesült Államok kormánya a „beavatkozás elleni beavatkozás" elvét alkalmazza, a magyar ügy érdekében. Amerikában tartott ötszáz szónoklatával Kossuth érte el történelmünk óta első ízben, hogy az egész világ előtt ismertté vált évszázados harcunk a szabadságért és Nyugat biztonságáért. A tűz, amelyet gyújtott, parázsként izzik az amerikaiak emlékezetében és fellángol, valahányszor céljaink érdekében Kossuth neve az érv.

A nemzetközi élet eseményeit, az Ausztriával szembeni francia meg olasz feszültséget hasznosítani igyekezett avégből, hogy a nemzetek érdekét előmozdító üggyé tegye Magyarország felszabadítását. Tárgyalt Garibaldival, megnyerte Cavourt és kecsegtető ígéreteket kapott III. Napoleon császártól. Lendületét nem csökkentette, amikor III. Napoleonba vetett reményei kútba estek a villafranciai békével. Új lehetőségek távlatait látta meg máris, a dunai népek szövetségében. Magyarok, románok, szerbek borítsanak fátyolt a múltra, fogjanak egymással kezet és egy emberként keljenek fel a közös szabadságért. Új forradalommal új szabadságharcot tervezett 1849-es alapon és élete végéig kitartott amellett, hogy a debreceni függetlenségi nyilatkozat alaptörvény, elmellőzhetetlen kiindulási pont. Vágyaiból és terveiből semmi sem valósult meg, de az emigrációban betöltött működésével hozzájárult ahhoz, hogy „nemzetünk azon életerős tényezők közé lett sorolva, melyekkel az európai történelem fejleményeinél számolni lehet és kell". Turini remeteségéből küldött üzenetei jelentősen növelték a passzív ellentálláshoz szükséges erőt és a világ közvéleményét befolyásoló cselekedeteivel döntő része volt abban, hogy az abszolutizmus végül engedni kényszerült a külföld nyomásának és a szabadságát követelő nemzet szilárd magatartásának. A Kossuth által kiharcolt 48-as alkotmány lett a talapzat, amelyre Deák Ferenc emelte a kiegyezés művét.

Öt éve tartott már a kegyetlen terror Magyarországnak a Monarchiába való beolvasztásáért, amikor az Angol Királynő szálló

28

kapuja elé gördült a Kehidáról Pestre költöző Deák fogata. Haynaut, a bresciai hiénát, aki azzal a kijelentéssel vette át diktátori hatalmát, hogy száz évre elveszi a magyarok kedvét a forradalomtól, az ugyancsak teljhatalommal felruházott báró Bach váltotta fel. Nyelvünket nem ismerő, egyenruha viseletükért bachhuszároknak gúnyolt osztrák, cseh hivatalnokok kezébe került a közigazgatás, iskoláinkat elnémetesítették, a külállamokba való utazás, azokkal való szellemi kapcsolatok ápolása lehetetlenné vált, az adóterhek megtízszereződtek, a gazdasági élet senyvedt, nagy- és kisbirtokosok egyaránt eladósodtak, a társadalomban a reménytvesztettség jelei mutatkoztak s a merénylet, amelyet 1853, október 2-án, a csákvári származású Libényi követett el Ferenc József ellen, a felgyülemlett keserűség egyik tünete volt.

Deák a belállapotokat, külállamok beavatkozásába vetett remények kilátástalanságát, a fegyveres önkénnyel fenntartott heterogén Monarchia külpolitikai nehézségeit, belső szilárdságában mutatkozó lazulásokat mérlegelve, arra a meggyőződésre jutott, hogy fel kell adni elvonultságát és azok sorába kell állnia, akik ki akarják emelni tragikus süllyedéséből a nemzetet és alkotmányos szabadsága kivívásán fáradoznak. Nem vágyott vezéri szerepre, de vezéri feladatok vállalására kényszerítette az elhívatott vezér után sóvárgó nemzetnek beléje vetett bizalma.

Ferenczi Zoltán, akinek Deákról személyes benyomásai is lehettek, így rajzolta meg jellemét: „Ő ugyan egy szabadelvű és békeszerető Magyarországnak volt a vezére, de ezt a Magyarországot egy nagyszerű ellentállás tanulságai közt vitte győzelemre. Ebben állhatatosságával, meg nem hajlítható belső szívósságával, mely minden ellentállás lassankint elernyesztett, elveinek és egész eljárásának a középutakat kizáró következetességével, egyszóval ezekkel az uralkodó jellemvonásaival, ő egy jobb magyarnak volt a típusa, aki levetkőzte a magyarnak azt az ismert tulajdonságát, hogy lelkiélete a gyors nekihevülés és túlzott csüggedés végletein hányódik. Az övé nem hányódott, sőt meg sem ingott.”

Ugyancsak Ferenczi említi Deákról írott könyvében, hogy egy külföldi író a magyar jellem absztrakciójának nevezte Deákot. A Casinóban azonban, persze a Nemzeti Casinóban, a konzervatívoknak főként arisztokratákból álló, korszerűtlen gondolkodású s a millióktól elkülönült csoportja, kissé testes, magyarosan táblabírós alkatáért a „vastag” jelzővel illette a nemzeti hálával fogadott vezért. E gúnyos meghatározás Széchenyitől származott, aki nem tudta leküzdeni ironizáló hajlamát, mikor Deák Ferenc, Zala vármegye fiatal követeként, Kossuth oldalára állt a pozsonyi diétán, de egymásra találtak az első felelős kormányban, amelyben az ugyancsak arisztokrata Batthyány ahhoz a feltételhez kötötte a miniszterelnökség vállalását, hogy Deák is tagja legyen a kabinetnek. Végül azt is tudni kell, hogy Deák politikájának leghűbb követője, Andrássy Gyula is gróf volt, és hogy a Deák által létrehozott kiegyezésben Széchenyi szelleme valósult meg.

Deákkal erő érkezett a magyar közéletbe és akkor érkezett — nem kevésbé nyomasztó körülmények között, mint amelyek 1945 után sorvasztották a magyar életet —, amikor arra már nélkülözhetetlen szükség volt. Megpróbáltatásokon győzedelmeskedő nyugalmával, a zsarnoksággal szembeni hajlíthatatlanságával, a kibontakozás lehetőségeit felismerő és azokat hasznosítani is tudó bölcsességével, a 49 utáni kor legmesszebb látó magyarja volt. Az 1848-as alkotmányhoz való visszatérés követelményével nem kevesebbet kívánt a leigázó hatalom legfőbb urától, mintha Tildy Zoltán 1945-ben azzal az igénnyel lépett volna fel Sztálinnal szemben, hogy az általa összezúzott államrendhez térhessünk vissza.

Deák az elérhetetlennek látszó követelés kivívása érdekében, a néma ellentállást tette fegyvertelen harca fegyverévé, s a nemzet fegyverbe állt. Az egyetlen lehetőséggel élt, amit elmulasztottak az 1945 utáni vezérkedők.

Deák idején is ellentétesek voltak a vélemények a nemzet szabadságáért vívott harcról, a bekövetkezett állapotokról és a jövő elképzeléseiről, de az országot idegen hatalom segítségével megszálló, alkotmányunkat eltörlő zsarnokságot egyöntetű felháborodással fogadta valamennyi rétegében a magyar társadalom.

A nemzet bukása is megőrizte hagyományos büszkeségét s akik helytelenítették Kossuth politikáját, azokban is megszólalt az ország megalázó letiprásával megsértett nemzeti méltóság, azok is megbélyegezték a szabadságvágy kitörését megtorló hatalomnak a világosi fegyverletételt követő tetteit.

A világosi fegyverletétel után a magyarok nem nevezték felszabadításnak az elnyomást, nem hálálkodtak szabadságuk elvesztéséért, nem emeltek obeliszkeket — a hitványság bizonyítékának szégyenoszlopait —, legyőzetésüket nem dicsőítették lelkendező ódák, nem állítottak bíróságokat háborús bűnnek minősítve a haza védelmének fegyveres szolgálatát, népellenességnek az ellenséggel cimborálók kiközösítését, nem sürögtek magyar ételeket felszolgáló lakájokként a vérszomjas megtorlás lakomáin, nem üvöltöttek „kötelet!", nem ujjongtak hóhéri munka, haláltusa látványán, nem jelentkeztek félénk bujkálás csatornáiból kiszivárgó partizánok, melldöngető dicsekvéssel hangoztatva, hogy míg mások életüket adták a hazáért, ők mételyező hírveréssel, szabotálással, kémkedéssel, orozva elkövetett gyilkosságokkal szolgálták az ellenséget és mindezért megkülönböztető elbánást érdemelnek a győzőtől. Olyan magyarok sem akadtak Világos után, akik arra kérték volna a zsarnokság urát, hogy csapatai mennél tovább tartsák megszállva az országot.

Ezer évünk óta először, olyan korszak sújtott ránk 1945-től, amely érdemmé tette az árulást, kötelezővé a zsarnokok dicsőítését, múltunk ócsárlását és alkotmánnyá a törpe pártkisebbség törvénynek nyilvánított parancsát.

A kommunista törekvések sikerét nemcsak azok az ellentétek segítették elő 1945 után, amelynek a második világháborúban való részvételük miatt osztották meg a magyar társadalmat meg az 1938. XV. és 1941. XV. t. c.-kel az állampolgári jogok teljességétől megfosztott, majd leveretésünk után hatalomhoz jutott népcsoport bosszúvágya, megijedt behódolása azoknak, akiknek az elmúlt korszakban vaj volt a fejükön, vagy nem is volt, hanem érdemszerző alkalmazkodással akarták kivonni magukat a bűnbakokra vadászó és az egész országon végigvágtató hallali következményei alól.

A kommunista törekvések az első időben érzelmi támogatáshoz jutottak az első világháború után a föld népénél is kiélesedő osztályellentéttel. A nép széles rétegében halványította el a nemzeti gondolatot, hogy hiába várták ősi követelményük teljesülését. Az államhatalmat befolyásolni tudó nagybirtokosok makacs ellentállás meghiúsította a közvélemény és törvényhozás által egyaránt óhajtott radikális földbirtokreformot és a földművelő nép emiatti csalódása melegágya lett a marxista ideológia propagandaügynökei által terjesztett hiedelemnek, hogy amit megtagadott a múlt, azt meghozza a keleti határainkon beözönlő vörös hadsereg.

Vérengző hódítás, kecsegtető ígéretekben való gyors csalódás váltotta fel a hiszékenységet, de már semmi sem változtathatott azon, hogy akik az 1945-ös nemzetgyűlési választáskor rájuk ruházott rendkívüli bizalom birtokába jutottak, azok visszaéltek e bizalommal, részben kihasználatlanul hagyták az abban rejlő lehetőségeket. Nem hoztak magukkal sem államférfiúi képességet,

31

sem történelmi szemléletet, amely a Világos utáni kor tapasztalatait hasznosítva, arra késztette volna őket, hogy szervezzék meg a néma ellentállást, a lefegyverzett nemzet egyetlen, de minden erőhatalomnál hatásosabb fegyverét, amellyel Deák Ferenc vitte győzelemre az 1848-ban szentesített alkotmány visszaállításáért szívós kitartással vívott harcát.

1848 után a magyar társadalom valamennyi rétege nemzeti érzelmű volt. Csupán a megoldáshoz vezető út különböztette meg egymástól az azonos célt követő három pártot. Deák és hívei 48-as alapon, a Kossuthoz hű csoport a 49-es függetlenségi nyilatkozat alapján, míg a lojalitásra hajló konzervatívok az 1847 előtti alkotmányhoz való visszatérést javasolták. Így, vagy amúgy képzelték is a helyes megoldást, ha az következik be, ami 1956-ban, e pártok közül egy sem akadt volna, amely arra kéri az elnyomókat, hogy fegyveres erejük teljes bevetésével zúzzák össze a kivívott szabadságot.

Olyan vezércikkírót sem jegyzett fel az azon idők krónikája, aki a stilisztikai extázis hódolatával fogadta Haynau valamelyik pribékjét, Krisztus szelíd arcát ismerve fel, a pincébe menekültek gyülekezetébe toppanó katonák magyar nőkön elkövetett erőszak, gyilkosságok, rablások emlékétől sötét tekintetében, mint irodalmunk egyik beijedt kiválósága tette 1945-ben. Olyan újság sem akadt, mint Zilahy, Darvas, Kállay Gyula csodálatos összetételű háromságának lapja, amely Szabadság elnevezéssel merészkedett a nyilvánosság elé a legszörnyűségesebben tomboló terror idején, amikor összefogdosott járókelők tízezreit hajtották Szibéria felé, igazoltató ávósok hatoltak a lakásokba, nőéhes oroszok döngették a kapukat, utcasorokat töltött be védelemért könyörgő „patruj!" kiáltás, zokogott a meggyötört ország és vörös lobogó lengett Budavár fejedelmi hajlékának romkupoláján.

Ehhez hasonló gyáva és a nemzetet megtagadó behódolás hasonló cselekedetei nem hemzsegnek a Világos utáni kort megörökítő történetírás lapjain. De tudunk arról, hogy a bécsi kormány által létesített Figyelmeztető 1849. november 16-i számában megszólalt már az alkotmányunk szabadságát igénylő akarat. A lapot szerkesztő, Kossuth politikájával régtől ellentétes meggyőződésű Vida Károly, háromszéki kálvinista székely, hirdette cikkében ezt az óhajt. Lojalitását megtagadó nyíltsággal hangoztatta, hogy „mi magyarok megszoktuk az alkotmányos életet országgyűléseinken, megyéinkben". Majd a magyar nyelv elnémítása miatt felszólaló Somssich Pál cikkét jelentette meg, amely azt követelte, hogy a magyarok hazájában ne tagadják meg azokat a jogokat a magyar nyelvtől, amelyekkel „a német nyelvnek a birodalom irányában kell élnie".

A figyelmeztetőt hamarosan be is tiltották, de Szilágyi Ferenc, a Magyar Hírlap elnevezéssel engedélyezett új lap szerkesztője és a Klió című történelmi zsebkönyv-sorozat elindítója, Vidánál is tovább vágtat „Amnesztiát!" című cikkében hevesen tiltakozva az ellen, hogy az általános európai szellem hatásaként keletkezett forradalomért a nemzet egészét tegyék felelőssé.

1945-ben és azután sem akadt egyetlen magyar lap sem, amely a felébredt lelkiismeret hasonló hangján, vagy bármiként is amnesztiát kért volna a gyűlölködésből lefogott ártatlanok tízezreinek, védelmébe vette volna az ávós hajtóvadászat áldozatait, vagy legalább némi részvétjelét mutatta volna az üldözöttek iránt. Kaján káröröm röhögött a velük foglalkozó, sorsukat ismertető számtalan riportban. Az 1945 utáni lapokban nem látott napvilágot egyetlen olyan közlemény sem, amelyből a magyar társadalom s a határokon túli világ is értesülhetett volna arról, hogy a megszállók és a parancsaikhoz igazodó államvezetők miként szegik meg a demokrácia, az emberi jogegyenlőség és félelem nélküli élet oly sokszor hangoztatott követelményét. Elhallgatták a ki-kirobbanó cselekedetek, amelyekkel a zsarnokság iránti gyűlöletét nyilvánította a nemzet, s azokról csak az emigráció sajtóján közölt és a kimenekültek révén szerzett hírekből értesült a nyugati világ.

A Világos utáni magyar újságírás nem félt túltenni magát a zsarnokság tiltó parancsain. Ezt tette a Magyar Hírlap betiltása után létesült Pesti Napló, amikor a császári helytartó parancsára ünnepi előadást kellett tartani Ferenc József születése napján. A lap szerkesztőjévé tett Császár Ferenc ezt az alkalmat felhasználta arra, hogy a Magyarországon uralkodó állapotokról hírt adjon a világnak. A díszelőadást követő napon, 1849. augusztus 19-én, Vegyes Hírek és Események című apróbetűs rovata végén a következő tudósítást csempészte lapjába:

„...Mivel az egész előadás a király születésnapjának ünnepélyesítése végett történt, a zenekar a Gott erhaltét kezdte játszani. A karzaton erre néhányan pisszegésre fakadtak. Egyszerre zűrzavar keletkezett. Egy rendőrtiszt, páholyából néhány közlegénnyel a karzatra rohant; két fiatalembert a többi közül kihúzott s földig

33

verték, összevérezték. Azután nagyobb számú katonaság jött és az egész karzatot elzárta; 27 egyént, köztük nőket is, fegyver közt bekísérték, s mai napon, mint halljuk, mindnyájukat érzékenyen büntették."

A rendőrségi „civilizátorok" ugyanis tizenöt, húsz, harminc botütéssel fenyítették meg az előállítottakat s a nyugati világ az elrejtett hírecske révén némi képet kapott arról, hogy milyen nehéz magyarnak lenni Magyarországon. Azonban a cenzorok is ki tudták olvasni a tudósítás sorai közé rejtett szándékot és báró Geringer Károly, a Haynau mellett működő, polgári főbiztos, majd Magyarország helytartója, eltávolította Császárt a laptól.

A Sztálint istenségként dicsőítő versezetekből köteteket lehetne összeállítani, de hol van a költő, akiből a moszkvai zsarnokok gyakori látogatása hazánkban azt a magyar panaszt, vádoló keserűséget váltotta ki, amellyel az ősz valesi bárd szájába adott szavakkal Arany János kiáltotta a magyar városokat felkereső Ferenc József felé:

— Levágva népünk ezrei, halomba, mint kereszt, hogy sírva tallóz, aki él: király te tetted ezt!

E vers csak jóval később jelent meg nyomtatásban, de kézről-kézre adott szövege hamar eljutott a nemzethez és kitartásra, követésre buzdító példája lett annak, hogy miként érez és vele érez a legnagyobb élő költője.

A Magyarországba látogató Ferenc József magával hozta Erzsébet királynőt is. A nemzet szinte szerelemre lobbanó lelkesedéssel ünnepelte az ifjú szépsége teljében lévő Erzsébetet, de komor feszességgel fogadta zsarnokát. Lisznyai Kálmán volt az egyetlen „valesi bárd", aki éljent kiáltott a Budapesti Hírlap (nem azonos Rákosi Jenő később létesült lapjával) május 5-i ünnepi számában közölt és 50 forinttal díjazott versében. Hasonlóképpen udvarolt Falk Miksa prózája ugyanez lapban. Ő volt egyetlen magyar résztvevője annak az újságírócsoportnak, amely az országot járó Ferenc József kíséretébe tartozott. Tudósításában szemrebbenés nélkül túlzással daliásnak áradozta Ferenc József külsejét és le merte írni a valótlanságot, hogy a magyarság valamennyi osztálya igaz lelkesedéssel fogadta őt. Ime a magyarázat, hogy e tudósítások közlése után a német anyanyelvű Falk Miksát tették Erzsébet magyar oktatójává. Lisznyai és Falk eltévelyedett kivételek voltak, az 1945 utáni években, az 56-os szabadságharc kitöréséig íróink, költőink vagy hallgattak, vagy e két kivételhez hasonló magatartást tanúsítottak.

A nemzet a Világos utáni sanyargattatás keserves próbatételeinek kilencedik évében sem tört meg és érzelmi egységével adott erőt az októberi diplomával 1860-ban egybehívott országgyűlésnek ahhoz a döntéséhez, hogy nem egyezkedik olyan engedmény alapján, amely elismeri ugyan „történelmi individualitásunkat", de belügyeink részbeni önállóságát az uralkodó által bármikor megbénítható önkormányzattá csonkítja ősi alkotmányunkat.

A fegyverek övezetében vergődő ország képviselői nem féltek visszautasítani ezt az ajánlatot, amelynek teljesítésével lemondtak volna arról, amit annyi véráldozattal tartottak meg az elődök. Véleményeltérés csak abban volt, hogy válaszukat felirat vagy határozat alakjában tudassák-e az uralkodóval. Deák ekkor üzente Bécsnek:

— Ha tűrni kell, tűrni fog a nemzet, mint ősei tűrtek és szenvedtek, hogy megmenthessék az őseiktől örökölt alkotmányt.

Aulikus osztrák jogászok egész sora tagadta a magyarság jogát állami önállóságához. Ennek az állításnak bizonygatására írta Lustkandl Wenzel, az osztrák közjog tanára a bécsi egyetemen, „Das ungarische-österreichische Staatsrecht" című művét. Deák „Adalék a magyar közjoghoz" című tanulmányában kioktatta Lustkandlt arról, hogy a magyar nemzet sohasem mondott le alkotmányáról, törvényei és az azokra letett eskü kötelezték az alkotmány tiszteletbentartására a királyokat, s ha egyes Habsburg házból származó királyok esküjük ellenére uralkodtak, azzal nem szüntették meg sem alkotmányunkat, sem ahhoz való jogunkat.

Nem sokkal ezután jelent meg a sorsdöntő Húsvéti cikk, de több, mint egy évbe telt, mire Bécs komolyan megszívlelte. A königgrätzi csatavesztés s ennek következtében a német szövetségből való kiválás kényszerítette erre Ferenc Józsefet, aki nemrég e szövetség elnökeként jelent meg a német fejedelmek Frankfurtban tartott szokásos összejövetelén. Bismark összeroppanthatta volna a Habsburg Ház törékeny altwien derekát is, de Bismark mást akart. A königgrätzi diadal estéjén a következő szavakkal lepte meg Moltkét, a porosz vezérkar főnökét:

— Most aztán helyreállíthatjuk régi barátságunkat Ausztriával.

Kossuth többé nem számíthatott Bismarknak arra a korábban tett kijelentésére, hogy szívesen venné, ha a magyarok Komárom hősének, Klapka tábornoknak vezérlete alatt, légiót szerveznének hazájuk felszabadítására. Az emigráció, mint politikai tényező befejezte történelmi szerepét.

A császár és kamarillája jónak látta most már sürgősen hasznosítani a megbékélés lehetőségének a húsvéti cikkben foglalt és jól átgondolt ajánlatát. Az év végére létrejött a megállapodás, Andrássy Gyula miniszterelnöki megbizatást kapott és Ferenc Józsefet, 1867. június 8-án, ősi pompával királlyá koronázták Budán.

A 67-es kiegyezés a Pragmatica Sanctióba foglalt alapelveken és az 1848-ban szentesített törvények alapján létesült, fenntartva Magyarország és Ausztria kapcsolatát a Habsburg-Lothringeni Házból származó uralkodók jogara alatt, de az államszuverénitás teljességének csonkításával a hadügy, pénzügy, külügy közös intézésére vonatkozó rendelkezések következtében, amely ügyek egyébként az Árpádok alatt is és mindazóta a királyi hatalom jogkörébe tartoztak.

A kiegyezés az összbirodalmi gondolatról való lemondást jelentette az uralkodó részéről, és nem csak az 1849 óta tartó elnyomatásnak vetett véget, hanem a három és félévszázados küzdelemnek is, amelyet I. Ferdinand óta folytatott a nemzet a Habsburg ház egyeduralmi törekvéseivel szemben. A kiegyezés visszaadta a Magyarország területi egységéből az 1849-ben kiszakított Erdélyt, a Temesi Bánsággá tett délvidéki országrészt, visszaállította Horvátországnak a Szent Koronához való tartozását, s a nemzet rendkívüli előnyére Magyarország területi épségét biztosította azáltal, hogy a nagyhatalommá lett Monarchiába tartozunk.

— Magyarország — mondta Deák a kiegyezés védelmében —, mint külön, saját magában álló ország, biztos támaszt nyújtó szorosabb szövetség nélkül, fönn nem állhatna. A sors országunkat oly nagyhatalmak közé helyezte, amelyeknek bármelyike, midőn azt hinné, hogy vágyainak, terveinek útjában állunk, minket, saját erőnkben bizakodókat, roppant erejével bizonyosan elsodorna... Ha valamely idegen nagyhatalommal szövetkeznénk, tartok tőle, hogy a beolvasztás veszélye fenyegetné hazánkat... Ha pedig kisebb keleti szomszédainkkal kívánnánk szövetségbe lépni, hazánk területi épsége miatt saját szövetségeseinkkel jöhetnénk oly surlódásokba és belküzdelembe, mely magát a szövetkezés célját is meghiúsítaná.

A sorvasztó bizonytalanság állapotából reményekkel teli, alkotókedvvel indult gazdasági, kulturális életét felvirágoztató önállósága korszakába a nemzet. Nem sejtette, nem is sejthette a rövid csillogást követő végzetet, amelytől látnoki aggodalommal féltette a haza bölcse.

De mily más a történelmi látvány, amely a siker örömtüzével ragyogott 67-ben, a boldogabb jövő küszöbéről másfél évtized szenvedéseire visszapillantó magyarra, mint, amely százesztendő múltán tárul eléje, ha elborong az 1945 óta reménytelen reménykedéssel tengő éveken.

1867-ben királyt koronázott a szabadságát kivívó nemzet s a közeljövő távlatában már hangolták az ezeréves megmaradást ünneplő harsonákat, serény kezek már készítették a világ elé táruló csodát, amelyet szabaddá léte nem is három évtizede alatt teremt a szorgos és nagyra hivatott nemzet alkotókedve.

1967-ben, kecsesen csillogó sisakalakú kupola helyett, tömpe kupakkal koronázott királyi vár falai alól, szép szomorú esett fejekkel néznek maguk elé bús magyarok és kicsordul szemükből az ősi könny, a magyar könny:

— Miért is?... Miért is?... Miért is?...

A MAGYAR EMIGRÁCIÓ

Több, mint három évtizede lépte át hazánk nyugati határát a menekülők első áradata és huszonnégy éve, hogy az 56-os szabadságvágy szovjet tankokkal történt elfojtása, meg a párthatalom vérengző bosszúja újabb százezreket késztettek nyugatra. A szabad világba özönlő menekültekkel olyan arányú emigráció keletkezett, amelyhez hasonló nem volt a nemzet történelmében. Sem Rákóczival, sem Kossuthtal nem bujdokoltak hontalanná vált tömegek, nem is alakultak emigrációs szervezetek, de volt hűséggel követett vezér, közösen vallott eszmény, s e két adottság révén nemzeti létünk alakulásában való történelmi szerep a hazátlanságban.

37

A majtényi meg világosi fegyverletételt követő emigráció az egész magyarságban ébren tartotta a nemzeti szabadság követelményét és döntő része volt abban, hogy a nemzet, kedvezőbb időpontban, ki is vívta azt. Nem győzhetett a nemzet jelenében, de győzött annak jövőjében. A 45 és 56 utáni emigráció fölött még nem hozhat végítéletet a történelem, mégis indokolt a kérdés, hogy mit tett a nemzetért.

Minden emigráció a nemzet megbetegedésének tünete. Megszűnik, ha megszűnik a kór, amely okozta és győz a gondolat, amelyért a számkivetettséget vállalta, de gyógyító hatású lehet, ha azon fáradozik, hogy megszűnjön a kórokozó, amely az ország elhagyására kényszerítette. Amely emigráció feledi az emigráláskor vallott elveit, az céltalanná válik és nyomtalanul tűnik el.

A mostani emigrációt nem fenyegette és nem fenyegeti a hamarosan kimúlásra ítélt rodostói, avagy Világos utáni emigráció végzete. Őrtoronyként ad hírt Nyugatnak a rendszer bűneiről és kitartásra bátorító fényjeleket sugároz a vasfüggöny mögé börtönzött millióknak. Ha vannak is pártütői, szakadárai, hazaszivárgó megalkuvói, s ha közönye el is hervasztott egy-egy újságot, szervezetet, de megmaradását biztosítja majd milliónyi lelket számláló statikai ereje.

A szakadárokat új hitvallók, a hazaszivárgókat a szabadságvágy újabb menekültjei, s a megszűnt újságokat az emigrációs sajtó fontosságát felismerő új nemzedékek lapjai pótolják. A 45-ös emigrációt túlzott derűlátás töltötte el és többsége Európa békéjét biztosító történelmi szükségszerűségnek tartotta országunk megcsonkításának revízióját s hitte, hogy a félelem nélküli életet hirdető nyugati nagyhatalmak komolyan vették, amit hirdettek.

Aztán csalódások egész sora követte a reményeket. A Nyugat „civilizált" megszállói szabad ég alatti karámokba zsúfolták a menekülteket, legjobbjait kiszolgáltatták a hazai népbíráskodásnak, a nürnbergi ítélőszék a német hadviselés vezéreit felakasztatta, de egyet sem a katinyi tömegmészárlás orosz tettesei közül, Sztálint, a harmincmillió orosz gyilkosát pedig Potsdamban lakomán ünnepelték.

A 45-ös emigránsok voltak azok, akiket forgalomból kivont, rozoga hajókon szállítottak tengereken túli új hazájukba, ahol nehéz testi munkával keresték kenyerüket, de mégis megteremtették az intézmények egész sorát, amelyekbe 56-os utódaik hasonló megpróbáltatások nélkül vonulhattak be.

A remélt cselekedetek nem következtek be a nyugati nagyhatalmak politikai arénáján, és a magyar emigráció aktivitását erősen lecsökkentette a számára mindvégig kedvezőtlen világpolitikai helyzet. Ez a politika elmulasztotta az 56-os nagyszerű lehetőséget, amikor Magyarország az az archimedeszi pont lett, ahonnan kivethették volna sarkából a népek millióit leigázó bolsevizmus uralmát. Hiányzott a nagy és világsikert jelentő olyan nagy magyar irodalmi mű is, amely fogalommá váltan tárta volna a hamar felejtő nemzetközi közvélemény elé a magyar tragédiát, egyben útmutatást és reményt adott volna az otthon szenvedő millióknak.

— Ez utóbbit a szellemi vesztegzár lehetetlenné tette volna — mondhatnák egyesek. Nem így van. Az irodalom nagy alkotásainak csodálatos tulajdonsága, hogy elterjedésüket nem akadályozhatja sem erőszak, sem cenzúra, sem elkobzás. Fogalommá váltan járják be a világot, szétvetik a népek internálásának vasfüggönyeit és behatolnak a börtönökbe is, miként alkalmam volt tapasztalni a kőbányai Gyűjtőfogházban. Minnél inkább tiltják, büntetik, annál bizonyosabban jutnak el oda, ahonnan távol akarják tartani.

Bár a 45-ös menekültek a megmaradás és boldogulás bizonytalanságával néztek szembe, a kaptárszellem parancsából és számuk nagyságának erőt adó tudatából egy láthatatlan Magyarország alapjait rakták le. A többség világnézetének és a hazáról alkotott fogalmának azonossága formálta látható és láthatatlan arculatát, sugalmazott közösségi tetteket. Ősöktől öröklött hagyományokat ápolt és nem volt különbség történelmünk, történelmi nagyjaink megítélésében. De sajnos magukkal hozták a származás és egykori vagyoni helyzet szerinti különbségeket, amiből egységüket lazító ellentétek keletkeztek.

Az emigrációban nem következett be a társadalmi válaszfalakat lebontó egymásra találás, amelyet a hazai rendszer iránti gyűlölet és a szabadságvágy váltott ki az otthonmaradottakban. Gyári műhelyekben, erdőirtásnál, földmunkánál egyformán kenyérkereső dolgozók voltak, de társadalmi életükben nem szűnt meg a kegyelmesek, méltóságosok, nagyságosok elkülönülése azoktól, akiket az „úr" megszólítás is alig illetett meg. Mindezek ellenére kevesen tagadták meg a haza felszabadulásába vetett hitet és talán senki sem tartotta véglegesnek az otthoni állapotokat.

— Az emigráció fáradt, apostolai kiöregedtek és a közöny jelei mutatkoznak — mondják. E megállapításban van igazság.

A 45 utáni emigránsok kezdeti lendületét lefékezte a hamaros felszabadítás reményében való csalódás, s akik szerencsésen boldogultak új hazájukban, azokat nem késztette többé személyes érdek a felszabadítás ügyének szolgálatára, úgy vélve, hogy mennél kevésbé tanúsítják magyarságukhoz való hűségüket, annál könnyebb boldogulásuk új hazájukban.

Nem sokáig tartott az a lendület sem, amelyet az 56-os emigráció jelentett. Sokakat nem politikai meggyőződés, üldöztetéstől való félelem, hanem kedvezőbb boldogulással kecsegtető kalandvágy késztetett a haza elhagyására. Az 56-osoknak, nagy népszerűségük birtokában, nem kellett évekig sínylődniök gyűjtőtáborokban, mint a fasisztáknak minősített és ellenségként kezelt 45-ösöknek. Őket politikai mérlegelés nélkül fogadta. Nem rozoga hajókon hányódtak óceánon túli bizonytalanságba: repülőgépeken röppentek át órák alatt, biztos megélhetést nyújtó új hazájukba, ahol csakhamar arra kellett ocsúdniuk, hogy kétes elemek, becsempészett kommunisták és ávósok is kerültek a gyönyörű harc nyugatra űzött hősei közé.

Sem a 45-ös, sem az 56-os emigrációnak nem voltak és nincsenek személyes varázsukkal hódító vezéreik, akiknek szava áthallatszanék a vasfüggönyön túlig és bizalmat keltenének a felszabadításra váró nemzetben. Nincs Rákóczink, nincs Kossuthunk. Az egyetlen vezéri elhivatottságú Mindszentyt, amikor a pápa parancsából —, de mint otthon, az emigrációban is a magyarság szolgálatának vágyával — Nyugatra jött, a pápa csakhamar megfosztotta érseki székétől.´

Az emigrációt villámcsapásként érte e megalázó döntés. Érseki székétől megfosztottan is, a magyarság legfőbb lelkipásztora maradt. Világrészeket járt be, hogy ott, ahol magyarok élnek, a magyar vér, az ősi hit, a nemzeti nyelv és megmaradás védelméért harcoljon az idegenben. Küldetésében megállította a halál.

Az út követésében nemegyszer törékeny derekú jószándékok viaskodnak öncélú helyezkedéssel. Az ok eredendő. A menekülők áradatában nem mindenkit töltött el azonos eszme. Ha 45 és 56 után az NKDV nem lett volna olyan rettegett, ha nem vérebek az ávósok, ha nem létesül jó magyarok ezreit akasztó népbíróság, s ha az orosz ököllel összezúzott 56-os szabadságharcot nem követi vérengző megtorlás, akkor kevesebben menekültek volna nyugatra.

Az emigrációban az elvek különbözősége folytán különféle hadállások keletkeztek s azok között nemegyszer ádázabb volt a harc, mint az őket száműző bolsevizmus ellen. Mégis van egy cél, amelynek érdekében együttműködhetnének a különböző árnyalatok. A legfőbb cél, hogy az utódokban ne haljon ki a magyar nyelv, s ha majd felszabadul a haza, magyarul tudó magyarokkal kapja vissza azt a rengeteg vérveszteséget, amit a testéből kiszakadt százezrekkel szenvedett el.

E törekvésben az íróknak rendkívüli szerepük lehet, bár igen nagy áldozattal. Nélkülözni azt a visszhangot, amellyel olvasók tömegei bátorítják és ösztönzik. Nélkülözni a biztos megélhetést, mégis harcolni idegen népek közé börtönzött, rokontalan nyelvünk megmaradásáért: őrizni a szent tüzet, anyanyelvünkkel az egyetlent, amelynek szeretetében osztottan is egyek vagyunk.

Az emigráció legszebb eredménye, hogy nem teljesül a rendszer által is legnagyobbként becsült hazai költő 1945-ben írott, remek versének az a jóslata, hogy „a semmi várja azokat, akik elfutottak, a Vég, amelyen túl nép még nem tért soha meg..."

Nem így történt. A milliónyira növekedett magyar emigráció korallszigetként él a népek tengerében. Immár harmadik nemzedékkel újítja meg önmagát. Nem bonthatják meg sem kishitűek, sem pártütők, sem hazaszivárgók. Akarja, avagy nem, lennie kell, hogy eleven pajzsként védje a magyar nyelvet és szellemet.

AZ ÖRÖK KIRÁLY

Béke volt. De milyen béke!

Rég elnémult a mokány lovakon, nyilak záporával Verdunig vágtató „Huj-huj-hajrá!", de a császár nem merte kiaknázni támadó háborúval Lehel és Vérbulcsú fölötti győzelmét, a lehmezei kudarctól zsibbadt magyarok pedig gondolni sem mertek megtorlásra, de tüzes sebként égette büszkeségüket a gyászmagyarokká csonkított hét vitéz kegyetlenül kaján megszégyenítése. Géza megnyitotta országát a nyugati egyház előtt, a fejedelmi méltóság tekintélyét helyreállította a quedlingburgi békekötéssel és fiának Gizelle bajor hercegnővel kötött házasságával. De a Lajtán túl tovább működtek fel nem adott remények és a Lajtán innen vesztett remények bomlasztottak.

A hét törzs együttesében már nem volt meg az összetartó, cselekvésre bátorító erő, amellyel Árpád vitte „addig halmot sem látott népét égbebökő sziklákon, csúcsokon át", az új hazába. Külön utakon járó kiskirályok gyenge szövetségévé lazult a pusztaszeri vérszerződéssel megerősített etelközi kötés, s a honfoglalás művét ugyanaz a végzet fenyegette, amely a szkítákat, hunokat, avarokat, besenyőket tüntette el az európai térből. A tragikus megsemmisülés szándéka előtt István király felemelt jobbja állította meg a nemzetet. Ő, akit találó négy sorban így örökít meg a latinnyelvű historiás ének:

> Erős Sámson kell a vadnak, / aki vele szembeszáll,
> prédikálni a magyarnak / vitéz ember, szent király.
>
> (Gerézdi Rabán ford.)

Súlyos feladatokkal terhelten lépett apja örökébe. Dunántúlról nyugtalanító hírek érkeztek arról, hogy az Árpád vérből származó Száz Zeréd fia, Koppány, a szeniorátus jogán, magának vitatja a főhatalmat, üldözi a keresztény hit követőit és mágusok, bűbájosok mutatnak be pogány áldozatokat az ősi hithez ragaszkodó somogyi nagyúr birtokán. Veszélyben a magyarok keresztény hitre térítése, lázadó erők törnek a fejedelem ellen!

István gyorsan cselekedett. Előbb Koppánnyal, vérszerinti rokonával végzett, a hadait szétszóró Veszprém előtti csatában. Felnégyeltetett holttestét elrettentésül szögeztette ki az ország négy főbb helyén, birtokai tizedét pedig a Géza által alapított pannonhami apátságnak adta. Aztán a kereszténység elleni szervezkedés gócait semmisítette meg, Koppányéhoz hasonló elrettentetéssel büntetve vezetőit, s a hűbéres fejedelmeknek királyi címet osztogató császárral szembeni függetlenséget a II. Szilveszter pápától elnyert koronával, az „Isten kegyelméből uralkodó" királyi méltósággal biztosította. Az ország déli, Kőröstől az Al-Dunáig terjedő részén Ajtonnyal végzett, aki Salamon bolgár kánnal való fegyveres szövetségében bizakodva, elég erősnek hitte magát az ifjú királlyal szembeszállni, megakadályozva a királyi só szállítását a Maroson. Csanádot, Ajtony egykori hadnagya verte le Oroszlámosnál, és őt magát is megölte a harcban.

István is Sámson volt, vitéz is volt, szent is volt. Eldönthetetlen, hogy jellemének melyik vonása volt mélyebb: az apostoli-e, vagy az uralkodói. A magyarok túlvilági üdvözülésének kegyelmét akarta-e elsősorban, avagy azért avatkozott zsarnoki megtorlással a lelkek hitéletébe, hogy a keresztényi közösségbe tartozó népektől körülvett ország megmaradását és népe földi boldogulását biztosítsa? Józan céltudatosság irányította tetteit. Meggyőződését követő hitújító volt, de tiszteletben tartotta azokat az ősi hagyományokat és szokásokat, amelyek nem sértették a keresztény tanokat és tovább éltek a keresztény templomok faldiszeiben is.

Szíve arany volt, ökle vas. Népe már életében szentként tisztelte. „Hol fenyeget, hol kér, hol ad" — írja a históriás ének. „Merész lázongók hadával gyengébb pásztor mit tegyen? Ezért kemény férfi által szállt reánk a kegyelem. Mennynek minden adománya közt legnagyobb kegyelem, mely rászállt a szent királyra: csodálatos türelem. Koldusok tépték szakállát, amikor alamizsnát osztott nekik kegyesen; és elkezdett énekelni hálát, ujjongó fohászt, hogy méltó lett elszenvedni a csúf megaláztatást." (Weörös Sándor fordítása.)

A Hegyi Beszéd lényegétől megszállott keresztény volt, szelíd a szegényekkel, irgalmas a szenvedőkkel, de királyi jogait gyakorolva, könyörtelenül szigorú megtorlója a törvények megszegőinek. Hatalmát Isten kegyelméből való királyként gyakorolta, és szuverén elhatározással hozva meg törvényeit, s egyházi, meg világi főemberekből álló királyi tanácsa csupán véleményező testületként működött. Törvényhozó volt, aki földvagyon magánbirtoklásának jogával megállította a földközösségben élő törzsek egymástól való szétválásának, a nemzeti egység lehetetlenülésének folyamatát. Látnok volt, aki a Duna-Tisza táján kimúlt népek végzetéből merített okulással olyan alapzatra helyezte államát, amely erősnek bizonyult az elkövetkező és a magyar államiság létét ostromló véres századok alatt.

Európér volt a szó mai értelmében, korát messze megelőzve. Uralkodásban utódjául remélt fiához, Imre herceghez intézett Intelmeiben oly magatartást írt elő, amely ezer év után is időszerű, megszívlelendő követelményt a határaink körül létesült uralmakkal szemben, amelyek hazánkból markolt területekkel és azokon magyarok millióival valósították meg országgyarapító terveiket, másodrendű állampolgárokként bánva az őslakó magyarokkal.

43

„Légy béketűrő", írta Intelmeiben Szent István király. „Harag, keserűség, gyűlölet nélkül, szeliden, emberségesen uralkodjál, soha meg nem feledkezve arról, hogy minden ember egyazon állapotú, és semmi fel nem emel, csak az alázatosság, semmi meg nem aláz, csak a kevélység és gyűlölet... A béketűrő királyok uralkodnak, a békétlenek zsarnokoskodnak... Légy türelmes mindenkihez, ne csak a hatalmasokhoz, hanem a szűkölködőkhöz is." Arra is figyelmeztette fiát, hogy becsülje meg a betelepült idegeneket, mert „az egynyelvű ország gyönge és törékeny". A Dunamenti népek egyesülésének, Kossuth által 1850-ben fölvetett gondolata lappang Szent István Intelmeiben. „Magyar, lengyel, román, szerb, horvát konfederáció, Európa biztonságának egyedüli védőfala", hirdette Kossuth. Szent István ezt a védőfalat valósította meg ezer év előtt a magyar államiság megteremtésével. Viruló városok, kulturális, ipari, kereskedelmi gócok létesülhettek Nyugaton, mert egy történelmi küldetést híven teljesítő nép a saját vérével kötötte meg a védelem bástyafalának köveit, városokat, dolgos falvakat, kultúrájának alkotásait, jólétét, boldogulást áldozva fel Nyugat biztonságáért.

Történetíróinké az időszerű feladat, addiginél nagyobb nyomatékkal mutatni meg Szent István uralkodásában azt, ami világtörténelmi jelentőségű. A magyarok kereszténnyé tételével nemcsak Magyarország, hanem a keresztény világ megmaradását is biztosította. Öt évszázad múlva a magyar védőfalon törnek meg a Nyugat-Német-Római császárság meghódítására indított török invázió hullámai. Szent István világtörténelmi cselekedetének döntő része van abban, hogy ma nem török kajmánok uralkodnak egykori német hercegségekben és nem ázsiai népek lepték el Európának a Calais csatornáig terjedő területét. Ha a magyarok történelmi lelkiismeretét terhelné is valami bűn a rablókalandozásoknak ócsárolt, valójában új államunk határait megfélemlítő megelőzéssel biztosító hadjáratokért, akkor is levezekelték minden bűnüket Nyugat védelmében, helytállásuk véres századai alatt.

„Ha Isten velem, ki ellen?", szólt szelíden az ágyához lopakodó merénylőhöz, de aggkorának ugyanez évében megvakíttatta a pogánysághoz húzó unokaöccsét, Vászolyt, és fülébe ólmot öntetett. Az északnyugati Felföldön terjeszkedő Boleszláv lengyel herceget, ugyanez időben szorította ki az országból, okos diplomáciával. A támadó II. Konrád császárt pedig fegyverrel verte ki és a Lajta-Fischa közti terület átadására kényszerítette. Elfoglalta Vindobonát, amelynek neve a haditény kapcsán szerepel először a történetírás lapjain.

Az udvarába szegődött német, cseh, francia lovagok elhervasztották az ősmúlt hagyományait, szokásait. Az országot elárasztó szerzetesek vallási buzgalmukban őskultúránk számos emlékét, a nép nyelvén élő költészet termékeit áldozták fel hittérítő működésük sikeréért. Örök kárunkra. De a latin nyelvnek az államéletbe való bevezetése nem volt kárára a nemzeti érzésnek és öntudatnak. Holt nép nyelve nem asszimilálhat, de kultúrában gyarapíthat egy másik népet, amint nálunk is történt. A latin nyelv volt a pajzs, amely nyelvünket és kultúránkat megvédte a térben hozzánk közel eső németség elnémetesítő hatásától. A magyarok európai kultúrája nem a német, hanem az antik klasszikus világ kultúrájából szívta tápláló nedveit. Latin nyelvű remekműveket írtak magyar költők, s irodalmunk a legutóbbi korszakig, közelebb állt a latin népek irodalmához, mint a némethez.

Az Úr 969-ik esztendejében óriás született az esztergomi magaslaton épült fejedelmi palotában. A magyarok áldott emlékű első királya és szentje. A fejedelmi hajlékot elporlasztották az évszázadok, s a lakótorony, amelynek gótikus ablakaiból az eljövendő megpróbáltatások látnoka nézett a komoran hömpölygő Dunára, múltakba barangoló képzeletünk fellegvára lett.

De áll a mű, amelyet Szent István alkotott. A Duna-Tisza mentén ezer év múltán is magyarok élnek, nyelvükben, nemzetként, átgyúrhatatlanul. Szent István soha nem porladó jobbja nemzeti ereklye, s a korona, amely homlokát övezte, államiságunk szimbólumává váltan, összetartó misztikus erő, főhatalom és jogok birtokosa, boldogabb jövőbe vetett reményeink forrása.

ELNÉMÍTOTT NEMZEDÉK

Történelmünk örökké emlékezetes márciusán, 1848-ban, alkotmányon kívüli területen, de az alkotmány teljesebbé tételéért, maga a nép hozott törvényt. Olyan törvényt, amelynek szelleme már áthatotta az előző korszak haladó magyarjait és a negyvenes évek közhangulatában sem volt új, de a sorsdöntő cselekedet mégis az volt, amikor a Nemzeti Múzeum lépcsőzetéről maga a nemzet szólt és bátorította az alkotmányos tényezőket a kossuthi javaslatok teljesítésére.

E márciusi jurátus ifjúság s a melléje felsorakozó literátus nemzedék nélkül nem születhetett volna meg 1867-ben az új Magyarország, megalkuvásokkal ugyan, de a 48-ban törvénybe iktatott alkotmány alapján.

Ez az ifjúság a szabadságharc idején teljesítette azt, amire felesküdött, aztán bevonult a császári zsarnokság börtöneibe, üldözött bujdosóként élt saját hazájában, vagy száműzötten szóródott szét tengereken túli országokig. Többé nem jutott történelmi szerephez. A 67-es kiegyezés a lehiggadás meg önmérséklet műve volt, az ifjúság gyújtó és gyúlékony részvétele nélkül.

Hosszú és sorsdöntő évtizedek teltek el anélkül, hogy az ifjúság részt vehetett volna a magyar élet irányításában. A 67 utáni, kényelmesen lomhajárású korszakban, alig-alig vették igénybe a koráramlatokkal szemben fogékonyabb fiatalok részvételét. Hervadásra kárhoztatott tettvággyal kellett tűrnie, az előjogokhoz ragaszkodó társadalmi réteg befolyását, és hogy elhanyagolt feladatok pótolhatatlan mulasztásokká válva, gyűlölködéssé fajuljon a földtelen földmívelők elégedetlensége. Mindazt, aminek következményeit az ő nemzedéküknek és utódaiknak kell elszenvedniök.

Bölcsességnek nevezett maradiság kormányozta a magyar világot, mélyreható reformok nélkül. Hiányzott a dinamikus erő, amely távlati képet nyújtó magasságba emel. Szokássá vált a fiatalság bevonása nélküli kormányzás, amely nem vette tudomásul, hogy ahol tábort üt az ifjúság, ott maga a jövő jelentkezik.

A fiatal nemzedék csak a hangját hallathatta olykor, mint a véderővita idején, Kossuth hamvainak hazahozatalakor, az egész nemzet gyászává nyilvánítva halálát, a keresztért harcoló egyetemi mozgalom s a darabontnak nevezett, törvénytelen kormányzás elleni harcok viharos napjaiban.

Az első világháború előtti, magas kultúrájú ifjúság hiába várt arra, hogy megoldja a nemzet elhanyagolt problémáit, földhöz juttassa a földmíves népet, megszüntesse a gyáripari dolgozók munkaerejének kizsákmányolását, és a nemzetiségi kisebbségektől körülvett magyarságot gazdasági boldogulásuk védelmével óvja a kisebbségekbe való beolvadástól, kisebbségi jog sérelme nélkül, és anélkül, hogy — a magyarnak alig nevezhető Galilei Kör kivételével —, bármit is megtagadjon az apáktól öröklött nemzeti szellemből.

Magyar tragédia, hogy erre az őrségváltásra nem kerülhetett sor. Az első világháború a fiatal nemzedék nagy részét a lövészárkokba küldte, s akik nem pusztultak el, vagy nem kerültek hadifogságba, megcsonkított, menekültekkel zsúfolt országot találtak. A forradalmak és a trianoni döntés szétrobbantotta a nemzeti egységet, — amit a közös gyász sem tudott megakadályozni —, a gazdasági leromlás feldúlta az otthonokat, összeroppantotta az egyéni sorsokat.

Míg a harcterekre vezényelt fiatalok a hazáért véreztek, vagy fogságban sínylődtek, egy új nemzedék az életösztön mohó sietségével foglalta el a gazdasági boldogulás megcsappant lehetőségeit. Vad rohammal, de ideálok nélkül, igen sok esetben csupán az érvényesülés vágyától sarkalltan, tört be a közéletbe. A hadbavonult évjáratok fiatalságáról el lehet mondani Apponyi szavaival: ,,Jövő volt, mely múlttá vált anélkül, hogy jelen lehetett volna."

Filiszter sorsra kényszerült anélkül, hogy a nemzet érdekében hallathatta volna szavát. Örült, ha az elképzelt nagy cselekedetek helyett, valami kereseti lehetőséghez jutott s az élettől alig várt egyebet, mint hű feleséget, gyermeket és a mindennapi, nagyon szerény kenyeret. Így hullott ki a nemzet közéletének folytonosságából egy nemzedék nagy része, mely arra lett volna hivatva, hogy boldogabb Magyarországot építsen.

A harmincas évek legelején gerjedezni kezdett az általános elégedetlenség, a Nemzeti Casino befolyásával történő kormányzás tíz esztendeje után és méginkább a puritán, de régmultban gondolkodó, főúri előjogokhoz ragaszkodó államvezetés idején. Az ifjúság részvétele nélküli közélet olyan volt, mint a fa, amelynek nincs levele.

A megmerevedett maradiság uralmát időszerű feladatok programjával jelentkező kormány váltotta fel és lehetővé tette, hogy a negyvenévessé öregedett „fiatalok" közül néhányan bejussanak a törvényhozásba. A politikai pártoktól különállóan jelentkeztek a magyar társadalom időszerű kérdéseivel, főként a földmíves nép sorsával foglalkozó fiatal írók.

A kormányzat reformterveit nagybirtokosok, bankhatalmasságok ellentállása gáncsolta, de nem tudták megállítani a Márciusi Frontba tömörülő népi írók mozgalmát. Sem a hatást, amelyet a magyar társadalom különböző rétegeinél értek el. Akadt törekvéseiket helyeslő főúr is, és a kormány elnöke, a népi írókkal történő találkozón, szellemi zsoldosaivá akarta tenni őket.

Az írók magatartása nem volt visszautasító, amit Illyés Gyula így indokolt: „A magyar népnek segítség kell, s ha nem is mindegy, kiktől is jön a segítség, mégis csak másodlagos szempont lehet, első a segítség, különben ez a nép megfullad."

A remélt segítség nem következett be, s a csalódott népi írók tovább folytatták agitálásukat a népi követelések teljesüléséért. A kormány, a főúri réteg nyomására, retorziókat alkalmazott ellenük. Az ügyészség néhány írót, nemzetgyalázás vádjával, bíróság elé állított.

A perbe fogott írók, alig néhány hónapra szóló, végre sem hajtott elítéltetéssel és főként a főtárgyalással olyan nyilvánosságot kaptak, amelynek révén eszméik a sajtón, rádión keresztül, nemcsak azokhoz jutott el, akik addig hírüket sem ismerték, hanem mohó sietséggel számoltak be azokról az utódállamok hírközlő szervei, elhitetve a világgal, hogy Magyarországon középkori módszer tartja rabszolgasorsban a föld népét. Ez sok helyütt, Illyés Gyula Puszták népénél is, megfelelt a valóságnak, de nem mindenütt. Az Esterházy hercegek, meg grófok hitbizományain és számos nagybirtokon sem voltak középkori állapotok.

Az ifjú nemzedéket a közszerepléstől végképp elsodorta Magyarország részvétele a második világháborúban. Az írók világában heves ellentét keletkezett az urbánus meg a szociáldemokráciához csatlakozó, paraszti múltú írók között. Voltak olyanok is, akik okosabbnak látták visszahúzódni a hallgatásba. Mások — helyeselve az antiszemita intézkedéseket — a kormányzathoz húztak, a harmadik csoport pedig elkezdte a kommunistákhoz csatlakozó, illegális működést.

Aztán 1945-ben nemcsak a történelmi menetben soron lévő fiatal nemzedék, hanem magát a nemzetet némította el az országba özönlő vörös áradat.

Történelmünk örök szégyennel bélyegezett korszakában kommunisták, nem kommunisták egymással vetélkedő sietséggel köszöntötték felszabadítóként azokat, akik Batu kán vadállatainak kegyetlenségével gázoltak végig az országon. Kifosztott otthonokat, megbecstelenített nőket s a tisztaságuk védelmében lemészárolt férfiakat hagytak mindenütt maguk után.

Tizenegy esztendei tűrés után fellángolt ismét a szabadságvágy 48-as szelleme. A dávidi hőstettet véres megtorlás törte le, majd a terror némi emyhítésével, könnyebb megélhetéssel igyekeztek megalkuvóvá kenyerezni le a nemzetet.

1956. november 4-e óta csak a szabad világ magyarjai révén szólalhat meg az elnémított nemzet, de tanúi vagyunk annak, hogy a történelmi küldetését feladó közöny, nem egyszer szándékosság, némítja a magyar szót és a hazához hű szellemet a szabad világban felnövekvő új nemzedékben.

A várta elaggott őrei azzal a félelemmel szedelőzködnek, hogy lesznek-e utódai. Ledől-e az egyetlen szószék, amely világgá kiáltja, amit a nemzet nem mondhat el s ahonnan a nemzeti megmaradás hitét sugározzák az otthoni milliók felé. Az elnémított nemzet hangja nem némul-e el az utánuk következő nemzedékben?

Magyarságukra büszke fiatalok kellenek, hogy ne hunyjon ki a parázs, amelyből 48 és 56 fiatalságának lángolása adta tovább az ezer évet biztosító erőt. Ha a szabad világban nem lesz már szószólója a vasfüggönyön túli magyarságnak, s nem lesznek az önálló nemzeti lét reményét éltető üzenetek a vasfüggönyön túlra: akkor megnyílik a bejósolt történelmi sír, amelyben egy nemzet süllyed el.

NEMZETI JÖVŐNK

Gyermekkoromban sokszor hallottam a sötéten látó jóslatot, hogy a magyarok nem élnek meg egy újabb ezer évet, és vagy a germán, vagy a szláv néptenger szívja fel magába. A két irányból fenyegető szándékok végső beteljesülését Kossuth azzal a tragikus látással festette meg, hogy az „osztrák majd elmegyen németnek, a tót orosznak, a magyar pedig, mivel mindig koldusiszákot hordott, elmegyen a megsemmisülésbe".

A mi nemzedékünknek adatott a súlyos megpróbáltatásokkal teli élmény, hogy tettek alakjában jelentkezzenek a kétirányú hódítás szándékai. A német birodalmi egység megteremtője, Bismarck, nem volt álmodozó. A Königgrätzet, meg Seadant követő tervei azon az elképzelésen alapultak, amit néhány évtizeddel később a bismarcki és vilmoscsászári hagyaték közvetlen örököse, Hitler, rugalmas, de végső célkitűzésében félreérthetetlenül a „német élettér" fogalmában határozott meg. Már a Német Birodalommal szövetségi vizsonyban vívott első világháború idején is, a magyar nemzet többségében jelentkezett a gyötrő sejtelem, hogy a központi hatalmak győzelme aligha jelentene magyar győzelmet is.

A Habsburg jogar alatti formájában már II. József császár agyában megszületett a hitleri terv, amely Ferenc Ferdinánd trónörökös elképzelésében felújult, és Vilmos császárban is meg volt a szándék az erdélyi területek részbeni átengedésével csábítani át a központi hatalmak oldalára a habozó Romániát. A második világháború a magyar aggódók kutató tekintetét ismét ebbe az irányba vitte s aggodalmuk jogosságát igazolta, hogy a német „élettér" pontosan meg nem határozott fogalmába kényelmesen belefér a magyar királyság területe is, amelynek történelmét a német terjeszkedés kísérletei veszélyeztették ezer esztendőn át. Mi sem egyszerűbb, mint ködös történelmi címeken, a vendéglátói bőkezűséggel támogatott betelepítések révén, az erős és gazdag német kisebbségi támaszpontokkal megtömött Magyarországra ráfogni, hogy német élettér.

A veszély fennállott. Mégis azoknak volt igazuk, akik azt vallották, hogy önállóságunkért vívott harcaink következtében, a német veszéllyel szemben immunisakká váltunk. Megtanultuk, miként védjük ki szabotázzsal, az egész nemzetet talpra állító szabadságharccal. E veszedelmet, mely nálunk valóban csak átmeneti sikert aratott, alkotmányunk letiprását minden esetben függetlenségünk kivívása követte. Államférfiaink és népünk is értettek már ahhoz, miként kell megvédeniök magukat a némettel szemben. Másrészt tudtuk, hogy e nagy nemzetnél, mely a humanista írók, bölcselők, muzsikusok legnagyobbjainak örök rendjét adta az emberiségnek, az évszázadok folyamán rég lecsiszolódott a teuton erdőkből hozott vadság. Ez a nép az egyetemes emberi kultúrát hordozó nemzetek élvonalában halad s ha balsorsunk valami megalkuvásra kényszerítene fegyvereik előtt, fiai sorában találnánk védelmezőkre is. Ezért volt igazuk azoknak, akik a német és az orosz veszedelem között, az előbbit vallották kevésbé veszedelmesnek.

A háborúvesztés szétrobbantotta a Német Birodalom egységét megszüntette katonai erejét, hódító szándékának minden lehetőségét. A porig sújtott Németország az a szilárd pont, mely népe atavisztikus egységével, áldozatok hozatalára való készségével, a romokból is teremteni tudó alkotó erejével, de mindenek előtt a vörös mételyt nem tűrő adottságával alkalmas arra, hogy a bolsevista térhódítást megállítsa.

A magyarságot fenyegető német veszély megszűnt, de az évszázadokon át, a titkolt szándékok mögött lappangó s a bolsevista teóriával hatványozott orosz veszély levetve álarcát, teljes nyíltsággal jelentkezett a második világháború után. Az emberiség legnagyobb katasztrófái közé tartozik, hogy a nyugati világ kis és nagy államai, a szovjet államot már keletkezése pillanatától nem minősítette ellenségnek, hogy diplomáciai viszonyba lépett vele, hogy beültették a Népszövetségbe, hogy három évtizednyi időt engedtek kimeríthetetlen embertömegei megszervezésére, nyersanyagban való mérhetetlen gazdagságának kiaknázására, hogy közönyükkel segítették a saját állami létük rostjaiba szivárgó és robbantó propagandájának működését és az elhibázott cselekedeteket betetőzően, túlértékelve a német expanzitásban rejlő veszélyt, a hadi düh elvakultságában, katonai szövetséget kötöttek a bolsevista Oroszországgal.

Ők maguk tették lehetővé, hogy Berlintől Szibériáig megvalósíthassa a cári imperializmus hódító terveit, s e hatalma birtokában még tovább nyújtózkodhassék, még keletebbre, még nyugatabbra a propaganda láthatatlan eszközeivel szállítva a polgári világrend robbantására készült eszmei atombábáit.

Bennünket magyarokat a történelmi felelősség e pontján nem terhelhet semmi vád, de az elhibázott cselekedetek borzalmas következményét mindmáig nekünk is viselnünk kell. Geopolitikai adottságunkon kívül, az sodort bennünket a németek oldalán vívott harcba, hogy a Kárpátok mögött a világ megrohanására készülő szovjet és nem a polgári demokrácia brit birodalma terült el. Az angol kormányzat is másként tűzte volna ki külpolitikai céljait, ha a calaisi csatorna másik partjáról a sztálini hatalom néz vele farkasszemet.

A tragikus bukás után Magyarországot mégis háború bűnösként kezelték, mert polgári hagyományaihoz, nemzeti alkotmányához ragaszkodva, megtette azt, amit a nyugati hatalmak is tettek volna hasonló helyzetben.

Hamarosan bebizonyosodott, hogy a bolsevista Oroszország továbbra is az a fenevad, mint amelynek embertelen tetteiről annyit hallottunk előzőleg. A vörös szörny vadállati szadizmussal gázolt végig az országon. De a nagyobb veszedelem mégis azokban a módszerekben rejlett, amelyekkel a bolsevizmus jó előre kitervelten, ravasz fokozatossággal, világnézeti rendszerét vezette be a magyar államéletbe.

A nyugati hatalmak, világnézeti ellenfelükkel hadi szövetséget kötöttek, a németek fölötti győzelemért, távolabbi célkitűzések nélkül. Az oroszok pedig a központi hatalmak legyőzésében előre kitervelt, végső céljukhoz vezető lehetőséget láttak. A teheráni, jaltai, potsdami megállapodások és a békeszerződések egyes pontjai igazolják, hogy az oroszok elkendőzött célok elérését biztosították azokkal. Csapdákkal, amelyekkel szemben tehetetlen lesz a nyugati diplomácia, és védtelen a leigázott nemzetek. A Nemzetek Szövetségének alkotmányában biztosították, hogy sikertelenek legyenek a legszebb elhatározások és végzetes törést szenvedjen Németország területi és nemzeti egysége.

A magyar nemzet megtette, amit önmagáért és a civilizált világért tennie kellett. Katonai ereje Nyugat védelmében vérzett el. Magyarország 1945-től belső ellentállással harcolt a bolsevizmus ellen, és a polgári gondolatot képviselő Kisgazdapártot óriási többség küldte a nemzetgyűlésbe. A közhangulatban erjedő erők a kommunista pártterror elleni megmozdulásokkal próbálkoztak, de azokat börtönnel, vérpaddal fojtotta el a kisebbségi terror.

Harminc éve tart a sanyargatás Magyarországon. A magyarság valóban nem tehet arról, hogy gúzsba kötötten hever a párizsi béke kínpadján, hogy a becikkelyezett békeszerződés kibúvói lehetővé tették az állandósított megszállást. A magyar jövő a világkép kialakulásának a függvénye, ma jobban, mint valaha. Nekünk csak várnunk lehet, lelki készenlétben, kiszorítottan a szabadon cselekvő nemzetek együtteséből. Ha a Nyugat győzelmével elkezdődnék az új világ rendezése, minket senki sem szoríthatna háttérbe azon a címen, hogy csak kikaparni segítettük a sült gesztenyét. Történelmi szerepük jelentősége mitsem csökkent az európai térben, mi ahhoz állami létünk gyökereivel tartozunk és Nyugat védelmében töltöttük be történelmi szerepünket.

És mégis szorongó érzéseket vált ki, ha arra gondolunk, amikor ismét önálló állami életet élhetünk. Az államvezetés folytonosságának három évtizednyi szünete alatt a kisebbségi terror lerombolta alkotmányunkat, megváltoztatta gazdasági rendszerünket. A bolsevista uralom bukásával vacuum juris keletkeznék. Olyan tohuvabohu, amely felülmúlná a Napoleon bukása utáni francia állapotokat, ahol a forradalom csupán osztályok helycseréje volt, de nem változtatott a magántulajdon rendszerén.

A jövő feladatokat súlyosbítja az is, hogy a hazai magyarság, a bitófák árnyékában nem készülhet fel a változással járó feladatokra. A nemzetnek csak befelé töprengő egyedei lehetnek. A latens állapotba dermedt hazai erők csak akkor válhatnak cselekvővé, ha a vörös hatalom összeomlik.

A szabad népek területén élő magyarságnak kellene előkészítenie a nemzetet a várható feladatokra. Az emigrációk nem voltak egységesek régen sem, ez a mostani pedig szükségképpen sem, mert ha különböző csoportjai egyek is a bolsevizmus elleni beállítottságban, minden másban ellentétek választják el őket egymástól. A csoportokon belül izzanak az ellentétek. A hatalom biztosítása, mint első lépés, látszik a fő célnak, s míg ebben szétforgácsolódik erejük, önmagukon belül is megbeszéletlen marad a legfőbb cél: a feladatok, a sorrend, a véghezvitel. Rákosi Mátyásék emigrációja annak idején hasonlíthatatlanul előnyösebb helyzetben volt, mert kivétel nélkül kommunisták voltak s az alapelvekben nem volt közöttük ellentét.

Nem tehetünk egyebet, mint ölbe tett kezekkel várnunk arra, hogy mit hoz a jövő?

A magyar ember sohasem volt fatalista, tettekben égő történelme nem egyszer önmagára is károsan cselekvő hajlamát bizonyítja. Meddő volna és a minden sikerhez szükséges őszinteség hiányában nem is hozna semmi jót, ha az egyes csoportok valami kényszeregyezség ingatag alapjaira állítanák közösen alkotott programjukat. Nem a hatalom biztosítása az emigrációs csoportok feladata, hanem az a munka, amelyre a haza millióinak nincs lehetőségük. Nemzeti jövendőnkről van szó, talán a következő ezer évről.

Tizenegy éve tartott már a passziv ellentállás, tizenegy éve kerültek hóhérkézre alaptalan vádak alapján jó magyarok, tombolt a terror, kitelepítés módszerével osztályokat számolt fel a párthatalom és az egész országot rettegésben tartotta a kegyetlenkedéseiről hirhedt ÁVH.

Tizenegy esztendei vergődés után, a férfikorba érő ifjú nemzedék, amelyet a rendszer már a magáénak hitt, forradalmi kitöréssel gyűrte le, részben maga mellé állította a megszálló karhatalmat és megmutatta azt az arkhimédészi pontot, ahonnan sarkaiból vethető ki a bolsevizmus. Más vazallus népek, az elnyomott oroszok is ugrásra készülődtek, a magyarok pedig abban reménykedtek, hogy melléjük áll a Nyugat, ha a nemzet fellázad a kommunista uralom ellen.

A leigázott népeket tájékoztató amerikai rádiók azzal biztatták a magyarokat, hogy számíthatnak Amerika segítségére, ha önvédelmi harcukkal lehetővé teszik Amerika beavatkozását. Amikor a magyarok dávidi hőstettel bizonyították szabadságvágyukat, hiába várták, hogy Budapest egén megjelennek Amerika bombázói és ejtőernyős alakulatai.

A dicsőítés szavain, magasztaló vezércikkek, államférfiak nyilatkozatainak tapsorkánján túl, mitsem kaptak Amerikától. Az UNO rendkivüli ülésén a szabad világ képviselői hasonló elismeréssel méltatták a magyarokat, de a magyar rádió hiába kiáltotta világgá Nagy Imre jajszavát, 1956. november 3-ának borzalmas hajnalán. Nyugat nem hallotta meg.

A hruscsovi ököl nemcsak a magyarok szabadságharcát zúzta össze, hanem mindmáig elérhetetlenné tette a szabadulás reményét is.

A történelem lábhoz tett fegyverrel vár. A szovjettel perlekedő Kína a harmadik világháború jóslatával álcázott terveket sejtet fenyegetően.

Mégis hisszük, hogy a népek talán utolsó nagy összecsapása nem sodorja el a magyarokat, nem kell megsemmisülésbe menniök, ha önmagukba vetett hittel, államiságuk visszaszerzéséhez ragaszkodó hűséggel várják be, míg elül a népek harca, amelynek csak rángatott bábjai, vagy szemlélői lehetnek.

HALHATATLAN ÉVSZÁM

A magyarok szíve miért dobog hevesebben százharminc év múltán is, amikor 1848 március idusáról emlékeznek meg? Miért gyulladnak lelkesedésük örömtüzei olyan történésért, amelyet tizennyolc hónapos harc után, a meghódolás okmányának aláírása követett a Bohus bárók világosi kastélyában, s a Hunyadiak hegyen álló sasfészkének várromjai alatt egy veretlen hadsereg hősei tették le fegyverüket a szőllősi mezőn?

A március idusára emlékező lángolást miért nem tudta sem ezernyi bitófával, sem tizennyolc éven át tartó elnyomatással elfojtani a zsarnokság? A magyarokban miért nem vált számonkérő váddá a tengernyi szenvedés annak következtében, hogy Petőfi és ifjú társai lángot gyújtottak, hogy Kossuth fegyverrel védte alkotmányunkat, s a debreceni országgyűlés 1849. április 14-én „a halálig üldözött magyar nemzet" nevében örökre kizárta a Habsburg-házat az uralkodásból?

A márciusi hazafias ünnepségeken miért szavalják mindmáig a Talpra magyart? A nép miért nevezte Kossuth apánknak azt, akinek a bukásával a népet érte a legtöbb szenvedés? Holta után is miért őhozzá szállt a lelkesedés mámoros dala, hogy ha ő üzen, „mindnyájunknak el kell menni!" Miért van az, hogy a rendőrállammá tett hazánkban évről-évre Moszkva lakájai ellen tüntetnek a szabadság költőjének szobrához vonuló, és a karhatalommal szembenéző fiatalok, akik már a mai rendszer iskoláiban nevelődtek, s akiket nem tudtak a zsarnokság janicsárjaivá nevelni? Miért van az, hogy a hontalanság sajtójában, gyülekezeteiben a lelkesedés aranyfényű szavai méltatják a rég elmúlt 48-as eseményeket, miért éneklik könnyes szemmel: „Hazádnak rendületlenül..."? A hazaszeretet hazátlan apostolai miért jelentették meg több esztendős gyűjtőmunkáról tanuskodó, Glória Victis című könyvüket, amelyben csokorba kötötték külországok egykori államférfiainak 1848-at méltató nyilatkozatait, s a magyarok szabadságharcát idegen nyelven dicsőítő versek között oly nagyokét, mint Hugo Viktor, Heine, Ibsen, Browning, Miczkievicz?

És miért tette időszerűvé a magyar elhivatottság e bizonyitékainak szellemi okmánytárát majd tizenhárom évtized múltán is, amikor az egykori zsarnokságot új váltotta fel, s a kulturvilág szétesésétől való rettegés gyötri a lelkeket?

A szabadságharc emléke miért szólal meg korunkban is Watson Kirconnell lantján, aki Petőfi Sándorhoz intézett versében dicsőíti szabadságharcunkat s az Eszmét, „melyért világok haltak s amelyhez minden hűség visszajár." Egy másik kortárs Kossuthra emlékező versében így dalol a néger rabszolga: „Ébredj te égő magyar lélek! — Szólj értünk szót rab testvérekért! — Megcsendül akkor a tenger érted — Szívedbe a béke visszatér."

1848 miért elevenen működő erő szárharminc év múltán is a rabhazában, hontalanságban, s a világ népeinek rokonszenvében? Hisz e nap a világosi tragédiával gyászos következményekre emlékeztető események nyitánya volt.

Mégis miért? Mindez miért?

Azért, mert I. Ferdinánd óta törvényei és az országgyűlések gravaminális tiltakozásai ellenére, a legfőbb kormányzati hatalommá tett udvari kancellária rendelkezéseinek alávetett Magyarország 1848-ban ismét önálló nemzetként lépett a világ népeinek együttesébe, és dicső szabadságharcával kivívta azok csodálatát.

Az 1848-as szabadságharccal olyan erőt és elszántságot tanúsított a nemzet, hogy a Habsburg uralomnak saját érdekében számolnia kellett ezzel az erővel, amikor a birodalom szétesésének első tünetei jelentkeztek. Nem véglegesíthette, nem is tehette tartóssá a magyar alkotmány megszüntetését. A szabadságharcot leverhették, de a szabadságvágyat nem szüntethették meg.

1848. március idusa, a dicső harc, majd a kossuthi emigráció példája erőt ad válságos korunkban minden módon hirdetnünk a szabadságharchoz ragaszkodó magyar nemzet élniakarását, szembenézve a ténnyel, hogy a nyugati világnézet védelme ellanyhult, s Moszkva továbbra is nyiltan hirdeti az egész világ bolsevizálásának szándékát.

Amerika a Watergate-üggyel pókhálókat szedegetett, amikor égett fölötte a tető, s a detente porába dugta a fejét, hogy ne kelljen hallania a közelítő vész lépteit, ne kelljen látnia, hogy a békés egymásmelletti élést hirdető szovjet miként erősíti hadi izomzatát, és nemzetközi hatalmát az érdekkörébe hálózott Nyugat-Németországgal.

Az emigráció végitélete ez, mondogatják reményeikben csalódott magyar hontalanok. Azt is mondják, hogy Nyugat nem leli a szilárd pontot, amelyről kivethetné hatalmából a bolsevizmust. Az otthoni milliók pedig megbékültek már fiaik hóhéraival és elhervadt az 56-ban oly hősiesen tanúsított szabadságvágy. Céltalan eljövendő felszabadításban bizakodni. Halálraítélt vágyak fuldokolnak egy korszak örökre lezárt sírkamrájában. Nincs feltámadás, nincs újjászületés!

Ne torpanjatok meg és ne csüggedjetek magyarok! A történelem időmértéke más, mint az egyéné. Hozhat váratlanul kedvező fordulatot egyik pillanatról a másikra, s a szovjet hatalommal is megtörténhet az, ami öröknek látszó cári zsarnokságot söpört el a nép forradalommá keseredett haragjával.

Hajnalodás vörhenye új történésekkel érkező nap fölkeltét jelzi. Fel nem tartóztatható erjedés érlelődik a kommunizmus népeket, államokat igázó birodalmában. Börtönökben, elmegyógyintézetekben mártírokká kínzott tudósok, írók, költők példája buzdítja elszántságra az orosz népet.

Láthatatlan milliók gyülekeznek Szolzsenyicin, Szaharov mögé, és a mélyből fel-felhallatszik a népelégedetlenség moraja. Tollat ragad a muzeumi őr és következményeket vállaló bátorsággal írja Szolzsenyicinnek, hogy az utca embere mellette van. Szaharov meg így összegezi véleményét és a kommunista rendszer fölötti ítéletét: ,, A Gulag lerombolja a válaszfalakat, amelyeket vérengzésből, gonoszságból és ostobaságból emeltek a nyugati világ felé."

Az emigrációs sors nagyon nehéz. Nehéz egyre várni a kilátástalannak látszó jövőt. De e várakozásban erő is lehet, ha nem fásult és csüggeteg. Jöhet földet rengető esemény, amely egy lökésre hegyomlást idéz elő és boldogulást hoz. Száműzött nagyjaink példája mutatja a követendő utat: tűrőn viselni sorsunkat akkor is, ha eszméink győzelmét csak a halál utáni jövő hozza meg. Rákóczi száműzetésének is csak a halál vetett véget s a turini remete sem adta fel küldetését. „Hatalommá tette a nyomort, hadjárattá a száműzetést, tartós győzelemmé a vereséget", miként Emerson mondta róla.

A mai emigránsok élete messze sem olyan hányatott, mint a nagy elődöké és új hazájukban elért boldogulásuk révén, könnyebb akár halálukig vállalniok sorsukat Mikes Kelemenként, semhogy csüggedésük példájával bomlasszák az önmagukba emigrálni kényszerült otthoni milliók hitét, és megalkuvásra kényszerített benső kitartását. Az emigráció nem adhatja fel azt a küldetést, hogy az otthoniak szószólója legyen a szabad világban.

Ha a hazai életből nem is támadhatnak Szolzsenyicinek, Szaharovok, mert az otthoni írókat, tudósokat nem védi, nem erősíti világhírnévvel szerzett tekintély, az emigrációt azonban mi sem gátolja abban, hogy szóljon és cselekedjék helyettük. Tegye meg azt, amivel Kossuth és emigráns társai erősítették a magyarság Világos utáni passziv ellentállását és ezzel hozzájárultak a 67-es feltámadáshoz.

1848! Évszám, amelyet a világ történelmébe írt egy hős nemzedék. Harcát fegyverletételre kényszerítették segítségül hívott cári fegyverek, harcuk mégis megnyerte a jövőt. 1848 lángként lobogó fogalom, eszme, amely újabb évezredig éltetheti a magyar nemzetet. 1848 azt hirdeti, hogy a történelem véres és kegyetlen arénájában csak az a nép nem hull el, amely körömmel, foggal, vassal, vérrel védi megmaradását és vannak férfiai, akik ha kell, a hazáért halni mernek.

Ezt tették 56 ifjú hősei is, akik nem véletlenül indították dicső rohamukat a Bem szobortól. A 48-as honvéd örököseként harcoltak Budapest utcáin s szenvedtek mártírhalált vesztőhelyeken, miután másod ízben is orosz fegyverek zúzták össze a kikívott szabadságot.

Az 1848-as szabadságharc, miként oly sok hasonló múltunkban, magyarázata a csodának, hogy miként maradhattunk meg ezer éven át az országunkat körülvevő, idegen és többnyire ellenséges érzelmű népek gyűrűjében.

Bukásában is követésre buzdító példánk a legyőzötten győztes küzdelem.

A magyarokat sohasem törték le a megpróbáltatások, a magyarnak antheusi képesség adatott: erőben gazdagodva emelkedni fel minden leveretéstől és újból-újra kezdeni életét meg harcot.

ÚJ HONFOGLALÁS

Alkotmányunkban megvalósult már az emberi egyenlőség követelménye a múlt században, de társadalmunk keretei alig változtak a rendi világ óta.

Az alapító Széchenyi István szándékától messze távolodó Nemzeti Kaszinó a főúri gőg fellegvárává váltan, elkülönült a társadalom egészétől és előjogokat élvezett a közéletben. Az idősebb Wekerle Sándor kezdeményezéséből életre hívott Országos Kaszinó ugyan alapszabályai szerint a „középosztály igényeit" volt hivatott kielégíteni, de akiket befogadott, azok többsége a Nemzeti Kaszinóból kiszorult dzsentri és magasabb rangú közhivatalnok volt.

Érzelmek, elvek különbözősége emelt választófalat a társadalom egyes rétegei közé, az „úr" fogalmának többféle értelmezése szerint s az igazi középréteg, a polgárság tiszteletteljes alkalmazkodással rejtegette a megkülönböztetések miatti sérelmét, azokban pedig, akiket az „úr" megszólítás sem illetett meg, a föld népében és az ipari dolgozók millióiban kitörésre készülődő elégedetlenség erjedezett.

Nyugaton is alig volt más a helyzet. Bizonyítóan szólnak erről Anatole France Coignard abbéjának szavai: „A törvények előtti egyenlőség szegénynek, gazdagnak egyaránt megtiltja a lopást, koldulást és hidak alatti ácsorgást." Roger Martin du Gard Vieille France (magyar változatában Vén Európa) című regényében egy francia falu balkáni színvonalú elmaradottsága sötétlik.

Magyarország különféle rétegeinél alig volt különbség hazaszeretetben, vallásosságban. Előbbit az Isten kegyelméből uralkodó király, utóbbit Jézus földi helytartója, a római pápa személyesítette meg. A társadalmi építmény ledönthetetlennek látszott és kevesen sejtették a jövőt.

A hazaszeretet és istenhit még nem mételyezték társadalmi, világnézeti ellentétek s 1914-ben, a legfőbb Hadúr általános mozgósítást elrendelő kiáltványát lelkesültség fogadta és az emberek még áhítattal ejtették ki Szent Péter utódjának a nevét.

A megváltás ünnepén ezrek és ezrek zarándokoltak az Örök Városba. Nemegy szegény ember gyalog tette meg a hetekig tartó hosszú utat, hogy láthassa a Szentatyát. Más vallásúak is megilletődötten emlékeztek meg arról, hogy tanúi lehettek a sedia gestatoriáról áldást osztó pápa bevonulásának a Szent Péter templomba.

Rádió, televízió még nem volt, de akik nem láthatták, nem hallhatták a pápát, azokat is Isten közelébe emelte az a titokzatos érzés, hogy ők is részesei az urbi et orbi áldásának.

*

Mindössze hat évtized telt el azóta s az eszmék és társadalmi változások évszázadokat jártak be ezalatt. Ma már történelmi csendéletnek látszik a közelmúlt.

A brokátokat, selymeket, bársonyokat, ékköveket, aranysújtású diszruhákat, damaszttal terített, ezüsttel, kristályüvegekkel zsúfolt asztalt ábrázoló képet lemarta két világháború s új szereplőkkel, új díszletekkel, új képet festett a történelmi vászonra.

De ez a kép már nem csendélet. Elképzelhetetlen események véres áradata tört fel a békésnek látszó múlt felszíne alól. A papok levetették reverendájukat, püspökök kezdik elhagyni a lila pileolust, apácák kokett fityulával cserélték fel a hajat elfedő keményített főkötőt, megkurtították a hajdan dús redőjű öltözéket, a gregoriáni áhitatot dzsesszes dalokkal cserélgetik a szentmisén és primitív ősemberi rítussal, táncot lejtenek az oltár előtt.

Az ecclesia militans élcsapatába tartozó jezsuiták esküszeggéssel hagyják el rendjüket, hogy házasságot kössenek, mások kommunizmussal rokonszenvező elveket hirdetnek, egyházmegyés főpapok mondanak hasonló meggyőződésű szavakat, a papi fegyelmet, alázatot megtagadó francia érsék a régi liturgia érdekében sérti meg a pápai tekintélyt, a mártíromságot szenvedő magyar primást megfosztották érseki székétől s a XII. Pius által átokkal sujtott kommunista nagyságokat fejedelmeknek járó pompa, szívélyes kézfogás meg excellenciás megszólítás fogadja a Vatikánban. Azt a magyart is, akinek kezéhez bitóra küldött hős gyermekek vére tapad.

Ez lett a világkép a népek megismételt nagy háborúját követő eszmék összecsapásából.

*

És Magyarországon?

Eltűnt az a réteg, amely addig a hazát szolgálta és Moszkva 56 utáni helytartója kétszer forgatta meg a magyar életet. Előbb júdási árulással s miután orosz fegyverek segítségével leterítette a nemzetet, a magyar lélek kioltásához kezdett.

A színről eltűnt avagy a tömegember színvonalánál is mélyebbre süllyedt az a réteg, amely a nemzeti szabadság és az állami önállóság őre volt a rendi világ alatt azután is. Fegyverrel, ha kellett, avagy mártíromságot is vállalva, passzív ellentállással, mint a Wesselényiek, Martinovicsok avagy sokezernyien Világos után.

A júdási csókkal elárult, megkorbácsolt kálváriás állomásokon végighurcolt magyarság érthetően felsóhajtott, amikor Moszkva diktátori hatalommal felruházott helytartója szelidebb módszerekhez folyamodott.

Amikor a hallalira uszított ávós vérebeket némi mérséklés fékezte és nem minősült rendszerellenes cselekedetnek, ha a „reakciós" világ nótáit dalolták kiskocsmákban. Nem kérték már számon, hogy kettem-hárman összeverődtek az utcán. A kirakatok áruval teltek meg s akik külföldi rokont, ismerőst vágytak meglátogatni, valamicskét világot látni, útlevelet és kiutazási engedélyt kaphattak.

De más is történt. A munkamorál megszűnt az elégtelen munkabérek következtében, növekvő selejttel működnek különböző vállalatok és a dolgozóknál meg egyebeknél is, járványszerűvé vált a lopás. Mindenki lop, aki csak teheti. Ez bizonyára tudott a rendszer előtt, de nem tudja, talán nem is akarja megfékezni.

A nagybirtokok, gyárak és más magántulajdon kisajátításával megnövekedett államvagyon birtokában megengedhetik maguknak az elvtársak jövedelemszerző öntevékenységével szenvedett károsodást. A fontos az, hogy lecsillapuljon a népharag s az emberek ne zúgolódjanak az ellen, hogy nincs véleményszabadság, nem szabad a sajtó, hitélet, tiltott az iskolai hitoktatás, közalkalmazottaknak a templomba járás, papok lettek a rendszer zsoldosai, a püspökök kevésbé Róma, mint a rendszer kivánalmai szerint működnek s a rendszer kegyét kereső nyilatkozataikkal a kommunizmust közös nevezőre akarják hozni az evangéliummal.

A nemzet polgári rétege az alkotmányos életből kizártan, apatikus egykedvűséggel viseli sorsát, már nem tudja betölteni egykor nemzeti érzelmű szerepét. Elnémult vagy új hazát keresett.

A föld népében elhervasztották az erőt, amely századokon át hűséggel és a vezetőréteggel való ellentétét feladva, mindig ott volt, ahol a hazát kellett védeni. A föld népe juttatta parlamenti többséghez a kisgazdapártot 1946-ban. Majd az ország minden részéből összesereglő menetben vonult a Hősök-terére, hogy tüntessen a kommunizmus ellen. Veszedelmet vállaló bátor cselekedete utoljára az volt, amikor élelemmel segítette a szabadságvágy 56-os harcát.

A földjüktől megfosztott nagygazdákat ávós üldözés, börtön, vesztőhely némította kihalásig, a földmunkások pedig a földosztás csalfa színjátékától csömörlötten, csalódottan szivárognak a városokba, ahol ipari munkássá váltan, elvesztik jellegzetes paraszti individiumukat.

Mindez fájó látvány annak, aki visszanéz a múltba és összehasonlítja a mával.

*

A rendszer szigorának lazulása veszélyesebb tünet, mint a terror volt. A terror ellentállást vált ki, mártírokat teremt, míg az előbbi a nemzet lelkét öli meg s ha ez bekövetkezik, akkor valóban megnyílik a költő által bejósolt sír, amelyben egy nemzet süllyed el.

Az egyes osztályok közötti választófalat lebontották, de ez csak látszólagos. Mindenki tudja, hogy a kommunista párthatalom tényezői, de azok a választottak is, akik tagjai lehetnek a pártnak, milyen előnyökhöz jutnak a nemzet többségével szemben. A társadalmon belüli megkülönböztetések nemegyszer nagyobbak, mint amikor a nemesi, főnemesi előjogok okozták.

*

Mit érez, aki 1867-tel bekövetkezett csodára gondol, amikor a nemzet kiszabadította magát bilincseiből és összehasonlítja azzal a megalkuvással, amely felszabadítóként fogadta a véreskezű hódítókat és Moszkva kivánalma szerint változtatta meg alkotmányunkat.

A vének és vénülők tudják, hogy a Bach-korszakot követő három évtized alatt milyen tüneményes gyorsasággal nőtt világvárossá Budapest. A millenniumkor már állt Steindl Imre költeménye, az építészet remeke: az Országház.

Oldalakat kellene írni annak felsorolására, hogy miként újult meg és emelkedett nyugati metropolisok színvonalára fővárosunk és miként követték ezt a megújúlást a vidéki városok, miként indult útjára az addig gúzsba kötött magyar gyáripar.

62

Magyarország 1867 után kibontakozott az ismeretlenség homályából, fővárosát a Duna királynőjének nevezték és a villanylámpákkal füzérével szegélyezett Dunapart fogalommá vált. Ma? Milyen benyomásokkal térnek vissza hazánkból a külföldi turisták és hazalátogató emigránsok? Nem építészeti korszerűsítésben van a hiány, hanem annak minősége ad okot számos kifogásra. Aki kétségbe vonja ezt, az lapozzon a panaszokat közlő Ludas Matyiba meg más hazai lapokba.

Nem az a legnagyobb baj, hogy Budapest utcái piszkosak, hogy nem egy mellékutcában fullasztó a csatornabűz, hanem az emberek kopottsága, komorsága. Az egykor oly híres magyar vendéglátóipar lezüllött és élvezhetetlen ételeket szolgál fel udvariatlan személyzet.

— Ázsia lettünk — panaszolta valaki.

Más meg így szólt:

— A Balkán felhúzódott Magyarországra.

*

Van azonban valami gondviselésszerű abban, hogy mialatt Moszkva helytartója meg társai nemzeti jellegükből igyekeznek kiforgatni és a szovjet rabszolgáivá süllyeszteni népünket, ugyanakkor a Nyugatra üldözött hontalanokban tovább élhet nemzeti megmaradásunk valamennyi tulajdonsága. Tovább fejlődhet általuk az odahaza véleményszabadságtól megfosztott magyar irodalom és száműzött százezrekkel újulhat meg a magyar élet színvonala, ereje, tudománya, művészete.

Ezek a hazátlanná tett magyar emigránsok új honfoglalók lehetnek az emberi egyenlőség és szabadság államát teremtve meg az otthon élőkkel együtt, ha egy történelmi fordulat véget vet a kommunista uralomnak és visszatérnek Magyarországra azok, akik lelkükben megőrizték magyarságukat.

A MAGYAR TENGER

Látom, ahogyan majd negyven éve láttam utoljára. Zöld zsalus ablakon kihajló nő gyönyörködve nézi a tavaszodás reggeli fényözönében szálló gépet, amint alacsony repüléssel leskelődik a villák fölött, tiszteletkörökkel üdvözöl valakit, és eltűnik az ég azúrjában.

Az ellenkező irányból sirály törtet, hófehér szárnya meg sem rebben, ahogy a tó színéig siklik és szabályos félkört írva le, tovaröppen.

A fogasszélű jégtáblák elenyésztek, a ficánkoló napsugarak már nem mardossák tócsássá a Balaton púposodó jégpáncélját, hosszan morajló dörrenés sem hasít széles sávot, szánnal vágtató ló ágaskodó riadalmáról elnevezett „rianáskor".

Tavasz van, tavasz!

Opálos csillogás sárgászöldjéből haragossá sötétül, majd világossá szelidül a tó, az égboltozat színjátéka meg a sekélyes víz medrét felkavaró széljárás szerint. Sás, nádas serdül iszapos parton, tüskés hinár víz alatt és tündérrózsa-szőnyeg keszthelyi forrástavon. Szilfák, barbacsi gesztenyeerdők lombosodnak, páfrány, boroszlán zöldül a Vadleány-barlangnál, és sárga szirti ternye tömködi Badacsony sziklarepedéseit.

Fülemüle szól ligetek sűrűjében, bibicek, rigók csivitelnek, kakukk ígér hosszú életet bükkösökben, békakórus brekeg nádasokban, gólyák, fecskék sürögnek az ősszel elhagyott fészkeknél, mézédes illatot árasztanak útmenti akácok, virágzó barackfák színezik szőlőtőkék erdejét a lankákon, fürdőházak tárják ki kapuikat, kabanák, sátrak, fürdőzők tarka egyvelege lepi el a fövenyt.

Parti ösvényen magányos férfi ballag, kutyája hol előzi, hol elmaradozik. Formás kis levelibékák ijedten ugranak fejest, de az iszapban sütkérező bibircsókos varangy meg sem moccan, hiába ugatja a kutya. Még csak nem is pislant, döglöttnek tetteti magát. A férfi egy galagonyabokor mögött leveti ruháját, és nekifutamodik a víznek. Kutyája nyüszít, csaholva lót-fut, végül rászánja magát és beugrik a vízbe, szapora tempózással követve gazdáját.

Villa kertkapuján fürdőnadrágos fiúcska surran a tóba nyúló keskeny pallón, és hiába kérleli vissza anyai hang. Nádszálak függönyéből kilépő nő tesz kosarat a halász csónakjába. Az szótlanul bólint és mereven nézi a horogra akadt zsákmány vergődését. Hajógarázsból teknő alakú, széles ladik vontat ki egy jachtot, vitorlájába kapaszkodó szél kapja el máris a nyílt vizen. Fehér lepkerajnak látszó jachtokat ringató, hosszú árok követ tovazúgó motorost, Siófok felől felbukkan a Helka. Tágas móló betonnégyszögének csücskén hajók menetrendjét feltüntető táblát helyez el egy matróz. Az utasok beszállnak, vas tönkökről leoldott, vastag kötelek hullanak súlyos koppanással a hajó fedélzetére, rézharang kondul, kürt üvölt, gépek zakatolnak, gőz dől ki sisteregve szelepekből, s ezüstösen ragyognak a kettészelt víz bokrosodó hullámai. Bal felől tengernek látszik a tó s Tihany bércfokán mind élesebbé válik a kéttornyú templom körvonala.

— Gyönyörű! — kiált fel a fedélzeti korlátra könyöklő külföldi.

A rézharang ismét kondul, ismét üvölt a kürt, a gépek elnémulnak, a hajó reccsenő nyögdécseléssel simul a móló facölöpeihez s a kitóduló utasokat megkövesedett „kecskekörmöket" árusító gyermekek rohanják meg a parton. Csodás történetekről regélő verset is mondanak:

— A régi szép időkben, egy szép királyleány, aranyszőrű kecskéket őrzött Tihany fokán...

Egyeseket a kerti vendéglő asztalai csábítanak magukhoz, mások nekivágnak a hegyoldalnak, az Óvár kilátó-padjáról bámulni a változó színű, óriás viztömeget.

A sáncok alatti meredek szerpentinen leányok, fiúk törtetnek a Visszhang-dombra, szóra bírni a falat; amely hajdan hétszer dobta vissza a feléje kiáltott vers szavait:

— Magasan a Balaton felett...

A közel ezer éves benedekrendi apátság monostorához épült templomból, szűk lépcső kőfokain, halkuló léptek ereszkednek mind lejjebb, dicső múlt emlékét őrző évszázadok mögé. Megilletődötten állapodnak meg földalatti kápolna zömök oszlopokon ivelő boltozata alatt, ahol kopár kereszt vésetével díszített, téglaalakú kőtömb fedi a sírkamrát, amelybe I. András, a magyarok királya temetkezett.

Évszázadokat röppenve át, a rendház első emeleti folyosójáról nyíló lakosztályba térnek a történelmi kegyhely zarándokai. Szerényen butorozott, kevés kényelmet nyújtó két szobába, ahol őrizetbe vételének napjait töltötte hitvesével, az utolsó magyar király, IV. Károly, azon a magyar földön, amelyből rövid uralkodása alatt alig láthatott valamit. Vajon mit érzett, amikor a börtönük alatti mélyben kerekded öblöt kanyarító félsziget és tengernyi viztömeg fejedelmi látványát nézte? Parányi ékét az ezeréves kincsnek, amelynek megőrzését négy világtáj felé tett kardvágás jelképes fogadalmával vállalta koronázásakor. És kívánt-e valamit a folyosó végén lévő ablaknál, amelyhez az a hagyomány fűződik, hogy teljesül a vágy, amit mély sóhajjal kíván ott valaki?

— Olyan ez az ablak — szólal meg elkomorodó arcok gyülekezetében egy hang —, mint a Sóhajok hídja az elitéltetés után.

Alkonyodik.

Fények gyulladnak távoli partokon, sötétedő tavon egy-egy vitorlás lézeng, hosszú tülköléssel jelzi közeledtét a Helka. Az utasok beszállnak, a bukó nap vörhenyében távolodik a háttér és élesednek a füredi part fényei. Mire a hajó a móló közelébe ér, ikertestvére a Kelén, épp szedelőzködik Siófok felé.

Kigyulladó villanylámpák kulisszazöldre szinezik a sétány lombjait, magas kőpárkányon csillog sötéten a Halász és Révész bronzalakja, Széchenyi, Kisfaludy Sándor szobrai bukkannak ki a liget homályából, valamivel távolabb a nemzet csalogányának, Blaha Lujzának bronzplakettel jelölt márványpadja, és a bokrok fölé emelkedő emlékfa is, ott, ahol a hinduk nagy költőjének, Rabindranath Tagorenak a szobra áll. A Győrfi étterem szabadtéri színpadán elkezdődik az élet, messziről világítanak a szanatórium lodzsiái s hirtelen elnéptelenedik a Gyógy-tér.

A táj néma, alig hallható csobbanások locsolják a part szikláit, kibukkanó holdfény világítja a közeli Arács hegyoldalát, egy villa teraszán fiatal nő és férfi áll egymás mellett azzal a beszédes hallgatással, amelyről Maeterlinck írt feledhetetlenül szép sorokat A csönd című művében.

— Szentjánosbogárka! — szólal meg a lány, ligetek parányi lámpásának sziporkázó fényére mutatva.

Este van, akácok, hársak illatával bódító este. A holdsugár ezüsthidat épít az elcsöndesülő Balaton tükrén, Csopak felől tárogató szól, s egy homályba merülő csónakból férfihang panaszolja:

— ...hálóját a szerencse, őt meg a kedvese elhagyta, el a szegényt...

HÁROM ÁLLOMÁS

Az első világháború utáni Magyarország demokratikus fejlődését hátráltató erők azért kerültek hatalomra, mert az 1918-as forradalom nem a nemzet forradalma volt, mert baloldali irányítás alatt állt, s végül kommunista ügynökök vérengző diktatúrája tette gyűlöletessé mindazt, ami forradalmi törekvésekre emlékeztetett.

Ha az „őszirózsás" forradalom vezetői területi önvédelmünkkel szemben nem tanúsítanak hazát eláruló, vérlázító mulasztást, ha ezzel nem idegenítik el azokat a jó magyarokat is, akik a forradalmi megújhodást szükségesnek tartották, ha a páni ijedelmek közt tántorgó Károlyi Mihály a hatalmat nem játsza át Kun Béláék kezére, akkor 1919-ben összeülhetett volna a szabadon választott népképviselet s a kor kivánalmainak megfelelő alkotmánnyal, orvosolhatta volna a földnélküliek ősi sebeit, a gyári dolgozók szociális panaszait, hosszú időre biztosítva a nemzet belső egységét.

Károlyi Mihályt történelmi felelősség örök bűne terheli azért, hogy a háború utáni magyar élet megrekedt a Ferenc Józsefi kor keretei között, hogy 67 szellemét nem a 48-as váltotta fel, és hogy a népbiztosok rémuralmának visszahatásaképpen keletkező antiszemitizmus a nemzeti szocialista eszmék melegágyává válhatott. Károlyi megfutamodása nélkül nem került volna sor botbüntetésről, numerus clausosról szóló törvény meghozatalára és a nemzeti léleknek talán soha többé meg nem szüntethető hasadására. A bolsevizmus szörnyűségeit átélő Magyarországon — a Szovjetbirodalomhoz való közelség miatt is —, a kommunista veszedelem elleni védekezés lett a politika legfőbb irányelve, üdvös reformokat is mellőzve attól való félelemből, hogy kommunista elemek malmára hajtanák a vizet.

A két világháború között a népi követelmények teljesítésének elmulasztása, a gyáripari hatalom visszaélései bomlasztó elégedetlenséget okoztak a látszólag nyugodt felszín alatt. A kommün utáni visszahatás ruházta maradi szellemekre a hatalmat és háttérbe szorította azokat, akik a politikát nem egzigenciák ledér művészetének, hanem boldogabb jövőnket építő feladatnak tekintették. Mire a „falukutatók" fiatal írónemzedéke lépett építő szándékkal a színre, már elröpült és feltartóztathatatlanul közelített a „nagy kő", amely 1945-ben porrá zúzta államiságunkat.

A „márciusi front" törekvéseit hiába helyeselte a régtől azonos elveket valló szellemi elit, a reformok szükségességét hiába tette magáévá több nagybirtokos, hiába értek azok sürgős követelménnyé törvényhozóknál, végül magában a kormányban, a falukutatók mozgalma elkésett kezdeményezésnek bizonyult. A „Viharsarok" megjelenésétől, a háború kitöréséig terjedő öt év már nem volt ellenséges a haladást hátráltató erők leküzdésére. Nem kerülhetett tető alá a milliók kívánalmait teljesítő, társadalmunk szervezetét új alapokra helyező reformok megvalósítása, s azzal történelmünk új korszakába vetett remény is kutba esett.

A társadalmi átalakulás nagy tervét a háború utáni időre kellett halasztani. A szőlő aszúvá éretten várta a prést, de nem azok szüretelték, akik a tőkét elültették. Legkevésbé maga a nép, amelyet a rövid életű földbirtokolásból nincstelen földönfutóvá tesz majd és önálló individiumától is megfoszt a kolhozosítás.

A kommunizmustól való rettegés és a nemzetközi életben való elszigeteltségünk következménye, hogy a Horthy korszak alatt kapcsolatunk mind szorosabbá vált a harmadik Német Birodalommal, s bár német agresszió késztette Magyarországot a második világháborúba, a magyarok ellent álltak volna ennek az agressziónak, ha nem a vörös rém ellen kell harcolniok. A magyarok elbuktak e harcban, de ha közönnyel várják be a második világháború történéseit, ha a Donnál, a Kárpátok övezetében, Budapest két hónapig tartó ostromakor nem hátráltatják a vörös hadsereg előnyomulását, akkor a vasfüggöny ma nem Ausztria keleti határán, hanem, amint Kossuth jósolta, valahol a calaisi csatorna mentén, vagy Strassburgnál lenne. A második világháborúban való részvételünk nem csupán preventiv önvédelem volt, hanem nyugati érdekek védelme is.

A határainkon átözönlő barbár vörös áradat, zabrálás, öldöklés, fertőző kéj, Szibéria munkatáboraiba hajszolt tízezrek gyalogmenete már-már nemzethalál végjelenetének látszott. Hasonlót a tatár dúlás óta nem élt át a magyarság. A török hódoltság kismiska volt az orosz dúláshoz. S míg hazánk területén tobzódtak a vörös katonák, a nürnbergi emelvényen könyörtelen ítéleteket hoztak a szovjet hatalom küldöttei, de elfeledték — nyugati partnereik ugyanúgy —, ítélőszékük elé állítani a magyar nép ellen elkövetett hóhérmunka gonosztevőit.

A porig sújtott magyar egy ideig dermedten nézte a moszkovita ügynökök munkáját, gyáva államvezetők hódolatát a felszabadítókként fogadott rabtartók előtt, a vérengzéseiket dicsőítő obeliszkeket, míg egy nap a zsarnok szemébe kiáltotta, hogy ámításnak tartja tanait és államéletét e tanok alkalmazása nélkül akarja berendezni. Bár a terror a ius sanguinis meg ius soli magyarok százezreit fosztotta meg politikai jogaik gyakorlásától, a magyar nép 1945. november 4-én a kisgazdapártot tette a nemzetgyűlés többségi pártjává, ami mély hatással volt az egész nyugati világra, és Eden az angol országgyűlés alsóházában a bolsevista uralommal sújtott kis népek elé követendő például állította a magyar magatartást.

1945. november 4-e volt a nemzeti egység első jele. Akik évszázadokon át farkasszemet néztek egymással, a Dózsa György tüzes trónjánál fogadott bosszú letéteményesei és a jobbágy lázadás vezérét halálra perzseltető nagyurak utódai, azonos ítéletet hoztak a választási urnáknál. A legnagyobb meglepetés és a kommunisták legnagyobb kudarca az volt, hogy a legszélsőségesebb proletárréteg angyalföldi választási kerületében is a kisgazdapárt került ki győztesen. A választás utáni órákban az Andrássy úton diadalmenetben felvonuló kisgazdapárti ifjúságot kávéházakból ijedten kitóduló és öklüket rázó „szalon kommunisták" fasisztáknak minősítették tehetetlen dühükben.

A magyar társadalom jobbjaiban az a remény támadt, hogy a választók döntése boldogabb jövőnk nyitánya. Nem a magyar népen múlott, hogy akaratának képviselői visszaéltek bizalmával és elpocsékolták a kinyilvánított népakaratban rejlő erkölcsi erőt. A kisgazdapártnak nem voltak elhívatott vezérei, s a vezetésre vállalkozó, puhagerincű akarnokok nem tudtak megküzdeni a nemzet létét támadó romboló erőkkel, s amely pillanatban veszélybe került személyes biztonságuk is, elhagyták a rájuk bízott hajót és sietve áteveztek az óceánon túlra, ahol szólamaikat már rég nem veszi komolyan a nemzet, és kupaktanácsi működésüket a „nemzeti"-nek hirdetett gyülekezetet maga az amerikai kormányzat sem.

1945-nek a választási urnákhoz járult magyarjai eszmében, célban, hazaszeretetben, bátorságban azoknak a honfitársaiknak voltak a követői, akik fegyverrel harcoltak az orosz áradat ellen. A Donnál vívott és a 45-ös választásnál győzelemmel zárult harcot Budapest utcáin újította fel 1956 hősi eposza. Két évtized három állomásán, három nemzedék küzdött közös célért, eszméért, és bár kölcsönös bizalmatlansággal, ellenséges előítélettel nézik is egymást, az idő előbb-utóbb kézfogásra kényszeríti őket. Ha nem másutt, egész bizonyosan a történelem lapjain, amely megállapítja, hogy azok is, meg emezek is a nemzet önállóságát akarták. Az 1956-os hősi tett meg sem érthető az 1945-ös tragédia ismerete nélkül.

1956 bizonyítéka annak, hogy nem volt oktalanság a szovjet elleni fegyveres harc a második világháborúban. Ha az lett volna, nem kerülhetett volna sor az 1956-os harcra sem. Az előbbi az utóbbi által nyerte el a hazáért tanúsított hősiességnek megérdemelt elismerését. Nyilvánvalóvá tette a világ előtt, hogy a magyarok a háborúban sem német érdekekért, hanem a bolsevizmus ellen fogtak fegyvert. A szovjet birodalom fennállása óta, az 56-os szabadságharc volt az első olyan felkelés, amikor a szovjetnek egy egész nemzet forradalmi megmozdulásával kellett szembenéznie.

És ez a szabadságharc nem arisztokraták, nagybirtokosok, gyáriparosok bujtogatásának volt az eredménye, amint odahaza Kádárék s az ENSz-nél Szepilovék akarták elhitetni, hanem a magyar nép kilencvennyolc százalékának felkelése a hatalmat bitorló két százalék kommunista ellen. Nem azért harcoltak, hogy a reakció szolgálatában elévült jogaikba helyezzék vissza a múlt kiváltságosait. A mozgalomban szívvel-lélekkel résztvevő ifjú munkások száma, szervezettsége, ereje sokkal nagyobb volt, semhogy engedni kényszerültek volna reakciós szándékoknak. E napok alatt tanúi voltunk a csodálatos folyamatnak, hogy a magyar ifjúság tizennégy pontjából miként lett a magyar élet egészét átfogó követelések szintézise. A provinciális meg osztálykívánságok sorra kihullottak, megnőtt azoknak a száma, amelyeknek általános politikai értékük volt, míg végül létre jött a követelések leegyszerűsített összesítése, amelyet soha nem látott egyakarattal tett magáévá a nemzet.

Budapesten nemcsak Sztalin bronz monstrumát döntötték le, hanem a szovjettől rettegő népeknek a szovjet mindenhatóságáról és megdönthetetlenségéről táplált hitét is. Többet tettek a nyugati világ minden addigi erőfeszítésénél és hidegháborújánál. De hiába várták a megérdemelt ellenszolgáltatást. Elképzelhetetlen, hogy a szovjet a tapsoló érdektelenség hasonló magatartását tanúsította volna, ha valamelyik nyugati hatalom töri le egy kis nemzetnek azért indított felkelését, hogy a kommunizmus elvei szerint rendezhesse be államéletét. Ilyen esetben a szovjet szolidaritás — Kuba, Vietnam példájából is tapasztaltuk —, tettekben nyilvánult volna meg.

Amit az ENSz és annak hangadó állama, Amerika tett a magyar ügyért, görögtüzzel álcázott menekülés volt a felelősség vállalása elől. Történelmi vizsga, amelyen kiderült, hogy az ENSz nem akar, de nem is tud megoldani nemzetközi viszályokat. A szovjethez intézett fuvolalágy felszólítása, amelyet lélegzet-visszafojtva vártak népek, nemzetek, világrészek, a teli szájjal tett ígéret megvalósulásához hasonlított, amelyről Horátius írta Ars poeticájában: „Parturium montes nascitur ridiculus mus". (Nevetséges egeret szültek vajúdó hegyek.) A szabadságharcot büntetlenül zuzhatta össze a vörös óriás ökle s a magyarok rokonszenven, biztatáson, karitativ segítségen kívül egyebet sem kaptak. Fegyvert sem. Végül az együttérzés is lelohadt. Csakhamar lagymatagság mutatkozott a szabadságharc menekültjeivel szemben, ha nem is olyan mértékben, mint ahogyan azt az áradatot fogadta, amely 1945-ben, ugyancsak az oroszok elől menekült a szabad világba. Az 56-osokat ünnepelték, a 45-ösöket csak befogadták.

Fájóan kiábrándító tanulság, hogy világnézeti szolidaritás és azon alapuló helytállás csak a kommunistáknák van. A nyugati eszmékhez csatlakozó vazallus népek a leghősibb cselekedet árán sem remélhetik, hogy Nyugat segítségével rázhassák le bilincseiket. A rabnépek felszabadításának hosszú éveken át hangoztatott követelménye komolytalanul fenyegető propagandának bizonyult, s a magyarság ezer éves politikai rutinjával sem sejthette meg e propaganda mögé rejtett mentalitás reservációit, amely megtévesztően hallgatta el, hogy bár lázadásra buzdít, tapsol a lázadónak, magához is öleli, ha önerejéből győzi le zsarnokát, de nem áll ki érte a harcban és sorsára hagyja, ha elbukik.

A magyaroknak bele kell törődniök történelmi rendeltetésükbe: vérükkel védeni a keresztény világot, pusztulva őrködni Nyugat békés álmain.

A népek millióiért vérző magyar váddal, keserűséggel telt meg szabadságharcának letörése után, de csalódottsága nem azoknak az eszméknek szól, amelyeknek szövegírója a négy evangélista. A magyarokban él a hit, hogy a szovjet tekintélyén soha többé be nem hegedő sebet ütöttek és hogy a nyugati világ győztes háborúval felérő eredményhez jutott általuk. Bebizonyosodott a szovjet világhatalom lazasága, nyilvánvalóvá lett az igájába fogott

71

népek elégedetlensége, a csatlósállamokból létesített védelmi övezet megbízhatatlansága. Nyugatnak a magyar szabadságharc óta kevésbé kell tartania attól, hogy megmozdul és országai határán túl gördül le a vörös vasfüggöny.

Ez volt 56 világtörténelmi cselekedete, s a magyar igények számlalapján mindmáig elintézetlen követelése a Nyugattal szemben.

HALÁLOS VÍGSÁG

Aprilis elseje volt.

Ezüstös csillogás ragyogott a balatonfüredi partot csapdosó hullámok taraján, gondtalannak látszó sétálók lépegettek a platánok alatt, és a sötét sejtelmek elől, erőltetett vidámságba menekült a társadalmi élet.

A külső kép még olyan volt, akár a boldog béke idején. Férfihódolat mélyhangú kórusa vette körül a Gyógytér padján sütkérező hölgyeket, korosodó dámák negédes mosolyuk gáncsvetésével szereztek hallgatóságot, a mólón kirándulók rohamoztak indulásra váró hajókat, szivárványszínű vizen vitorlások ringatóztak, a Királyi Yacht Clubban zöld livrés lakáj tett vermutot, konyakot admirálisnak öltözött klubtagok elé, a Győrfi éttermet megszállták a sörözők, a szanatórium árkádjánál elegáns autók várakoztak, halk morajú éttermében kegyelmesen, méltóságosan, vezérigazgatósan meg főtisztelendősen helyezkedtek el a rangok, a társalgóban bridzspartik alakultak, és egy ismert nagyiparos lelkendezve újságolta a német hadiipar kitűnősége révén szerzett értesülését, amely szerint a titkos fegyverek gyártásának peenemündei telepén olyan bombát állítanak elő, amely térdre kényszeríti az ellenséget.

*

72

Reggel, a szívével betegeskedő kegyelmeshez, aki hiábavaló vágyak körforgásával bámult meg minden elhaladó szép nőt, a konyha terebélyes mosogatónője állított be nyújtófával a kezében.

— Én volnék az — mondta a betanított szöveg szerint —, akit a professzor úr rendelt a kegyelmes úrnak.

Idős köztekintélyek szégyenkeztek vissza találkákról, amelyekre csintalan hangok csábították őket.

Mi a szanatórium földszintjén laktunk, s egyfelől a vesebajával ápolt vitéz Szabó László vezérőrnagy, másfelől Bárdossy özvegy édesanyja volt a szomszédunk. A piros kókuszszőnyeggel borított, hosszú folyosó legvégén, kinyújtható tolószék állt. Csakhamar fontos kelléke egy áprilisi beugratásnak.

Délutánra lecsillapult ugyan a reggel óta tartó nevetési hullám, feleségem úgy vélte mégis, nem múlhat el a nap anélkül, hogy meg ne tréfálnók a vezérőrnagyot, aki sikeres ötletekkel vett részt mások bolonddá tételénél.

Mint hittük, aludt még, amikor besurranó tolvajok neszteleségével csempésztem ki szobájából, az ajtó melletti fogason lógó, pirosbélésű tábornoki köpenyt, kosaras kardot, tiszti sapkát.

Ezeket aztán feleségem magára öltötte, én meg bekopogtattam a barátomhoz:

— Lacikám —, mondtam közlésem jelentőségéhez illő fontoskodással —, X.Y. altábornagy úr van nálunk és örülne, ha te is átjönnél.

— Mondd meg az altábornagy úrnak — s vidám fény villant a szemében —, hogy nyomban megyek, de előbb még kérni akarlak valamire.

Sietve felöltözött, majd lerántotta ágyáról a lepedőt.

— Mire ez? — kérdeztem.

— Mindjárt megtudod.

Szobánk ajtajához érve, a folyosó végébe húzott, szétnyitotta a tolószéket és végignyúlt rajta.

— Takarj be, mintha halott lennék — adta át a lepedőt. — Most aztán tolj az altábornagy úr elé — rendelkezett a fehér lepel alól.

Elindultam a kegyetlenül zörgő, ócska tolószékkel.

A folyosó másik végéből népes papi csoport közelített. Elől a pannonhalmi főapát, a méltóságába nemrég beiktatott veszprémi püspökkel, a tihanyi apát a szanatórium rendi kormányzójával, meg a kíséret.

Megtorpantam.

A papok is ezt tették.

Ugyanakkor piroshajtókás köpenybe öltözött, tisztisapkás szőke fej lesett ki szobánk ajtaján.

— Miért álltál meg? — dugta ki fejét a lepedő alól a halott.

A következő pillanatban az a döbbenetes látvány tárult a papi csoport elé, hogy a tolószékről lecsúszik a halott és magával húzva a hátára tapadt lepedőt, négykézláb menekül Bárdossyné előszobájába. A tábornoki lampasz árulkodóan villant ki a lepedő alól. A szélesen kitáruló másik ajtóban pedig felnevetett a szopránhangú és elképesztően fiatal „tábornok".

*

Áprilisi tréfa, játék volt csupán?

Sokkal több. Tragikus vidámság, hideglelős lázálom, rémségek sejtelme elől bujkáló rettegés.

Esténkint még kigyulladtak a fények, dolgoztak a zenekarok, tarka masszává sűrűsödtek táncoló párok, de a szanatórium kivilágított épülete mégis olyan volt, mint negyven évvel előbb a jégheggyel oldalba vágott, fényárban úszó Titanic, az óceán hullámaiba merülő luxushajó, a szörnyűségek áprilisi hajnalán.

Már minden mindegy volt.

Már minden elvégeztetett.

A MEGSÉRTETT NEMZET

A nyugatba vetett reményekből kiábrándult magyarok, a kádári kegyetlenkedések véres esztendei után, megkönnyebbülten sóhajtottak fel, amikor meglazult torkukon a fojtogató hurok, enyhültek az életüket zsibbasztó tilalmak, némileg javult az életszínvonal, és nyugati utazások engedélyezése csökkentette elzártságuk nyomasztó állapotát.

Felsóhajtottak és megalkudtak a rendszerrel. Feledték a szabadságért vívott harcot, a hősi halottakat, a bitóra húzott tizenhat éves gyermekeket, mindazokat, akik a dávidi harc néhány napja alatt leverték a nemzet vérét szívó vörös termeszek. Egy tál lencséért feladták addig tűrőn viselt szenvedéseiket, és zsarnokaikról alkotott véleményüket. Megtagadták nemzeti büszkeségüket, s dicső napokat, amikor úgy látszott, hogy végleg lehull a bilincs, kinyílnak a börtönök kapui, eltűnik a bitófák erdeje, s a magyar nemzet ismét maga irányíthatja államéletét.

Elismerően méltatták Kádárt, amiért emberi és állampolgári jogaik teljességének elenyésző részét visszaadta. Valamit abból, ami a szabad világban minden állampolgár magától értetődő, törvényben biztosított joga.

Olyan otthoni magyar is akadt, aki egykor az „úri" réteghez tartozott, s nyugatra látogatva, megtévesztő szimpátiát kelt a mai rendszer iránt azokban, akik azért vállalták a hontalanságot, mert nem akartak kommunista világban élni.

Az Egyesült Államok kormányai is feledték az őket terhelő felelősséget amiatt, hogy propaganda szócsöveiken át, sugalmazóan befolyásolták a szabadságvágy 56-os kitörését.

Aztán ölbe tett kezekkel nézték, hogy a szovjet katonai erejének félelmetes túlsúlyával miként gázolja le a felkelést. Megszünt a lehetőség, hogy a magyar példán felbuzduló más elnyomott milliók hasonló megmozdulása talán az egész világot megszabadítsa azoktól a rendszerektől, amelyek az emberboldogítás csalárd ígéretével teszik boldogtalanná az igájukba fogott milliókat.

Amerikai elnökök jöttek a rab népek felszabadításának szükségességét hangoztató ígéretekkel, és távoztak anélkül, hogy valamit is tettek volna a felszabadításért. A legtöbb az volt, hogy Mindszentynek menedéket adtak budapesti követségükön és a Szent Korona visszaadására vonatkozó igényt következetesen megtagadták azzal, hogy azt csak szabadon választott népképviselet kormányának kérésére teljesíthetik. Egyikük sem tekintette Magyarországgal kötendő kereskedelmi tárgyalások sikerét biztosító zálognak.

Carterrel olyan elnök került a Fehér Házba, aki nemcsak zálogként hasznosította a magyar nemzet ezer éves és háborús körülmények kényszeréből Amerika kezébe került, közjogi hatalmat jelentő ereklyéjét, hanem megsértette a védelmébe vett emberi jogokon túl, egy tizenötmilliós nép jogát.

És miért? Vajon mi teljesült Carter kijelentéséből, hogy történelmük fénykorára emlékezteti az ezer éves szent ereklyeként tisztelt Korona jelenléte, arra buzdítja a magyar népet, hogy igyekezzék nemzeti függetlenségének és állami önállóságának elérésére törekedni.

A Szent Koronára vonatkozó döntés idején, Vance külügyminiszter elszólásából kiderült, hogy nem a magyar nép közóhajának tettek eleget, hanem a magyarországi rendszerrel való kereskedelmi tárgyalások sikere volt a cél. Carter is az egy tál lencse mellett döntött, azon örök erkölcsi érték helyett, amit az biztosított volna számára, ha hallgat az amerikai magyarokra, akik harminc éve harcolnak azokért, akik harminc éve nem nyilváníthatják szabad akaratukat.

A Korona visszaadásához kötött feltételek felületességéből is nyilvánvaló, hogy azokat nem az erkölcsi célt megillető tisztelettel és körültekintéssel állapították meg. Kikötötték ugyan a méltó elhelyezést, de nem állapították meg, hogy mi a méltó hely.

Így történt, hogy a Szent Korona nem a budavári Nagyboldogasszony templomba került, hanem a Nemzeti Múzeumba, ahol kirakati elhelyezésével is azt hangsúlyozzák, hogy elvesztette szimbólikus jelentőségét. Többé nem az államhatalom megszemélyesítője, hanem rekvizitum a múlt egyéb rekvizitumai között. A meghatódott örvendezők tegyenek le a reményről, hogy valaha is szerepe lesz a nemzet alkotmányos életében.

Át nem gondoltan állapították meg az átadás szertartását is. Abban több szerep jutott a Vanceval érkező amerikai magyar meg a budapesti főrabbinak, mint a királyainkat koronázó, esztergomi érsekek utódjának. A magyar primás a meghivottak sűrűjében csupán nézője lehetett az amerikai külügyér és a magyar Apró miniszter egymást és önmagukat méltató szónoki ömlengésnek.

Alig múlt el a színpadias céco, a rendszer csakhamar kimutatta, mire értékeli Carter döntését. A kádári szellem egyik gúnyolódó szócsöve, „Nagyapám hálósapkájának" csúfolta a Szent Koronát, s egy másik Habsburg Ottót, a királyi trón alkotmányunk szerinti várományosát is belevonta a pimasz és alpári szatirába. Azt a Habsburgot, aki magas színvonalú, magyar nyelven írott mű-

76

veiben a nép oldalán foglalkozott a magyarság sorskérdéseivel, s kitűnő ismerője a magyar irodalomnak és történelemnek.

A városligeti persziflázs arról fröccsentette nyálát, hogy Habsburg Ottó, a budapesti idegenforgalmi hivatal alkalmazottjaként, a Szent Korona másával, királyi palástban, egyik kezében jogarral, másikban az országalmával, a budai várpalota egyik termében szórakoztatja a turistákat és teszi nevetségessé múltunkat és történelmi ereklyénket.

Az üvegszekrények körül, ahol a Szent Koronát és kellékeit őrzik a Nemzeti Múzeumban, könnyes szemű magyarok keringenek, ha lefizetik a megtekintéshez kívánt obulust.

A nép érzi, hogy az Egyesült Államok elnökének döntése megsértette azt, ami a magyaroknak szent.

Véleményt nem mondhat, de komor némasága mögött egy megsértett nemzet felháborodása morajlik.

A PÓRULJÁRT NAPRAFORGÓ

A délceg lovas megállt a Gellért Szálloda előtt. Számonkérő tekintete a tömeg arcába nézett, majd a folyamóriáson túllra, ahol a 133 napig rémuralomtól gyötört város hevert. A „bűnös város", ahogyan a fehér lovas nevezte a rémtettekért és a gyávák megalkuvásáért. Büszke tartásával, kemény vonalú arcélével akár Colleoni, Verocchio lovasparipáján a Giovanni e Paolo temploma előtt Velencében. Mögötte az esemény tudatától áthatott arcok, Bocskai-fövegekbe tűzött darutollak, fegyverek erdeje.

Előbb a főváros polgármestere köszöntötte, majd a fogadásra egybegyűlt csoportból kivált egy nemzeti díszruhába öltözött asszony és fehér rózsacsokrot nyújtott át a fővezérnek. A hódolat és hála szavaival övezte a felszabadítót, aki a haza földjéről elűzte a vörös démonokat. A magyar anyák millióinak nevében, esküvel fogadta meg, hogy a nemzeti és keresztény eszméhez hű fiakat fognak nevelni.

Aztán a tér messzeségéig csengő hangon átkot mondott mindazokra, akik újra megkísérelnék uralomra segíteni a bolsevizmust. Szinte parancsolóan kérte a fehér lovast, hogy akkor kérlelhetetlen megtorlással sújtson le a bűnösökre.

Nem gondolta, nem is gondolhatta, hogy ez az átok egyszer azokra hull, akiket ő nevelt, az ő fiaira. 1919 november 16-ának azon a hűvös délelőttjén miként is gondolhatott volna arra, hogy huszonhat esztendő múltán az ő fiai együtt menetelnek azokkal, akik hódolatukat viszik a visszatérő vörös rém elé, és Ákos nevű fia, a bresciai hiénát felülmúló buzgalommal küldi vérpadra a bolsevizmus elleni harc hőseit, és ha rajta múlott volna, oda küldi a fehér lovast is, aki előtt fogadalmat tett és átkot mondott az édesanyja, Majorné, Papp Mariska.

Az anya bizonnyal nem így képzelte el, és talán elsősorban őt magát töltötte el borzalommal, hogy a saját fiaira is hullott az átok. Róla azt jegyzi fel az emlékezet, hogy mindvégig hűséges alázattal ápolta a fehér rózsacsokorral szerzett kapcsolatot. Verseket írt a fehér lovashoz, és megragadott minden alkalmat, hogy a márványlépcsők, alabárdos testőrök királyi pompájától megilletődötten, hófehér szárnyasajtók során át, a nagyúr elé járulhasson, aki huszonöt éven át Magyarország kormányzója volt.

Kétsége sem lehetett a fiai felől. Azok lelkesen nemzethűek voltak a hazafias ünnepségek dobogóin, és buzgó katolikusként gyóntak, áldoztak.

Ákos az egyetemi fegyveres őrszázadnak, annak az ifjúsági testületnek a tagja, amely a bolsevizmus elleni harcért létesült és kemény kézzel tört le nem egy mozgalmat, amely mögött a bolsevista szándék gyújtogatott. Méltónak bizonyult arra az erkölcsi és anyagi támogatásra, amit az egyetemi század tagjai élveztek a diáknyomor nehéz éveiben.

Ákos a jobboldali szárnyon belül is túlzók közé tartozott, az anyai összeköttetések tudatától megrészegülten élvezte társasági helyzetének előnyeit és pápaszeme mögül lenézően tekintett azokra, akik nem voltak otthonosak azon idők vezetőrétegének társasági világában.

Öccse, Tamás ott sündörgött vele a diákösszejöveteleken, ahol egyikük sem volt népszerű, mintha a diáktársak megérezték volna a nemzethűség mázával takart jellemtelenségüket.

A két Major fiú boldogulását a Horthy Miklóst köszöntő anya nimbusza biztosította. Ákos jogi tanulmányai végeztével, a hadbirói testületbe jutott, míg Tamás a Nemzeti Színház tagjaként kezdte színészi pályáját.

Abban az időben történt ez, amikor ifjú diplomások ezrei lődörögtek állástalanul. Így kezdődött a nemzethűségükkel tüntető Major fiúk pályája.

*

Aztán hirtelen kanyarral, egész másként folytatódott. Míg szerény mosollyal hajlongtak pártfogóik előtt (mai szótárunk szerint sötét reakciós a nevük), hideg ésszel és minden lehetőségre felkészülten mérlegelték a jövő eshetőségeit. A múlt szép volt, de gondolni kell arra is, hogy épp oly sima és kellemes legyen a holnap is. Már tombolt a háború s a vörös csillag vészes suhogással közelített Magyarország felé. Hátha elér mihozzánk is?

A fivérek számoltak e lehetőséggel és megosztották egymás között a szerepeket. Egyikük a német, másikuk a bolsevista lapra tett. Bármiként is alakuljon a hadi helyzet, egyikük minden esetre nyer, és segít a vesztesen.

Így történt, hogy Ákos a nemzeti és népbarát vonalon maradt, látszólag hűen tiszti kardbotjához, míg Tamás, a Nemzeti Színház dédelgetett ifjonca, a földalatti bolsevista mozgalomhoz csatlakozott, s amint a hadi események mind valószínűbbé tették az orosz győzelmet, egyre nyiltabb és merészebb kijelentéseket tett azokról az akasztófákról, amelyeket majd „ők" állítanak, ha uralomra kerülnek. Ez nem tartotta vissza attól, hogy hasznosítsa nemzeti érzelmű anyja révén szerzett kapcsolatait a két világháború közötti korszak befolyásos szereplőinél. Becsmérlő iróniával szólt azokról, ahol veszélytelenül tehette, de hajlongó tisztelettel kereste kegyüket, ha érdekei úgy kívánták.

Különböző kormányzati fogadások meghívottjainak sorában, talán a kormányzói garden partik résztvevői között is megjelent. Szmokingot öltött, és kevéssel a tragikus összeomlás előtt, vendége volt Szinyei Merse kultuszminiszternek az Operaház galériáján rendezett pazar lakomán.

A vendégek névsorát összeállító Wlasits Tibor báró, kultuszminiszteri államtitkár bizonnyal tudta róla, hogy oroszváró kommunista, de úgy hihette, hogy az csupán másokat „epatirozó" és szélsőségekben tetszelgő magatartás, amit a művészek világában nem kell komolyan venni.

79

Még néhány év, és ő lesz az első színész, aki a magyar törvényhozás üléstermében, nemzetgyűlési képviselőként foglal helyet. A képen, amely e szerepében ábrázolja, feje kopasz, arcán benső viaskodás kesernyés nyomai. Az egyik padban áll, csontos kezét szíve fölé téve, mintha esküvel bizonygatna valamit. Semmibe meredő tekintete olyan, mintha bűnbocsánatért esdekelne.

A látvány döbbenetes és elgondolkoztató lenne, ha nem érvényesülne a törvény, hogy akiket érvényesülési vágy visz a sikerig, csak akkor tartanak bűnbánatot, ha új helycsere sodorja el azokat, akik felemelték őket, és új hatalom ítélőszékétől kell felmentést kérniök.

Ákos a harctéren rettegett bírája mindazoknak, akik megsértették a hadi érdekeket. Ténylegesen és igen buzgón akasztatott a lehetőségek másik oldalán. Azt vallotta, hogy a legkisebb megtorpanást is elrettentő példával kell megtorolni. Ő nem torpant meg, s ahol megjelent, akasztófák nőttek ki a földből. Irgalom nélkül húzatta fel a mezítlábas rongyosokat, akik fagyott testük kínjának tébolyában már maguk sem tudták, hogy mit cselekszenek.

Vérengzése borzalmat váltott ki hadbíró társaiban is, akiket később csupán azért mentett meg a börtöntől, mert félt, hogy fejére olvassák háború alatti gaztetteit.

A sorskerék tragikusan fordult és Major Ákost 1944 őszén a debreceni kormány börtönébe dobta. Közös zárkába került Béldy Alajos vezérezredessel, akit néhány hét múlva, az ő elnöklete alatt létesült budapesti népbíróság egyik tanácsa fog halálra ítélni. De a harc még nem ért véget Nyugaton, még nem múlt el az a lehetőség a szolgálati fegyelem hangján, alázatos tisztelettel, kegyelmes urának szólította vezérezredes börtöntársát.

Még nem tudta, hogy úton van már a futár, akit a testvéri egyezséghez hűen, Tamás küldetett. A börtönből és múltja ellentétes végletéből, egyenesen arra az emelvényre lépett, amelyről a múlt fölötti bosszú véres színjátékát mutatta be a népbíráskodás. Az ő ítélete alapján hurcolták el és húztak lámpavasra két áldozatot az Oktogon-téren. Kivégzésüknél BESZKÁRT altiszti egyenruhában működött a leendő házelnök és minisztere, egy ideig a papi ügyek hivatalának elnöke: Kossa István. Az orosz fegyverek mögül hősködő patkányforradalomnak olyan bírára volt szüksége, mint Major Ákos.

80

Major Ákos vallotta igazságügyminiszterének, Reisz Istvánnak törvénykezési tételét, hogy a népbíráskodás célja nem az igazságkeresés, hanem a megtorlás. A háborús főbűnösök teátrális tárgyalásait ő rendezte, az ügyvédjelöltből igazságügyminiszteri osztályfőnökké lett Bajor Lászlóval, akinek az apja még a bolsevista rémségek vértanúja volt.

A Zeneakadémia nagytermében tartott főtárgyalás elnökeként leckéztetni merészelte Bárdossy Lászlót s ő pattogta el a halálos ítéletét. Ez a jogi suhanc nevezte Bárdossyt meg társait nyugatra menekült patkányoknak. Jány Gusztáv hadseregparancsnoktól ő merte számonkérni az újvidéki eseményeket, amelyekben annak semmi szerepe sem volt, s amelyekről mitsem tudott.

— Mindenki tudta, önnek is tudnia kellett —, rivallt Jányra, aki előtt még nemrég feszes vigyázzban állt.

— Ha ön tudta — felelte megvetéssel az egykori feljebbvaló —, miért nem jelentette nekem. Erre lehetősége volt. Miért hallgatta el?

A kommunista hallgatóság arcán megjelent a fenyegető mosoly. Major Ákos elsápadt elnöki székében, ahonnan aztán Riesz István igazságügyminiszter a Kúria elnöki méltóságába mentette. Ezzel jutalmazta, amiért a népbíráskodás elnökeként hóhérlegényi munkával teljesítette bosszú és megtorlás vágyától áthatott parancsait.

*

A Kúria megszűnt és Major Ákos szégyenteljesen tündöklő forradalmi pályája is véget ért. Pártfogóját, az igazságszolgáltatás vérengző sakálját, Reisz Istvánt, elvtársai holttá verték a váci fegyházban.

Minden úgy, miként Gyulai Pál írta, immár kilencven esztendeje:

Ma jóbarát és holnap már ellenség;
Hány ronda érdek, hivatalvágy, éhes,
Irigy kedély, mely csak gyűlölni képes:
Bitorolja népszerűség fénypalástját,
Takarva gonddal szennyes inge rongyát!

Major Ákost nem zárták be, nem deportálták. Bár alantas beosztásban, de bíróként működött. Talán, mert a fivér összeköttetései védték, talán mert oly csöndessé vált, hogy megfeledkeztek róla.

Talán nem is él már. Ha él, bőven van oka félnie a jövőtől.

Az anyai átok előbb, vagy utóbb, de megfogan.

81

ÜZENET ÉS VÁLASZ

A hontalanság magyarja, ha visszanéz a negyedszázad alatt megtett útra, vajon mit állapíthat meg azokról a szándékokról, amelyeket magával hozott, amikor átlépte az imádott Haza határát?

De mi az, amit hozhatott gépkocsin, fogaton, szekéren, taligán, vállán lógó iszákkal baktatva koldusként? Mögötte felgyújtott házak, kifosztott kastélyok, szétrúgott tanyák, bombázott városok, letiport nők, felkoncolt férfiak, elhurcolt lakosság, géppisztolyos ordasok, elhajtott állatok, jajveszékelő ország és boszszúra szított hallali.

És mi fogadta bombázásokkal záporozott menekülése útján az ország nyugati határán túl? Kiéheztetett nép, rémülettől szűkölő helységek, banditákká züllött katonák, s ahol akadt megosztható falat, pohárnyi tej a csecsemőnek, ott a balsors könyörtelen vámszedői ruhát, ékszert, aranyat követeltek.

Előtte? Nyugati győzőktől megszállt országok, internáló táborok, szabad ég alatti emberkarámok, kicsikart vallomások, szadista embervadászok, népbírósági aréna részére összefogdosott államférfiak és hadvezérek, Moszkvának dobott milliók, nürnbergi törvények, potsdami diadal-tor.

Mi mást akarhatott, mint szülőt, hitvest, gyermeket menteni és megélhetést találni befogadó államokban? S akik nem hullottak át a konzulok szeszélyesen működő szűrőjén, azok behúzott nyakkal álltak be gyárak, bányák, építővállalatok rabszolgáinak menetébe, Európa államaiban.

És mégis!

A tengereken innen meg túl szétszóródott magyar százezrek nagyon hamar eszméltek arra, hogy történelmi küldetés teljesítése vár rájuk: világgá kiáltani a terrorral elnémított nemzet jajszavát, vállalni a száműzött Rákóczi, Kossuth és követői szerepét az alkotmányos élet folytonosságában elgáncsolt ország követeként.

Lázító szavakkal, baraktáborokban rendezett összejöveteleken, hazafias ünnepségeken, tengeren túlra vándorlók búcsúztatóin, kőnyomatos újságocskákban, négy világrészen létesített sajtótermékekben, egyesületekben, és mindenütt, ahol „négy-öt magyar összehajol", e feladat gondja csordult ki a lelkekből. Az emigráció az a Nyugatra mentett tartalék lett, amelyből erőt és hitet merítettek a leigázott otthoniak.

Nem sokáig váratott magára a legifjabb nemzedék érdekében a felismerés és tett. Gyermekgondozók, tanfolyamok létesültek, tankönyvek készültek, s végül a hontalan magyarok legnagyobb alkotása, a Burg Kastlban működő gimnáziumot és internátust építették fel.

A Debrecenben két éve rendezett nyelvészeti kongresszus óta defetista szándékok igyekeznek megbontani a nemzeti irányú emigrációt. Arról akarják meggyőzni a szabad világban élő magyarokat, hogy létjogosultságát vesztette eddigi magatartásuk. „Ami odahaza van — modják a kishitüek és hitüket vesztők —, az egy győztes világnézet másíthatatlan megvalósulása."

Nem csak olyanok vallják, akik autójukkal, travelcsekkjükkel bizonyított jólétüket mutogatják odahaza, és a felszínen látottaktól megtévesztve, azzal térnek vissza, hogy a terror megszűnt, az élet olcsó, kormányzati méltányosság csillapította le az elégedetlenséget, az emberek nem kivánnak rendszerváltozást, s a negyedszázad alatt felnövekedett nemzedék már nem is ismer más rendszert, mint a kommunizmust.

Vannak, akik nem felszínes benyomások alapján, hanem emigrációs próbálkozások kudarcából és a világpolitika fejleményeiből vonták le azt a következtetést, hogy az emigráció hagyjon fel a szervezkedéssel, politikai reményekkel, és vegye tudomásul, hogy a második világháború győztesei nem átmeneti intézkedésekkel zártak le egy korszakot, hanem olyan irányt adtak a népek további életének, amelytől eltérni nem lehet.

De valóban így van? Volt-e valaha is olyan békekötés, amely végleges irányt adott? Az események örök változásából álló történelemben nincs megmerevedés, nincs másíthatatlanság.

Nemrég hírnök érkezett a Hazából és magával hozta a nemzet üzenetét arról, hogy a terror nem szűnt meg, az élet nem olcsó, az elégedetlenség nem csillapult, s a kommunista rendszer alatt felnövekedett ifjúság vágyódva néz a vasfüggönyön túli szabad világ felé. A hazai állapotokról, hangulatról beszámoló hírnök még odahaza volt a nyelvészeti kongresszus idején, és tanúja volt annak, hogy a közvélemény nem pártos része dermedten figyelt Debrecen felé, és az emigrációból hazazarándokló honfitársak szerepléséből azt a következtetést vonta le, hogy Nyugat leírta őket.

83

„Ha az otthoniak 56-ban keserűen csalódtak is a Nyugatban — mondta továbbá —, a lelkek mélyén még mindig él a remény, hogy visszatérhetnek a nyugati népek kultúrközösségébe. És ha megfosztjuk őket ettől a reménytől, mindentől megfosztottuk őket."

A világpolitika jelenlegi kuszáltságában nehéz reményt adó mozzanatot fedezi fel. Nyugati győzők, legyőzöttek egyaránt erősítik baráti kapcsolataikat Moszkvával, kacsintgatnak Peking felé, nemzeti Kína helyét kommunista Kína foglalja el az ENSz-ben, Amerika elnöke Maohoz készül, és elhervad a kommunistákra kimondott pápai átok hatálya. Mindenütt száznyolcvan fokos a fordulat. A szabad világban élő magyart mind ez még inkább tettekre parancsolja történelmi küldetéséért, nyelvünk megmaradásáért s az otthoni magyarokban annak a hitnek ébren tartásáért, hogy eljön a történelmi fordulat, amikor a magyarok visszatérhetnek a nyugati népek kultúrközössége.

A döntő rohamra induló rendszer megcsörgette aranyait is. Pénze bőven van túladóztatásból, elrablott vagyonokból és alacsony munakbérekkel sarcolt megtakarításokból. Tankönyvekkel, szépirodalmi művekkel, nyelvészeti tanfolyamokat tartó küldöttekkel, fiatalok otthoni nyaraltatásával akarja terjeszteni a kommunista tanokat Nyugaton. Ha célt ér és szellemi befolyása alá vonhatja az emigrációs ifjúságot, akkor Nyugaton ledől az egyetlen őrtorony, amely világgá kiáltotta a magyar sérelmeket és bátorítást sugárzott hazafelé.

Az emigráció felfigyelt és az ellentállás új erőre kapott. Felháborodástól zúgó kaptárrá vált a közvélemény és felsorakozott az ifjúság is, minden korszak erjesztő kovásza, amely nélkül az emberi társadalom csonttá száradna a történelem forró kemencéjében.

Szent fanatizmus, küldetésbe vetett hit, áldozatkészség bizonyítéka a Hazánk című, remek kiállítású, iskolai olvasókönyv, amely e napokban röppent négy világtáj magyar diákjai felé. A növekedő új nemzedék elé tartott pajzs ez a könyv. Felfogja a hazai kisugárzást, amelynek felerősítését sürgette nemrég a múltjától elpártolt kitűnő író, s egy időben parasztpárti kultuszminiszter. Cáfolata a hazai hiresztelésnek, hogy az emigrációban töredezik az ellentállás és az ellentállásnak alig van már hatása.

A Hazánk című és némi nyelvtant is magába foglaló új olvasókönyv oldalairól úgy ér fülünkbe, szívünket hevítve a magyar szó, emlékezés, költészet, rege, történelem, mint amikor daloló lány ajkán csendülnek fel váratlanul és táji tisztaságukban, rég nem hallott magyar szavak, avagy világváros bábeli forgatagában csapódik fülünkbe: „Adjon Isten!"

Szívünk összeszorul, bensőnk átforrósodik, szemünkből kicsordul a könny. Tértelenné váló távolságon át szárnyal haza képzeletünk honi tájat ölelni magunkhoz, honi földön barangolni, rónákon, hegyeken, partokon. Feléled a múlt és megifjodva szavaljuk március 15-ék dobogóján a „Talpra magyart!"-t, kesergő tárogató alkonyi dallamát halljuk egy hegyoldalról, és a múltak szenvedéseiért kárpótoló dicsőség eljövendő korszakáról álmodunk. Érezzük az otthoni kenyér meleg illatát, és újból átéljük a boldog pillanatot, amikor szívünkbe zártunk valakit és kart karba öltve andalogtunk a lombok alatt. Otthon vagyunk, haza kerültünk a hangokba foglalt magyar szó varázslatos szárnyain! Ha egy időre el is veszett minden, semmi sem veszett el örökre, amíg él nyelvünkön az édesanyánktól öröklött anyanyelv.

Sajnáljuk az otthon élő és világszerte ünnepelt, a magyar szavak édes muzsikájával körülvett költőt, aki többször hangoztatott tévedéséhez ragaszkodva, cáfolja a tételt, hogy „nyelvében él a nemzet, ha nyelve elhal, pusztul a nép is." Szerinte a történelem megmutatta, hogy „korunkban másként állnak a dolgok." Az írek példájára hivatkozva, holott a gael nyelv csak elbújt az üldöztetés századai alatt és élőn bukkan fel a XX. század fordulóján, amikor az ír szabad állam az állam nyelvévé tette és kötelezően taníttatja az iskolában. Igenis, mindörökké áll a tétel, hogy nyelvében él a nemzet és őseiktől öröklött mivoltában csak addig él, amíg a nyelvében él.

Ebbe vetett hit, rajongó hazaszeretetet, az ifjúsággal szembeni felelősség hozta létre a Hazánk című könyvet, amely a nagy tettekhez szükséges hév és áldozatkészség bizonyítéka.

A Hazánk című könyv nemcsak iskolai olvasókönyv és tankönyv, hanem a nemzeti állam eszméjéhez ragaszkodó emigráció bátorító üzenete a nemzetnek, és fölényes válasza a nemzetállamot lebontó otthoni rendszernek.

AZ ÜLDÖZÖTT ESZME

Abban a nyolcvankét esztendő előtti korszakban születtem, amikot sértetlenek voltak Magyarország ezeréves határai, szabad volt a hitélet, a szó, a gondolat, közéletet biráló vélemény, az egyént nem tartotta véres terror pórázán a lélek rejtett zugaiba is behatoló bolsevista rémuralom, de szigorú erkölcsi törvények védték a nőt, a családi élet tisztaságát, tulajdonhoz való jog serkentett alkotókedvet, jogrend biztosított félelem nélküli életet és nemzeti érzület hatotta át a törvényhozásban résztvevő pártokat, valamint a kormányzat munkáját.

Mindebből mi lett?

Két világháború utáni romokon át, évtizedeket járva be, borzalommal nézek a szánalmas csonkra, amivé a mi gyönyörű hazánkat tették s az ezer évét ünneplő nemzet által emelt dunamenti palotára, amelynek üléstermében Kádár, Fock, Kállai Gyula és társai terpeszkedtek azokban a piros székekben, amelyekben egykor oly nagyok foglaltak helyet, mint az idősebb Andrássy Gyula, Szilágyi Dezső, Baross Gábor, Apponyi Albert, Tisza István, Teleki Pál, Bárdossy László. 1945-ben, ezer évünk óta először, olyan korszak sújtott hazánkra, amely érdemmé tette az árulást, kötelezővé a megszálló zsarnok dicsőítését, múltunk ócsárlását és alkotmánnyá a törpe pártkisebbség törvénnyé nyilvánított parancsát.

A nyeregből leszállított volgai lovas pedig, akiben a határainkat rendületlen éberséggel őrző, hagyományainkhoz, állami önállóságunkhoz ragaszkodó, nemzeti szellemű magyart személyesítette meg az irodalomtudomány egykori nagyja, Beöthy Zsolt, ez a volgai lovas belső emigrációban él ma saját hazájában, vagy száműzöttként a határainkon túli idegen világban. Amióta kommunisták bitorolják az államhatalmat, elkezdődött és növekvő hevességgel tart a nemzeti eszme és annak hagyományaihoz hű magyarok üldözése.

De hiába minden igyekezet és erőszak, amíg a magyar lelkekben épek a múltunk talajába kapaszkodó gyökerek, amelyek naggyá növelték nemzeti államunkat, évszázadokkal előzve meg az angol felvilágosodás és a napoleoni háborúk hatásaképpen létesült nemzeti államok keletkezését.

A nemzeti szellem lángolva lobogott a magyar irodalom évszázadain át, míg az urbánus kultúra fejlődésével, új irány tört utat Jászi Oszkár Huszadik Század című társadalompolitikai szemléjével, a Nyugattal, a Világgal, a Népszavával s a Galilei Körbe tömörült, főként zsidó egyetemi hallgatókból álló ifjúsággal. Ez az idegen intellektüel réteg a magyar állapotokat biráló gunyoros lebecsüléssel ellenszenvet, sőt felháborodást váltott ki a magyar társadalom liberális rétegében is. A magyar faj és nép szerelmesét, az örök értékű költőt, Ady Endrét, sajnos a vezetőréteg elutasítóan merev magatartása, a nemzettől idegen, radikális táborba sodorta, a magyarság örök kárára.

A nemzeti eszme elleni burkolt harc az orosz megszálláskor bontotta ki nyiltan zászlaját, s a kommunista államvezetés egyik fő feladatává tette a nemzeti eszme üldözését. Komlós Aladár a szépirodalomban is jeleskedő egyetemi tanár, már nem titkolja, amit korábban csak sejtetett. Verecke és Dévény közt című könyvében azzal a durvasággal lepi meg az olvasót, hogy a pestisnél is jobban gyűlöli a nacionalizmust. A faji üldöztetés keserű emlékének is része lehetett e vallomásban. Komlós nem gondolt arra, hogy korunk új államalakulatának, Izraelnek létesítését kétezer éven át megőrzött nacionalizmusa tette lehetővé, irányítja mindmáig az arabokkal szembeni magatartását és szívós ragaszkodás bátorítja Egyiptom ősi birtokállományába tartozó területek megszállásának fenntartására.

Nemzeti érzés tette naggyá Athént, világbirodalommá Rómát, óceánokon túli területek urává Angliát, és Franciaország világhatalommá növekedését Napoleon császársága alatt. A magyarok nacionalizmusa pedig — ma jobban, mint ezeréves létünk alatt valaha is —, szabadságvágy, amely más nemzet által megkisérelt vagy bekövetkezett elnyomás ellen védekezik. Ami Komlósnál némiképp menthető, az fájóan döbbenetes Illyés Gyulánál, legnagyobb és legmagyarabbnak tudott költőnknél, amikor így ír: „Ámulva nézek szét, ha azt olvasom, hogy nemzetiesnek látnak... Engesztelhetetlen internacionalista vagyok."

A Nyugat, Huszadik Század, Világ, Népszava és e lapok haladónak minősített tábora nagy megértést tanúsított a nemzetiségek sűrűn hangoztatott sérelmei iránt Trianon előtt, de Trianon után, amikor magyarok milliói kerültek kisebbségi sorsba, távoltartotta magát az általa káros irredentának gúnyolt küzdelemtől, amely a megszállt területeken élő magyarok védelmét és az ezeréves Magyarországot kegyetlenül megcsonkító döntés revízióját követelte.

És miért elítélt a nacionalizmus? Komlós miért gyűlöli jobban a pestisnél? Illyés miért tagadja meg népe jogát, holott Pusztulás című művében a magyarok kárára tért hódító német nemzetiséggel szembeni védekezést követelt? Helyesen és indokoltan. De ha megengedett a német terjeszkedéssel szembeni védekezés, akkor miért elítélt és tiltott a magyarságot veszélyeztető más nemzetiségekkel és államokkal szemben? Az otthoni írók miért nem jajdulnak fel a magyarokat üldöző utódállamok nacionalizmusán? A budapesti rendszer miért nem mozgósítja a rendelkezésére álló eszközöket a kisebbségbe került magyarok védelmére az ENSz-nél?

A kommunisták tisztában vannak a nemzeti érzületben rejlő és rendszerük létét veszélyeztető erővel. Tudják, hogy a nemzeti érzület és hagyomány kommunistaellenes érzelmet érlel akkor is, ha pillanatnyilag győzelemmel ért véget és irányító szerephez jutott a hatalomért vívott harc orosz segítséggel támogatott győztese. Amit a kommunisták szocialista nacionalizmusnak neveznek, az arra irányuló törekvés, hogy a népek nagy együttesében ne lehessenek önálló nemzetek s ha elérték céljukat, az egyes népek nemzeti jellegéből élettelen folklórikus dísz lesz a leigázott népek bolsevista múzeumában. Mégis hisszük, hogy hiába tart a szovjeturalom létesülésével fél évszázada elindított hajsza, amely mindmáig sem tudta megszólaltatni a nemes vad elejtését hírlelő hallali kürtjelét.

A nemzet evolúciós társadalmi képződmény, miként a rokon családok közösségét alkotó törzsi lét is. Az önálló nemzetként való megmaradás minden életképes nép vérrel, hagyománnyal öröklött olyan adottsága, amelyet nem ölhet ki sem a történelmi materializmus, sem a cári zsarnokság romjain létesült, még zsarnokibb proletáruralom kommunista államrendszere. A nemzet, mint önálló és öncélú társadalmi alakulat, még nem töltötte be szerepét az emberiség történelmi fejlődésében. Aki nyitott szemmel néz szét a világban, annak látnia kell az egyes népek ragaszkodását az önálló állami léthez. A nacionalizmus nem holt eszme, a nacionalizmus élő valóság.

A hazai rendszer szolgálatába állított Tudományos Akadémia Értelmező szótára más nemzetekkel szembeni ellenséges elkülönülésnek minősíti a nacionalizmust és retrográdnak azt a magatartást, amely nem mond le a trianoni bárddal lehasított ezeréves, magyar őslakosságú területek visszaszerzésének igényéről, de szava sincs az ellen, hogy az ősi magyar birtoklás területével gyarapodó Románia nyelvük használatában, kultúrájuk ápolásában, gazdasági boldogulásukban akadályozza és őserdei nacionalizmus módszereivel üldözi Erdély magyarjait.

S miért nem tiltott nacionalizmus az, hogy a Szovjet leigázott balti államokat forrasztott magába? Európa szívében hatalmi érdekei zsibbasztó övezetébe kényszerített, vazalussá tett önálló államokat és magáénak vallja a cárok alattomos elbirtoklásával Kínától elorzott szibériai területeket?

Miért lenne más népekkel szembeni ellenséges magatartás az ezer éve szerzett haza határaihoz való ragaszkodás? Miért lenne időszerűtlen az a nacionalizmus, amelyet téves szóértelmezéssel téves szerepet tulajdonítanak? A jó hazafinak nem kell megtagadnia családját, mert nemzete van, s az eljövendő világállam polgárának sem kell megtagadnia a nemzetet, mert a népek nagy közösségébe tartozik. És miért lenne elítélendő az elnémított nemzetnek az az óhaja, hogy független állami életet élhessen az ősi birtoklás azon területén, amelynek háromnegyed részét más nemzetek falánk nacionalizmusának dobta oda a trianoni lakomán?

A nacionalista magatartást elítélendő egyik hazai történész, Pach Zsigmond, Petőfit is bevonja érvelésébe, a szocialista nemzeti öntudat előfutárának nevezte őt. E rágalomra Élet vagy Halál című versében maga a költő ad választ a felháborodás és harag izzó szavaival:

Te rác, te horváth, német, tót, oláhság,
Mit marjátok mindnyájan a magyart?
Török s tatártól mely titeket védett,
Magyar kezekben villogott a kard.
Megosztottuk tivéletek hiven, ha
A jó szerencse nékünk jót adott,
S felét átvettük mindig a tehernek,
Mit vállatokra a balsors rakott.
S ez most a hála!... vétkes vakreménnyel
Reánk uszít a hűtelen király,
A mohó étvággyal megrohantok minket,
Miként a holló a holttestre száll.
Hollók vagytok ti, undok éhes hollók,
De a magyar még nem halotti test,
Nem, istenemre nem! s hajnalt magának
Az égre a ti véretekkel fest.

A mai magyar nem vérrel festett hajnalt akar, de a Beöthy Zsolt volgai lovasának örökébe lépő, nemzeti szellemű emigráció számára nincs időszerűbb feladat, mint szembeszállni a soraiban jelentkező áramlattal, amely megalkuvón feladni kész trianoni és párizsi békediktátummal megcsonkított hazánk történelmi jogait.

Legyen az emigráció meg nem szűnő tiltakozás minden ilyen szándék ellen, legyen a szabad világot bejáró vészkiáltás arról, ami odahaza történik, s amit odahaza elhallgatnak, legyen a vasfüggönnyel bebörtönzött milliókban a nemzeti megmaradás hitének ébresztője, nehogy ellanyhuljon a lelki ellentállás s a népeket egy masszába olvasztó kommunizmus kohójában enyésszen el a magyar nemzet!

MINISZTERI KIHALLGATÁS

A népszabadság „Találkozás a kegyelmes úrral" című cikke az elmúlt korszak sokat szenvedett miniszterén gúnyolódik. Antal Istvánt háborús bűnösként — háborús bűntett nélkül — halálra ítélték, és hónapokig tartották a bitó árnyékában, mire megadták az életfogytiglani börtön „kegyelmét".

A cikk szelleméből azt kell hinnem, hogy szerzője, Tóbiás Áron, a kommunista ideológia süvölvénye, de a közelmúltban való tájékozottsága statisztikai rutinjának töredező zománca arra vall, hogy nem mai gyerek és bennfentese volt a múltnak is. Talán bibliai névvel álcázott hajdani pályatárs?

Antal István, sajnos nem állt ellent nyilvánosságot kedvelő hajlamának és alkalmat adott a cikk írójának arra, hogy leleplezze változott magatartását azzal a réteggel szemben, amelybe egykor ő is tartozott. A cikkíró szerint „a régi horthysta úri világ — mai éjjeli őrök, panzionált telepfelvigyázók — exkommunikálta, kiközösítette: hogyan mer egyáltalán még élni, a kommunista világban..."

Bizonyára nem azért, mert él és túlélte pályája tragikus zuhanását, valamint a tizenhat esztendős bebörtönöztetést, sem azért, mert: „Régi napilapokat böngész, nap nap után. Emlékiratain dolgozik. A Történelemtudományi Intézet ad érte — előkegként — valami kis pénzt." Más lehet az ok. Talán az, hogy épp ő, aki már a szegedi törekvések idején, majd Gömbös Gyula íródeákjaként, mind növekvőbb hatáskörrel szolgálta a „horthysta múltat", most éles bírálattal tagadja meg azt, miután visszahozhatatlanná vált.

Tóbiás Áron, cikke előtt rövid jellemzést ad a mai fiatal nemzedék előtt feledésbe merült Antal Istvánról, akit „A.I." megjelöléssel szerepeltet. Kora jobboldali reformnemzedékébe tartozó, hirhedt, olykor érdekes egyéniségnek és — Bajcsy Zsilinszky Endrét idézve — goebbelsi epigonnak nevezi. Kiemeli, hogy Kenderesről származott — mint a kormányzó —, de nem a hírneves kastélyból, hanem az egyik iparos szerény hajlékából.

Kár volt a tollforgató urat „szertartásosan" fogadni a Széchenyi Könyvtár hosszú folyosóján, „fátyolos suttogással lihegve el" az egyik ablakmélyedésben, hogy az elmúlt rendszert „Európa legreakciósabb polgári demokráciájának" sem lehet nevezni. Mert: „nálunk mindég a kormánypárt győzött a választásokon, anélkül, hogy első embere miniszterelnöke lehetett volna". De ugyan ki győz a mai Magyarországon, ahol nincs is más párt a kormányén kívül? És ki az az „első embere", aki nem lehetett „miniszterelnöke"? Talán szerénysége tiltotta megnevezni az illetőt? Vagy az újságíró pongyolán adta vissza a helyes szövegezéshez szokott Antal István szavait? Az is lehet, hogy a múltról szóló kijelentések nem tőle származnak, hanem az őt faggatótól, akit szadisztikus kárörömmel töltött el, hogy meghurcolhatja azt, aki nem védheti önmagát, és bármit ír róla, nem fordulhat bírósághoz elégtételért. Nem újságírói tett, hanem hóhéri öröm.

A gúnyolódó riport megállapítja, hogy Antal István „elárulja saját rendszerét, amelynek pedig többszörösen minisztere volt". Nyilván fokozni akarja azoknak felháborodását, akikkel valaha egy táborba tartozott. Világgá kiáltja Márai Sándornak a népbírósági tárgyaláson tett tanúvallomását is arról, hogy amikor „A.I. Lillafüreden, az általa kezdeményezett írói találkozón körbejárta az egyes csoportokat, azok egyszerre elhallgattak, mert nem mertek, nem is akartak előtte őszintén beszélni".

Bármennyire megszívleltem a horáciusi maximát: „Nil admirari", Tóbiás Áron cikkét olvasva, csodálkozással töltött el, hogy „A.I." az írói találkozóról emlékezve, velem indította gondolatmenetét és börtönélete egyik „cellatársának" nevezett. Azt is mondta az újságíró szerint, hogy „szemrehányást tettem neki", mivel nem hívtak meg a lillafüredi találkozóra. Antal Istvánnak, akit a börtönben ismertem meg személyesen, egy pillanatig sem voltam zárkatársa, de 1947 őszén, a rabok egykori szanatóriumául szolgáló börtönépület udvarán gyakorta sétáltam vele. Ez a negyedórás együttlét a börtönépület nyomasztó légköréből kiragadó szellemi felüdülés volt. Szabadulásom után, közös szenvedésekben átélt idők emlékével szóltam róla is emigrációs cikkeimben. Együttérzésemnek másképpen is jelét adtam, amikor a szabadságharc szabadlábra helyezte őt is, és rövid időt tölthetett otthonában, míg a terror vissza nem parancsolta további évekig tartó raboskodásba.

Sétáinkon főleg irodalomról, művészetekről beszélgettünk. Politikáról, emlékezetem szerint, soha. Szóba került a lillafüredi találkozó is, de nem panaszoltam, hogy nem hívtak meg oda, ahová mindég elkülönült és magányos életemből nem is vágyódtam, másrészt tudtam, hogy nem a miniszter állította össze a meghívottak névsorát. Tóbiás cikkéből értesültem, két évtized múltán arról, hogy aki nem került a 80 meghívott közé, az nem számított írónak Magyarországon. Tehát a velem egy szerkesztőségben dolgozó Kárpáti Aurél sem, őt ugyanis lóhalálban utólagosan, a „nyolcvanak" elindítása előtti percekben hívták meg. Rab Gusztáv, szintén a Pest munkatársa, Tóbiás szerint ugyancsak nem számított írónak, mivel ő sem volt a meghívottak között. Lovik Károly sem. Voltak persze, akiket más okokból nem hívhattak. De az írónők kirekesztésének indokolása valóban meglepő és a hosszú bebörtönöztetés hatását mutatja Antal István kitűnő szellemén. Tóbiás cikkéből idézem: „Különben sem akartunk, bocsánat a kifejezésért, — emlékezik A.I. — bordélyházat, ami ilyen alkalmakkor Lillafüreden menthetetlenül bekövetkezett volna.

Tóbiás Áron több kitűnő írót sorol fel a találkozó résztvevői közül, de kifeledte Illés Endrét, aki soha semmiből sem maradt le, ami előnyt nyújt. Kiemeli azonban Somogyvári Gyulát, de csak azért, hogy Szabó Dezső állítólagos mondásával rúghasson a halotton: Ő csak akkor lép be a rádió területére, ha annak udvarán felállított bitófára Somogyvárit húzzák fel éppen.

Antal István a börtönkönyvtár révén megszerezte Aranykarika című regényemet. Az elismerés áradozó jelzőivel halmozta el azt. Bevallotta, hogy ez volt az első mű, amit tőlem olvasott.

Antal Istvánt — írja beszámolója végén Tóbiás —, nem a parlament tette miniszterré, hanem befolyásos barátai mellett saját becsvágya. Hatalmát, bukását, miniszterségeit, börtönét önmagának köszönheti. S ez iszonyú érzés lehet: olyan mint az öreg és beteg ember megráncosodott, megfeketedett bőre, nem lehet levenni és eldobni, mint egy használt inget." A börtön valóban ,,iszonyú", de miért lett volna ,,iszonyú" miniszterség, hatalom? Tóbiás Áron hasonlata az ,,iszonyú"-val zavaros és undorító is.

Nekem is áldoz egy mondatot: ,,Szitnyai társadalmi regényeiben az úri magyar középosztály divatosan hizelgő krónikáját írta". Tévedését könnyű eloszlatnom néhány idézettel.

A Magyarország 1930. február 18-i számában így ír Élni akarok! című regényemről: ,,A szerző éles kritikával rajzolta meg egy vidéki város közigazgatását és társadalmi életét. Különösen keményen egy vidéki főispán alakját." Féja Géza, az Előőrs című lap tárcarovatában ismertetve és ,,remekbe szabott" műnek nevezve Aranykarika című regényemet, visszanéz az Élni akarok!-ra: ,,Csupa centrifugális erő, csupa lázadás... A magyar szellem tragikuma: óriásira szabott egyéniségek harca egy kicsinyes, tunya, alacsonyrendű középosztály zátonyaival és örvényeivel". Ugyancsak egy másik tárcájában, címéül nevemet adva: ,,Éles realizmusában, keserű, de mérsékelt szatírájában észre kell vennünk, hogy bármennyire kivágyik, s már ki is vált nemcsak ő, hanem benne és általa: az ember abból a folyton szűkölő, bensőleg összeomló dzsentrivilágból." E regény második kiadásakor, a fiatalokhoz tartozó Baróti Géza: ,,A mű irodalmi rangját nem aktualitása szabja meg, hanem az író szelleme, aki győztes az időszerűség múlékony vonzása fölött, s aki nem a röppenő napok számára írt pamflettet, hanem az örök irodalmi archivumba jegyezte be nevét, hangot adva egy nemzedék forró vágyának, amely tömören és röviden így hangzott: Élni akarok! Thurzó Gábor, a Magyar Kultúra XXV. évfolyamában Tánc című regényemről: ,,Politika a magva végeredményben a Tánc-nak is. Nagyon időszerű és keserű politikum: a nincstelenek és a nagybirtok szembenállása, a jelszavak és a haladó konstrukció, a mameluk politika és a salaktalan szándékú honmentés összeütközése."

Hasonló megállapításokat idézhetnék a könyveimmel foglalkozó Schöpflin, Suka, Bibó Lajos, Turóczi-Trostler, Kárpáti Aurél, Karinthy Frigyes, Pálóczi-Horváth György, Orbák Attila és mások bírálataiból. De még Kardos László is így jellemez a Nyugatban: „Szociális vonatkozásban nem lehet kertelésen, kényelmes megkerülésen kapni." Erről mindenki meggyőződhet, aki betekint regényeimbe. Ilyenek vagy olyanok, de olyan egy sem, amely az „úri magyar középosztály divatosan hízelgő krónikája" lenne.

Menthető, ha Tóbiás Áron saját törtetése érdekében füllent egyet, egyet, de menthetetlen, ha más kárára hamisít meg tényeket.

Az pedig nehezen érthető, hogy az élesszemű, jószimatú Antal István nem azt felelte a nála jelentkező Tóbiás Áronnak, amit börtönében, breviáriumából fel sem tekintve, Zadravecz püspök dobott az őt zaklató újságírónak:

— De egy szót sem!

REJTÉLY

Mennél közelebb érek minden élet utolsó küszöbéhez, annál többször jelennek meg elmúlt évtizedekkel hantolt emlékeim.

Emlékezem, hogy emlékeztessek.

Tíz személyre méretezett és negyven politikai mártírral zsúfolt zárka sötétjében ismét hallom Darányi Kálmán, egykori miniszterelnökünk titokzatos megbetegedésének és a halálát megelőző esemény történetét.

Este volt. Porosodástól szürke, és magasba helyezett rácsos ablakokon át, az udvart bevilágító reflektor hintett némi fényt a poloskás ágyakon, szalmazsákokon heverő testekre. A tölgyfaajtóra rávágták a zárat, a mennyezeten elsötétült az egyetlen villanykörte s elkezdődött a rabok titkos élete.

Csönd volt. A halk hangú Kovarcz Imre mérnök, a legjobb előadók egyike — szabadulása után eljövendő tragédia várományosa —, befejezte mértani pontossággal zárult mondatait az államalkotó termeszekről és nagyfejű katonáikról, amelyek pusztító hadjáratot folytatnak termőföldek alatt és építményeken, bútorokon hatolnak át. Az ősmagyar dalok eleven nótafája, Balogh Béla ügyvéd is eldudolta álomba ringató énekét.

A haláláig bebörtönzött Ereky Károly volt miniszter, Buda István volt veszprémi főispánnal közös ágyon, a derüs aggok bölcsességével viselte sorsát. Várady Miklós miniszteri tanácsos és az ezermester Serényi József tanár két vaságyból eszkábált fekvőhelyen vergődött velem együtt. Tőlünk jobbra Zách Emil vezérezredes, a honvédelmi miniszterek egykori állandó helyettese — szintén börtönben végzi majd életét —, magas korát és törődöttségét megillető kényelemmel birtokolta ágyát egymaga.

Most is, mint minden este, a zárka túlsó végéből ehhez az ágyhoz zarándokolt és Zách Emil mellé telepedett az életfogytiglanra ítélt Hóman Bálint, néhány szót váltani és morzsolni a lassan múló időt, láncban szívott cigaretták füstje mellett, míg őt is hatalmába ejti a nehezen érkező álom. Még nem sejtette, hogy hosszú évekig tartó kínzás gyötri majd halálba. Ő is, Zách is rossz alvó volt, és mind a ketten csillogó múlt élményekben gazdag kincseivel űzték el zárkatársaik komor gondolatait.

Ezen az estén Hóman vitte a szót, s amit ezúttal mondott, az vidította gondolatainkat.

Hómanról a fiatalabb nemzedék is bizonnyal tudja, hogy Szekfű Gyulával közösen írt Magyar Történet hét kötetes remekművével történetírásunk legnagyobbjai közt örökítette meg a nevét. Talán arról is tudnak, hogy kilenc éven át ő volt a vallás- és közoktatásügy minisztere, de vajmi kevés lehet az, amit Darányi Kálmán történelmi szerepéről tudhatnak. Darányi politikai pályáját Győr vármegye és Győr város főispánjaként kezdte, majd miniszterelnökségi államtitkár, földmivelésügyi miniszter, két éven át miniszterelnök volt, s mint a képviselőház elnöke fejezte be életét.

Két cigaretta parazsa izzott a homályban. Az egyik Hómané, a másik Zách Emilé.

— Szegény Kálmán — szólt nehéz lélegzettel tagolt, hurutos hangon Hóman. — Az első zsidótörvény meghozatalával nem akart egyebet, mint a társadalmi és gazdasági egyensúlyt biztosítani. Nem volt antiszemita, nem tett ellenséges faji megkülönböztetést ember és ember között, s győri főispánsága idején a zsidó származású Sólyom Andor ítélőtáblai elnök volt egyik legjobb híve és barátja. Amit Kálmán akart, az nem sértette az évszázadok óta velünk élő autochton zsidóság érdekeit s azok közül sokan egyet értettek vele. Egyedül az orosz pogrom elől hazánkba özönlők szellemi és gazdasági életünket elárasztó túlsúlyától akarta felszabadítani a magyar életet. Nehezítette helyzetét, hogy a Gömbös által bevezetett külpolitikához való hűsége bizalmatlan gyanakvást váltott ki a franciáknál, angoloknál. Különösen a kormányzó római látogatásakor, a Róma-Berlin tengelyhez való tartozásunk hangoztatásával.

Mély szippantással izzott fel Hóman cigarettájának parazsa.

— Vagy ez, avagy amaz okozhatta vesztét. Tudjuk, hogy az államok titkos szolgálatában álló közegei sehol sem válogatósak a céljaik eléréséért használt eszközeikben. Ezért kellett meghalnia.

— Megölték? — kérdezte valaki.

— Látszólag természetes halállal halt meg. De valóban természetes volt ez a halál? Kálmán nemcsak unokafivérem volt, hanem közös gyermekkorunk óta meghitt barátom is. Egészséges, erőteljes alkatú férfi, a halálát okozó kór minden tünete nélkül. Aztán egy estén, amikor néhányad magammal vendégei voltunk, drámai hirtelenséggel kezdődött el a vég. Vacsora után visszavonult szobájába, hogy megírjon egy enunciációt, amit másnap a képviselőház elnöki székéből akart elmondani. Negyedórák követték egymást és Kálmán nem tért vissza. „Mi van vele?" szólaltam meg gyanakvó aggodalommal és utána mentem. Asztalára borulva találtam. Halk zokogás rázta egész testét. „Mi történt?" kiáltottam fel döbbenten. Révetegen nézett rám. Szeméből hullottak a könnyek. „Nem tudom, nem tudom!" mondta, vagy inkább dadogta. „Nézd, nézd!" mutatott az előtte heverő papírlapra, amelyen néhány szó állott kuszán tántorgó betűkkel. „A gondolataim szétszaladtak, semmi sem jut eszembe abból, amit akartam. Mi van velem, Istenem, mi van velem?" Ismét az asztalra borult. Így kezdődött. Azon a kedélyesen induló estén.

— És az ok?

— Sok minden lehetett — szólalt meg Várady Miklós orvos, a belügyminisztérium egészségügyi csoportjának egykori helyettes vezetője. — Mérgezés is idézhet elő deliriumot.

— Azt hiszem eltaláltad — s Hóman cigarettájának parazsa izgatott kört rajzolt a homályba. — Nem tudom bizonyítani, de kezdettől az volt az érzésem, hogy Kálmán megbetegedését előre kitervelten idézték elő. Az történt ugyanis, hogy a Baden bei Wien előkelő szanatóriumában, ahol két hetet töltöttünk együtt, egy reggel...

— Hát mégis beteg volt?

— Szó sincs róla! Makk egészséges volt. Mi nem is gyógyulni mentünk oda, hanem egy időre kiszakadni a politikai életből és egy nagyot pihenni. Én kurát is tartottam, hogy leadjak valamit nyomasztó testsulyomból. Szóval egy reggel, az elutazásunk előtti nap reggelén, egy fiatal orvosnő lépett a szobámba, aki velünk egyidőben került a szanatóriumba. Arra ébredtem mély álmomból, hogy prava fecskendővel közelít felém. Azt mondta, hogy szekréciós működést szabályzó injekciót akar adni. „Nekem nem!" tiltakoztam ösztönös ellenkezéssel. A hölgy látható bosszúsággal távozott, én meg elgondolkodtam azon, hogy miért a főorvos távollétében és az elutazásunk előtti napon jött ezzel az injekcióval? Hátha nem is kezelni akart? Hátha valamelyik titkos szolgálat becsempészett közege azzal a megbizatással, hogy tegyen el láb alól? Talán Kálmánt is? Az időben odáig vadultak a vádaskodások, hogy mindkettőnket azzal gyanúsítottak, hogy a nyilas mozgalomhoz csatlakoztunk és a németek szolgálatában állunk. Kálmán ösztönei sajnos nem tiltakoztak s mire áttelefonáltam a szobájába, már túl volt az injekción. Kinevetett és rémlátásnak mondta hiedelmemet. Ha mind azt összegezem, ami azóta történt, nem tudok szabadulni attól az érzéstől, hogy sejtelmem nem volt alaptalan.

Felemelkedett az ágyról és mély sóhajjal mondta:

— Talán így volt jó, Kálmán a fiatal orvosnőnek köszönhette, hogy nem kellett bejárnia a magyar mártírok útját és nem bitófán fejezte be életét.

*

A történet véget ért, a cigaretták parazsa kialudt, s Hóman Bálint ágyak, szalmazsákok szűk sikátorában botladozó lassúsággal indult el feledtető álomba menekülni a jelenből.

TÖRTÉNELMI LÁTÓHATÁR

Nesztelenül hulló hópihéken lépkednek a lassú percek. Közelít a szent, a csöndes éj.

Künn angyalszárnyak suhognak, bent minden vár egy pillanatot, remeg a szív, forrósodik a kebel, öröm sikolt fel lágy csengetyüszóra, lángocskákkal tüzdelt fenyőfa mutatja kincseit s a tornyokban ércköppeny súlyos kongása hirdeti az Ő születését. Miként kétezer éve az angyalok, pásztorok s a napkeleti csillag fényével vonzott Három Királyok tették.

*

A keresztény világ majd kétezer éve ünnepli e napot, kétezer éve hirdeti a négy szent könyvbe foglalt és Jézus élete példájával követésre intő tanokat.

De lám amott, apokaliptikus lovasok türelmetlenül nyihogó lovainak a patái dobognak a történelmi látóhatáron.

A nő, aki hazája egzótikus viseletében, mélyüregű fekete szemének hajdan bűvölő tekintetével simogatta, hízelegte Nyugat „fejedelmeit", útjának utolsó, moszkvai állomásáról hazatérve, az ott kapott parancs szerint, elindította Amerika segítségével szerzett repülőit, tankjait, bár tudomása volt Amerikának Pakisztánnal kötött megállapodásáról, amely háború nélküli békés megoldást hozott volna. Indira Gandhi az apokalipszis lovasai előtt egyengeti az utat.

Nyugatnémetországban jól élő gyári dolgozók teljesíthetetlen követelésekkel tagadják meg a munkát, megbénulással veszélyeztetve az ipari élet vérkeringését s a gazdasági fejlődésnek azt a csodáját, amely a letiport, megkínzott, megcsonkított, az ENSz-ből kirekesztett országot világhatalommá tette. Ezek a gyári dolgozók is elősegítik, hogy rohamra indulhassanak az apokalipszis lovasai.

Meg az önmagukat irtó írek testvérháborúja, meg a világ nagyvárosaiban hatalmától részegült fiatalok, akiket Nyugat fakuló világnézete már nem tud meghódítani és újat nem találva, Moszkva és Peking zsoldosaivá válnak csalódottságuk romboló kedvében.

Meg a számbeli fölénye tudatában Izrael eltaposására készülő, de benső ellentétekkel küzdő arab világ és a hatnapos háború sikerétől elkapatott Izrael makacs ragaszkodása a meghódított területekhez, egyaránt csiholja a követ, amelyből a világot lángba borító szikra pattanhat ki.

Szibériai határon orosz medve mereszti karmait meg kínai sárkány lövell lángokat s az elárvult, világrészeken szétszóródott, hontalan magyar mind nagyobb rettegéssel vallatja a jövőt a szovjet óriás markában vergődő Haza sorsáról.

A magasságokban pedig hidrogénbombával töltött acél tokkal keringenek repülőgépek, hogy világrészeket pusztító terhüket lehajítsák a célpontokra, amelyekről hasonló fegyverrel indulnak támadásra ellenséges gépek.

A Fehér Házat forró huzal köti össze a Kreml-vel, hogy ellentéteiket megoldva, elháríthassák a megsemmisítő véget. De mi lesz, ha emitt vagy amott az indulatok győznek a józan ész fölött, ha elkábul az agy, ha úrrá lesz a romboló vágy tébolya és felkorbácsolt indulatoktól remegő kéz nem a távbeszélő kagylójáért nyúl, hanem a villanygombhoz, amely parancsot ad a támadásra és kozmikus dübörgéssel, láng meg füsttenger közepette semmisülnek meg lakóhelyek, országok, világrészek?

Talán az egész földi világ?

A számlálhatatlan évmilliók előtt teremtett, növényekkel, lényekkel benépesített s az ember alkotó szellemének remekműveivel varázsolt Paradicsom?

Akkor Jézus hiába váltotta meg a világot.

Akkor a metafizikai mélységek vörösen izzó zugaiban felnyerít örömében a Sátán. Az ő győzelmével ér véget az évmilliárdok óta tartó küzdelem. Győz a rombolás istene! Letaszítja trónjáról a teremtés Urát.

De lehet-e, hogy pártütő angyalok győzzenek az őket is alkotó Teremtő fölött?

Lehet-e, hogy így érjen véget az Isten képére teremtett ember, akit kereszthalálával váltott meg az Isten Fia?

Vagy ez lesz a Jelenések Könyvében jósolt vég, mindent elhamvasztó tűz, amely után nem lesz többé halál, sem gyász, sem jajgatás, sem vesződség, mert elmúlt a régi világ és az Úr újra teremt mindent?

*

99

Világot bontó fegyverek keringenek a föld fölött, de a döntés még az ember kezében van. Néhány emberen múlik, hogy teremtő erő vagy sátáni célok világromboló eszköze legyen az atombontás.

*

Nesztelenül hulló hópihéken lépdelnek a percek, angyalszárnyal suhognak a légben, remeg a szív, forrósodik a kebel, üvegcsengő csendül, a tornyokban ércköppeny kongása hirdeti az Ő jöttét s a szeretet, a remény, az Isten legyőzhetetlenségébe vetett hit meleg hulláma árasztja el a világot.

HERCZEG FERENC

Halálos kimenetelű párbaj véres pengéjének lovagi nimbuszával toppant az irodalomba. A pályadíjnyertes Fenn és lenn egycsapásra országos hírűvé tette a huszonhét éves verseci fiatalembert, aki ügyvédségre készült, a Vulpes álnéven irogató Kenedi Géza budapesti ügyvéd irodájában.

Nemcsak szóképekben gazdag, hajlékony stílusával, szemléltető előadásának „szándékos szenvtelenségével", de külső megjelenésével is újító az írók világában. Az elaggott Jókai, a kövérek kényelemszeretetével öltözködő Mikszáth sohasem igazodott divatszabályokhoz, s az írók legtöbbje bohém hagyományokat követve, borzas hajat, bársony zakót, Petőfi-gallért, és laza csokorba kötött Lavaliére-nyakkendőt viselt. A nyúlánk és karcsú Herczegen jólszabott frakk feszült, amikor első színdarabjának, A dolovai nábob leánya bemutatóján könnyed meghajlással fogadta a sikert. Haja simára fésült, hófehér mellénnyel keretezett páncélingében aranygombok csillogtak, s arcán semmi jele a gyámoltalan megilletődésnek, amellyel kábulatban hajlongó ifjú szerzők köszönik meg a nézőtér kegyét.

Tehetsége tudatának magabiztos és férfias rátartisága női szíveket hódít, s megnyitja számára az irodalomtól eltávolodott legfelsőbb réteg zárt világát is. Tud játszani a kedély húrjain, érti a szűkszavú tartózkodást, jelleme szilárd, és kék szemében éber figyelés kevés mosolya. Ismeri a társadalmi érvényesülés titkát: gondtalanságot mutatni, felszínesnek látszani, leereszkedő vállveregetést visszautasítani, füstös kiskocsmák helyett a Pannonia Angol-termében vacsorázgatni, gumikerekű bérkocsival közlekedni. Hamarosan fogatot tart, majd saját autója röpíti. Amikor szelek szárnyára bocsájtja Sirály nevű vitorlását, már panaszosan kérkedheti olvasóinak, hogy a fiumei vonat egy óra múlva indul, s a fogadószobájában még bebocsátásra vár egy leendő drámai szende, mély basszus feleselget a „legényével", elintézetlen levelek hevernek íróasztalán, s kiadója kéri sürgősen a telefonhoz.

Szédületes e kivételesen sikeres pálya irama. Alig kezdte, máris tagjai közé fogadja a Petőfi Társaság, vasárnapi cikkírója a Budapesti Hirlapnak, „Katang" írói álnévvel váltogatva saját nevét. A Mutamur előszavában nagy íróként köszönti Mikszáth, A Budapesti Szemlében maga Gyulai Pál, írók rettegett bírája, tünteti ki elismerésével. A következő és a fogalommá vált Gyurkovics lányok páratlan sikerével köszönt be, és meghozza a Kisfaludy Társaság tagságát. Még egy év s az ő nevével indul fél évszázados útjára az Új Idők. Mindössze hat évre tekint vissza írói pályája, amikor a szülöttjére büszke Versec az országgyűlés képviselőházába küldi és levelezőtagjává választja a Tudományos Akadémia. Történelmi drámaírásunkban új szemlélettel, új hanggal jelentkező Ócskay brigadérosa száz előadást ér meg a Vígszínházban. Nagyváradi kuckójából megtapsolja az újonc Ady is: „Herczeg a magyar Rostand, igaz dicsőségre szerttevő, nagy magyar író."

Az író akkor is közéleti tényező, ha elefántcsonttoronyból sugározza ítéletét az emberi közösség titokzatos vesződségéről. Herczeg azonban tényleges résztvevője volt annak. Életszomj, kíváncsiság, közületi hajlam ragadta a valóság forgatagába és késztette politikai szerepvállalásra. Lényege állandó kettőssége: irodalom és politika. Az író csillapíthatatlan érdeklődéssel rajzolgatja a mesemondás mentén elterülő magyar életet, politikai megnyilatkozásait pedig írói meglátás sugalmazza. A költő szól belőle, amikor képviselőházi beszédében, azóta üressé csépelt kifejezéssel, „turáni átok"-nak nevezi benső viszálykodásainkat. Ő volt az első, aki e meghatározással, ha nem is tudatosan, arra a szumér népre utal, amely a sztyeppés Turánból indult el, s amely a legújabb történetírás szerint a magyarság őse volt. Ady is vallotta, hogy fölkent poéta ceruzáját valóban nem érdekelte más, mint politika és szerelem, de ő csupán irodalmi területen élhette ki politikai hajlamát, míg Herczeg Ferenc a parlamenti politika részesévé vált.

Erre serkentette az is, hogy a politikában elért siker megnöveli az irodalmit. Nem tudta azonban, vagy csak nem akarta tudomásul venni, amit élesen látó szeme bizonyára felismert, hogy új erők jelentkezése teszi időszerűtlenné azt a politizálást, amely szinte kimerült Ausztriához való viszonyunk, közjogi sérelmeinek orvoslásának követelményében. A világtérkép már rejtett mozgásban volt, hatalmi csoportosulások módosultak Nyugattól-Keletig, s a közjogi életből kirekesztett tömegek türelmetlenül döngették az államvezetés kapuit. Az író a Bizáncban megjósolta a Monarchia összeomlását, de a politikus nem hallatta próféciáját a közelgő világnézeti harcról.

Valószínű és nagyon érthető gátlás tartotta vissza attól, hogy ítéletet hozzon osztályellentétek perében, amely a magyar társadalom belügye volt. El kellett volna marasztalnia a felsőbb réteget, amely felkarolta, s amelyet elbűvölő életmódja kedvességéért megszeretett. Nem akarta kitenni magát a veszélyes támadásnak, amellyel a soviniszta rabulisztika számos esetében vágott azokra, akik nem származásuk szerint, hanem nyelvünkhöz való asszimilálódással váltak magyarrá. Ha ő szól egy Ady vagy Szabó Dezső gátlásmentes szókimondásával s a haragvó családtag kíméletlen őszinteségével, azt német eredete rosszindulatú megnyilatkozásának minősíthetik. Óvatos magatartása ellenére is nem egyszer hánytorgatták becsmérlően származását, „vén sváb"-nak gúnyolták olyanok is, akiket nem fűzött a magyarsághoz elődnemzedékek hosszú sora. A nemzeti szellem leglángolóbb korszakában sem vitatta el senki a Petrovicsból lett Petőfi, avagy Táncsics Mihály magyarságát, de a Pogányok nagy íróját unos-untalan pökhendi lenézéssel minősítették jöttmentnek. A délvidéki svábokról fiatalon írott, kitűnő felkészültségű, magyar szemléletű, de lelkiismeretesen tárgyilagos tanulmánya sem némította el a gáncsoskodókat.

Ez lehetett az ok, amelyért elkerülte a társadalmi megújhodást elismerő nemzeti erényeinkkel, túlzottan elnéző társadalmi mulasztásainkkal szemben. Írói nagysága akkor teljesedhetett volna azzá, amivé rendeltetett, ha magyar vére tudatával, gátlásmentes biráskodással szólhatott volna arról a nemzetről, amelyhez nyelvével, írói zsenijével és mindenekfölött a szívével szegődött el. „Sokféle vélemény él Herczegről — írja Ady 1906-ban, a Magyar Közélet című lapban. — Úgy vagyok azonban én vele, mint Mikszáthtal. Mikszáth: Mikszáth, Herczeg: Herczeg. Elfogadta és fejedelmekké avatta őket a publikum. Mikszáthot mégcsak parlamentbe juttatta az ő ravaszsága. De már Herczeg a legkegyetlenebbül proskribáltak között van. Kiheveri, tudjuk. Elegáns és gőgös ember Herczeg Ferenc. Azt is tudjuk, hogy érték már ennél nagyobb méltatlanságok is." Ady ismételten nyilvánított nagyrabecsüléssel készült a vele való kapcsolat felvételére.

Az Új Időket, jobban mondva Herczeget, meg fogom próbálni, — írta egyik levelében Biró Lajosnak Párizsból, 1904 elején. A Nagyváradi Napló ugyanez évi január 4-i számában pedig, az alig néhány igaz író közé sorolja, „az íróemberkék" nyüzsgő rajában.

Fel kellett elevenítenem e megnyilatkozásokat, mert később a „Duk-duk affér" című cikkel részben megvalósult kapcsolat, majd Ady gyors meghátrálása után, a Nyugat vezetői, maga Ady is, azt a látszatot igyekeztek kelteni, hogy Herczeg keresett közeledést Ady felé, hogy ő szalajtotta hozzá fullajtárként Farkas Pált, anyagi előnnyel kecsegtető ajánlattal. A híres irodalmi pör aktái még nem zárultak le, az irodalomtörténetírás még nem hozta meg végítéletét, de jó emlékezni az előbbi idézetekre. Herczeg nem kezdeményezte, ha örömmel is vette Ady jelentkezését, mert a távoli tragikus következményekig látó meggyőződéssel a nemzet számára akarta megmenteni az írókat, irodalmat. „Ady Endrének — írta Horkainé névvel jelzett cikkében — kegyetlen irtóháborút kellene indítania az iskolája ellen, amely abból él, hogy kilószámra kiméri az ő húsát." Ady pedig hamarosan megtagadott vallomásával így reagál ugyancsak az Új Időkben: „Nincs közöm az úgynevezett magyar modernekhez s az én állítólagos irodalmi lázadásom nem is lázadás... a régi hasonszőrű magyarokkal való közösségemet jobban éreztem, mint valaha... jogom van kijelenteni, hogy a nevemben, cégérem alatt ágáló senkiket jobban utálom, mint általában engem szokás utálni." Mindenki tudta, kikre célzott és kikkel érzett közösséget.

Irodalmunkban és történelmünkben is sok minden következett volna be másként, benső hasadás nélkül és kevésbé tragikusan, ha a cikk nyomán baloldali hallalival űzőbe vett és megrettent

103

Ady nem tagadja meg önmagát és a hasonszőrű magyarokat. „Srófos eszű sváb"-nak gúnyolta már azt, akit eddig nagyra tartott. Ady ez időben 34, Herczeg pedig 45 éves volt. Mögötte egyre növekvőbb sikerek: a Péczely díjjal kitüntetett Pogányok, a sajtóba fészkelődő idegen szellem szatírája, az Andor és Andrásban, másodelnökség, majd elnökség Jókai halála után a Petőfi Társaságban, s ugyanez évben a Bizánc színrehozatala. Megállás nincs, mind magasabbra lép és alelnökévé választja a Tudományos Akadémia. A koalíció bukása után, Tisza ösztönzésére, egyre tevékenyebben veti magát a politikába. Az ellenzék továbbra sem tud kivergődni a közjogi sérelmek hínárjából, a parlamenti munkát oktalan obstrukció zsivaja gátolja, a sajtóban rohamra indul a megerősödött baloldali áramlat, s a Balkánon a Monarchia elleni készülődés fenyegető jelei, amelyeket maga a szerb külügyminiszter hoz nyilvánosságra Londonban. Mindez arra készteti Tiszát, hogy főként Jászi Oszkár magas színvonalú Huszadik Század című lapjában hirdetett szélsőséges eszmék ellensúlyozásául, elindítsa a Magyar Figyelőt, amelynek Herczeg lett a felelős szerkesztője.

Lehetetlen e cikk keretében felsorolni Herczeg két területen haladó írói és közéleti pályájának minden állomását. Tiszával kötött barátságának, a háború kitörésekor a Hadsegélyező Hivatal élén vállalt szerepének, hosszabb berlini kiküldetésének politikai és erkölcsi jelentőségét. Élete talán egyetlen megtorpanása az a pillanat volt, amikor a háborúvesztést követő forradalom kitörésekor, orvgyilkosok sortüze terítette le a legjobb barátját és politikai vezérét, Tisza Istvánt. Akkor visszavonult műhelye csöndjébe és alkotássá érlelte a magyar reneszánszról, a magyarságnak Kelet meg Nyugat közötti tragikus helyzetéről való felismerését mesterművében: Az élet Kapujában.

A Nobel-díjat, amelyre egyetemeink irodalomtanárai ajánlották, nem nyerte el ugyan, de örök bizonyságot tett arról, hogy nemzete írója, akit múltban, jelenben egyaránt és egyedül a magyarság sorsa foglalkoztat. A Kék róka csupán zseniális kiruccanás volt igazi hajlamától eltérő területre, mintha azt akarta volna bizonyítani, hogy franciás könnyedségű műfajban is tud olyat írni, mint a népszerűségben vele vetekedő Molnár Ferenc.

Szellemére aggkorában sem nyomta bélyegét képzeletszegény renyheség, vagy maradiság, érdeklődése sem szűnt meg a közélet iránt. Ha nem is volt már tényezője a parlamenti politikának a

104

két világháború között, történéseit éber figyelemmel kísérte és cikkeiben sűrűn nyilvánította politikai véleményét, majd monumentális vallomás három kötetébe foglalta az életével bejárt magyar élet egészéről alkotott ítéletét.

Kivételes tekintély birtokosa volt, amelyet alátámasztott anyagi függetlensége is. Nem befolyásolhatta kitüntetés, dísz, méltóság, kegyelmes megszólítással járó csillag, amelyet Hóman Bálint kultuszminiszter személyesen vitt el neki. Sohasem vergődött a műveit megjelentető kiadó, újságvállalatok üzleti érdekeinek hálójában, mert kezdettől ellenállt a fiatalokat könnyen megkisértő lehetőségnek, pillanatnyi gondokat könnyítő előlegekért feláldozni szellemi és anyagi függetlenségüket. Nála függetlenebb magyar író egy sem volt, és nála zárkózottabb sem.

Kormányzati hatalommal felérő, kormányok változását túlélő szellemi hatalmasságként élt hűvösvölgyi villájában. A magyar irodalom maharadzsája volt, akinek előszobájában fehérkesztyűs, frakkos inas szűrte meg a jelentkezőket. Senki sem törtethetett magányába, ahol könyvek rengetegében, sikerek trofeái között, barokk faragású íróasztalánál írta remekműveit. De azokba se ronthatott be bizalmaskodó kiváncsiság személyes anyagért. Csak írta regényeit, önmaga rejtetten sem volt azok hőse. Akit az életből csempészett műveibe, annak kilétét nála jobban senki sem tudta elrejteni.

A szellem arisztokratája volt, mindenek fölött írói rangjára büszke, amelyet nyelvi határainkon túl, huszonöt nyelven avattak világirodalmi ranggá. Magatartása tekintélyt adott az írói hivatásnak és növelte az írók társadalmi megbecsülését, de otthona csak kevés író előtt nyílt meg barátian. Neve varázsige volt, amely nyit és zár. Rövid ideig a Budapesti Hírlap szellemi vezéreként működött. „Herczeg", mondták a morajló szerkesztőségi titkári szobában és egyszerre csend lett. „Herczeg!" lihegte a telefonos és a munkatárs kezében megremegett a kagyló. „Eredeti Herczeg novella!" lobogtatta a kéziratlapokat Pogány Béla szerkesztő oly örömre gyulladtan, mintha főnyereménnyel húzták volna ki sorsjegyét. „Herczeg, Herczeg!" suttogták kicsinyek, nagyok és gondolatban meghajtották magukat. „Láttam a kocsijában, láttam a színházban!" újságolták, mert esemény volt az is, ha látták.

Néhány esetben személyes benyomásokkal egészíthettem ki róla alkotott véleményemet. Tanúja voltam, amikor fegyelmezetten erőltetett érdeklődéssel hallgatta frissen szerzett kegyelmes rang verőfényében élvezkedő szépasszony rajongó locsogását a legfelsőbb rang viselőjének hitveséről. Láttam Csathó Kálmán szűk szerkesztőségi szobájában kedélyes fesztelenséggel és tréfás ijedelemmel csevegve a veszedelemről, amely abból keletkeznék, ha az érintkezés mindennapi eszközévé válna Mihályi Dénesnek a Gellért egyik termében bemutatott Telehorje. Láttam hűvös gőg tiltakozó nemtetszésével, amikor nyugatos és nem nyugatos írótársak szervilis hajlongása felállásra kényszerítette őt is egy királyi fenség előtt. Láttam írói pályám első állomásán, amint hideg kék szemében könyörtelen közönnyel hozta tudomásomra, hogy többé nem írhatok a Budapest Hírlapba, mert a regényem miatt megbántódott győri főispán a lap elleni bojkott mozgalommal fenyegetődzik, ha továbbra is közlik írásaimat. Láttam műhelyében, ahol a dohányzóasztalka melletti fotelekbe telepedtünk, elmerengő tekintettel, bölcs öregek mosolyával adta azt a választ, hogy az ő korában már nincsenek vágyai az embernek.

Tévedett. Számos további mű bizonyította aggastyánkorában is működő szellemi vágyait. Nem sokkal azután, börtönök mélyéből leskelődhettem csak az oroszok igájába fogott magyar életre. Herczegről csupán annyit tudtam, hogy nem érte bántódás. Az oroszok megkülönböztetett kivételezéssel bántak az orosz nyelven is bemutatott Kék róka világszerte ismert, nagy írójával. Szabadulásom után hallottam, hogy vas egészségét nem rágta meg az idő és nyolcvanhat éves korában többszáz métert úszott a Balaton vizében. Villájába húzódva, mind magányosabban, továbbra is éber figyelemmel kísérte a magyar élet történéseit. Azt is hallottam, hogy nagy műbe kezdett, amelyben az Anjouk és Mátyás uralkodása utáni korokat idézve fel, arról példálódzik, hogy a nagy uralkodók örökségét miként rombolják szét epigonok, akiket azok a semmiből emeltek magukhoz.

E mű élete hattyúdala volt.

1954. február 24-én halt meg, rövid betegeskedés után. Herczeg Ferenc, az ember meghalt, de halála pillanatában újjászületett Herczeg Ferenc az író és elkezdte örök életét.

A KÖLTŐ KÚRIÁJA ELŐTT

Egy pillanatig azt hittem, hogy a fényképen ábrázolt tengerészsapkás, ingujjra vetkőzött, elegáns öregúr az egykori Királyi Jacht Club épületének zsalus ablaka előtt üldögél. Oly elbúsultan nézett maga elé, mintha tudná, hogy a történelem hamarosan elsodorja őt, a társadalom kivételezettjeinek kedvelt, balatonfüredi színhelyével együtt.

— Te vagy az? — lepődtem meg, felismerve a sapka ellenzőjével árnyékolt arcot.

Fejét jobb tenyerébe döntötte, kinyújtott bal karja térdén nyugodott és fehér inge, sötét nadrágja minőségi anyagot sejtetett. Valamelyik versében írta, hogy sohasem csüngött a legújabb divaton, de régmúltba néző emlékezetem szerint, nem is dacolt azzal. Nem követi Hemingway forradalmi újításait és önmagával szembeni igényességgel utasítja el a pongyolaság ízléstelen túlzásait.

A fénykép mellett közölt Fehér fák című vers egykori panaszt szólaltat meg: „...s messzire látok, egyre némább vagyok... Rácsaim, ifjú társak csontvázai, közületek nincs vágyam kiszállani..."

Megértem. Ifjú társak csontvázait látom én is. Senki, akit bátyámnak szólíthatnék. Csak öcséim vannak. A Költő is az: „A gallyak közt messze cikázó tekintettel" s elhalt barátok másaival körülvéve.

De miért e komor tekintet, széles orrtőtől ívelő kesernyés redő? Mindent elért, amit nyelvünk börtönébe zárt magyar író elérhet. A „dűlőút porából" bukkant fel és irammal hagyta maga mögött a jókat, jobbakat, legjobbakat. Meghódította azokat is, akiket soha le nem küzdött póri idegenséggel gyűlölt, bár az úri osztály kíválói tették lehetővé, hogy kedvező körülmények között, foglalkozásának megfelelő munkakörben kereshesse kenyerét. Évek óta áll a küszöb előtt, hogy végre egy magyar író, előírásos frakkban, televíziós nézők milliói előtt, királyi kézből vegye át az okmányt, amely a dinamit feltalálójának végakaratából, minden évben gazdaggá tesz egy írót.

Négy évtizednél régebben láttam utoljára, nagynéha adódó és röpke találkozások után. Derűt sugárzó tekintetét, sima bőrű, ovális arcának vidám vonásait őrzi emlékezetem. Népéért lázongó harag örvénylett akkori verseiben. egy volt a néppel, a nép volt

mindene. „E nép löki a vért szívembe, számba az igét — írta. — Hazugság vagyok, puszta kép nélkülük, létre nem is lehelt anyag."
Másutt meg így jellemezte önmagát: „A dolgozó szegénység nekem nem társadalmi kategóriám volt, nem is tolsztoji vágyálom, hanem nagybácsik, keresztanyák és unokatestvérek kara."

A fényképen látható öregúr külseje nem árulja el, hogy számára nem társadalmi kategória volt a dolgozó szegénység, de arcvonásai olyanok, mintha valami csalódás érte volna. Erről hallgat a kép, hallgat ő maga, csak arcának komolysága sejteti.

Az egykori Hadik Kávéház belső termében folytattunk egy játékot, amelyet az asztalunkhoz telepedő és hamarosan el is távozó Karinthy Frigyestől tanultunk. A Költő és én is, mintha az államfő által kinevezett miniszterelnökök lennénk, kormányt alakítottunk, írók közül választva ki az egyes tárcák minisztereit. Érdekes, írókról alkotott vélemény tanúságtétele lenne, ha még emlékeznék arra, kik voltak azok, akiket kormányába fogadott. Azt tudom, hogy a propagandaminiszter Féja Géza lett, Sárközi György pedig a kultuszminisztérium adminisztratív államtitkára, mivel — mint nekem mondta egy ízben —, ha csodaszerű esemény következtében közéleti szerepet tölthetne be, nem miniszter akarna lenni, hanem államtitkár, akit nem távolít el helyéről a változó kormányok cseréje s működésének folytonossága lehetővé teszi, hogy megvalósítsa kultúrális elképzeléseit. Úgy dereng, hogy a földmívelésügyi tárcát önmagának tartotta fenn.

Azt is átbeszéltük, mily reformokkal újítanók meg a magyar életet. A Költővel való kapcsolatom már túl volt azon a korszakomon, amikor múltamból öröklött, maradi gondolkodású, de kedves barátaim, talán kettős látásom miatt viselt nyeglésségnek, krakéler hajlamnak minősített monoklimért azok közé sorolt a Költő (Molnár Ferencnél senki által sem kifogásolt viselet), akik ellenségei a társadalmi haladásnak s az elnyomott nép érdekében hozandó reformoknak. A lillafüredi kiskocsmában, ahol az írókongresszus résztvevői verődtek össze, (Simándy Pál sikeres rögtönzéssel Gandhinak álcázta magát), kötekedő kedve céltáblájává tett meg. Előzőleg Párizsban élt, nem ismerte a népjogokért harcoló, társadalmi előjogokat kárhoztató műveimet.

A kávéházi beszélgetés mind mélyebb lett és én mind nyíltabban tártam fel a magyar életről vallott véleményemet.

— Ilyesmiről írhatnál egy cikket lapunknak — mondta elválásunkkor. — De mélyből, komolyat! — tette hozzá, mintha félne, hogy írásom felszínes lesz. Akkor már a Válasz című folyóirat szerkesztője volt.

Megígértem, de közírói vénámat még nem éreztem elégségesnek ahhoz, hogy amit rég beidegzett rögtönzéssel és érdekesen tudtam előadni, megüti-e az igényes lap kívánalmait, ha írásba foglalom. Ebben a mulasztásban része volt annak a nemtetszést kifejező tekintetnek, indulatos elhallgatásnak, amellyel a Válasz egyik munkatársa, Féja Géza (hol barátom, hol rosszakaróm) fogadta a Költő felszólításáról szóló közlésemet.

Benső vállrándítással vettem tudomásul. Sohasem bizonyultam közösségi szereplésre alkalmasnak, másrészt sohasem vettem fel az ellenem gáncsoskodókkal a harcot, mindmáig követett magányos utamon.

Néhány év múlva, amikor a Költő a Magyar Csillag szerkesztője volt s novellámat kérte a kiadásukban megjelenő novelláskötet részére, a telefonhívásomra jelentkező és fejhangú tenorján rikácsoló Gellért Oszkár türelmetlen válaszára letettem a kagylót. A közzétételre átvett novellát visszakértem a Költőhöz intézett levelemben. Vissza is kaptam — kísérő sorok nélkül.

Kormányosdi játékunk óta nem találkoztam vele, de nemegyszer éreztem szellemi társaságának hiányát. Régebben, pár soros levélben, Buda hegyeiben barangoló sétákra hívott, amire azonban nem került sor. Levelét a magyar dokumentumokat gyűjtő Szathmáry Lajos, Csikágóban élő írónak, Szellemi tájakon című könyvem kiadójának ajándékoztam, számos más történelmi értékű levéllel együtt.

A Költőhöz nemcsak tehetsége vonzott. Becsültem szilárd jellemét, hűségét önmagához. A kevesek közé tartozott, akiknek nem kellett megtagadnia egyetlen sorát sem. Semmit sem vetett papírra tollát árúba bocsátó szándékkal. Nem kísértette meg az sem, hogy a jobboldali irányzat kiemelkedő tényezője fogadta barátságába és jól fizetett álláshoz juttatta a Nemzeti Banknál. Mindez nem változtatott világnézeti és politikai magatartásán.

Életkörülményeim úgy alakultak, hogy pusztai lakóhelyünkről hónapokig sem kerültem el Budapestre.

Két okból hangsúlyozom a Költőnek azt a másik tulajdonságát, hogy ahol igazságtalansággal találkozott, ott a sérelmet szenvedők védelmére kelt. Bányavárosban születtem és lázongó tanúja voltam rosszul fizetett, nehéz munkát végző bányászok nyomorúságának. Apám gyakorta foglalkozott a Századokban, a bányászok sorsával és „Bányászok bérmozgalma a XVII. században" című munkájával alighanem az első magyarországi bérmozgalom történetét örökítette meg. Tizenhat éves koromban az önképzőköri tanár elismerésében részesültem a vers megírásáért és ugyanakkor megrovásban lázongó szelleméért. Búcsúsok imája volt a vers címe. Később Hodinai Hodinák című regényem hősének ajándékoztam.

Egész írói pályámon szószólója voltam a népi jogoknak. Elmondhatom magamról én is, hogy soha le nem írtam meggyőződésem ellenére egyetlen sort sem. Joggal remélhettem volna, bár egy pillanatig sem reméltem, hogy lesznek majd szószólóim, amikor a népbírósági fedőnévvel álcázott párthatalmi bíráskodás elé állítottak öt cikkem egy-egy mondatáért. A nemzeti egységért írtam azokat, meg azért is, hogy gazdasági, kultúrális életünkben ne azoké legyen a vezető szerep (az autochtonokat elkülönítve tőlük), akiket az orosz pogrom menekültjeiként fogadott be Magyarország és akiknek még nem volt idejük nemrég elnyert állampolgárságukkal nemzeti érzelmeinket, hagyományainkat magukba szívni. Szót emeltem az ellen is, hogy (Petőfi így írta utinaplójában: „Ami ronda, az ronda".) pálinkamérésekben nyújtott hitelekkel ne tehessék rabszolgává a falvak szegényeit. A terrorrá fajult antiszemitizmus mindmáig elsodorta az ilyen panaszok megvitatásának lehetőségét s a panaszok orvoslásának hiánya szörnyű görgeteggé növelte az antiszemitizmust.

Az ÁVO Andrássy-úti kínzóüzemében töltött napok alatt, egyedül az előttem addig ismeretlen Szemző Piroskától kaptam védelmet. Hivatalos minőségben, épp akkor lépett be Ákos Miklós író hivatali szobájába, amikor az, mintegy fenyegetésképpen, az íróasztalra tette vörösszínű gumibotját és megkezdte kihallgatásomat. Szemző Piroska megtudva, hogy az íróasztallal szemközt ülő, bozontos szakállú férfi én vagyok, e szavakkal fordult hozzám:

— Kedves mester, bár szomorú helyen, mégis örülök, hogy láthatom. Reménylem, tehetek még valamit Szitnyai Zoltánért.

Rendjén valónak találtam, hogy a Költő szemében messze estem azoktól az íróktól, harcos társaitól, akiknek szabadságáért virradatig harcolt Rákosi Mátyással és társaival, de igazságérzetének jóleső jelét köszönöm abban, hogy amikor öt esztendei kényszermunka büntetésemet kezdtem el a Gyűjtőfogházban, az igazságügyminisztérium lépcsőházában találkozó írástudó, de nem az én igazságomat védelmében fáradozó atyámfiával, részvéttel mondta: „Szegény Zoltán".

„Nem volt elég" című versében így szólt a Költő 1945-ben: „A házad itt állt — szerteszállt! Ezt látod, érted. Azt nem érted, hogy hazád épp így ért véget — a csoda, hogy addig is állt?" A vers szelleméből érezhető, hogy a csodának a magyar nemzet reakciósnak mondott rétegére utal. A csoda valóban csoda volt, sok oknál fogva, de legelső sorban azért, mert a balsorsban mindig voltak magyarok, akik nem féltek vérüket adni, halált vállalni a haza megmentéséért. Hosszú lenne felsorolni azokat az élen lévőket, akik halálukkal járultak hozzá a csoda létrejöttéhez. Ilyenkor a magyar nép is velük volt.

A puszták népe rabszolga sorsban élt, mint azon időkben mindenütt. Franciaországban jobban, mint minálunk. Ott még Rousseau korában is lehetséges volt, hogy bírósági ítélettel négy részre tépethessék azt a Damiens nevű párizsi polgárt, aki a király tékozlása miatti felháborodásában, a fogatából kilépő XV. Lajost botjával megütötte. Oroszországról pedig ne is beszéljünk. Ott mindmáig cári módszereknél kegyetlenebbül működik a politikai rendőrség és olyan világhírű szellemi nagyság sem „lelheti honát" hazájában, mint az orosz atomgyártás atyja, Szaharov. Sztálin maga tízmilliónál több éhező parasztot irtatott ki.

Gondolatban betértem a kúriája árnyékában hűsölő és nálam kilenc évvel fiatalabb öregúrhoz. Csak gondolatban térhettem be. Nem is azért, mert messze kerültem a térben, hanem mert az otthoni rendszer proskribáltja vagyok s otthon írótársaim is megrögzött „reakciósnak" minősítettek.

A Költő bizonnyal előzékeny és készséges házigazda, mégis zavarba hozná, kínosan érintené, ha betoppannék hozzá. Afölötti örömömet szerettem volna közölni, hogy az interjuvoló riporter kérdéseiből láthatóan, az „utolsó nemzeti költőnek nevezik sokan", odahaza is. Már előzőleg is, „Jaures nevelésű, engesztelhetetlen internacionalistának" vallotta magát.

Ha még oly fiatal lennék, mint a hetvenkét esztendős Költő, és mellé telepedhetnék kúriája előtt, arra kérném, töltsön poharunkba a föld legzamatosabb italából, a somlai Napsugárból és kedélyes borozgatás közben vitassuk meg azt, amit a riporternek mondott.

— Engedd meg — kérem őt gondolatban —, hogy úgy szólhassak, mint hajdanán. Mert ugye, én volnék az öregebb. Tudom,

111

tudom, az egykori arányok nagyon eltolódtak. A régi Magyarországon már excellenciás úr lehetnél. De nem úgy ám, mint Szomory Dezső, aki előbb méltóságosnak tituláltatta magát a Nemzetinek telt házakat hozó „A nagyasszony" sikere után s amikor a nála mindössze öt évvel idősebb Herczeg Ferencet megkegyelmesítették, Szomory is felvette ezt a címet. Téged műveid helyeztek a legmagasabbra, de ugye mégsem követek el tiszteletlenséget, ha mint régen...

Várom a választ, de a fényképen látható öregúr hallgatott, csak a nyomtatott szöveg beszélt:

— Akik ma nacionalizmust mondanak rám, még a jóhiszeműek is, valami olyat akarnak rám mondani, hogy maradni, korszerűtlen...

— Ezt hát nem! — kiáltok közbe. — Ilyet aztán senki sem állíthat a Puszták népe írójáról.

Nem hallja tiltakozásomat és én tovább olvasom a szöveget:

— A nacionalista szónak ugyanis ma éppúgy, mint bármikor, elnyomó osztálytartalma is van, sőt jobban, mint valaha... Nacionalista az, aki jogokat sért, patrióta, aki jogokat véd.

Ezt már a Forradalmi magyarság című cikkében is hangoztatta, a svájci Ramuzra hivatkozva, aki azt mondta, hogy szereti hazáját, de nem nacionalista, hanem patrióta. A két szó közti különbségtétel hangoztatása a hitleri uralom idejéből való, amikor a német nacionalizmus olyan brutális tulajdonságokkal jelentkezett, amelyek nem szükségszerű velejárói a nacionalizmusnak.

— Lehet valaki patriótikus anélkül, hogy ne lenne egyben nacionalista is? — kérdem gondolatban a Költőtől. — A patriótizmus (magyarul: hazaszeretet) nem ellentéte, hanem megnyilvánulása a nacionalizmusnak. Egymást kiegészítő és nem más nemzetekkel szembenállást hirdető fogalmak. Nacionalista szellemben nevelődtem a háromnyelvű Selmecbányán, ahol nem voltak nemzetiségi ellentétek s a magyarok, tótok, németek a maguk anyanyelvén fordulhattak a hatóságokhoz, a város évszázados „unicuique suum" jelmondatának szellemében.

A Költő szövege így érvel tovább:

— Súlyos eszmei zűrzavart szolgál az, aki a nacionalista szót egyformán használja azokra, akik nemzeti, nemzetiségi keretek kizsákmányolására használják és azokra, akik ezzel szemben védekezésre építik ezt a keretet.

— Találó és időszerű megállapítás! — örvendezek. — Talán az egyetlen a mai Magyarországon, ahol a Magyar Értelmező Szótár osztályok, nemzetiségek elnyomásának minősíti a nacionalizmust. Nem lehet eléggé hangoztatni annak a nacionalizmusnak jelentőségét, amely a nemzeti jelleg védelmét szolgálja a kommunista rendszerrel szemben. „A nemzeti érzés — állapította meg Hajszálgyökerek című tanulmányában a Költő — a magyar szellemiségben félreérthetetlenül egy jelentésű. Soha kirekesztést nem jelent, mindig egybetartozást."

Mi selmecbányaiak tudjuk azonban, és Balassi tömörített életrajzának írója, Eckhardt Sándor is tudta, hogy az ős bánya-város közelében kevélykedő Szitnya várának ura nem egyszer adta jelét az ellenkező magatartásnak. De Petőfi is, épp abban a versében, amelynek első soraival saját érvelését támasztja alá a Költő.

A társadalmi sejtrendszer számos jelenségéből arra lehet következtetni, hogy az emberiség evoluciójának további állomásain át, a népek globális végállomása felé halad. (A népek nagy hazája felé, a Költő szavaival.) Ez a fejlődés anélkül megy végbe, hogy eltüntetné az egyes nemzetek sajátos jellegét, az abban rejlő különbségeket és örömtelen egyhangúsággá szürkítené az emberi életet. A Moszkvából irányított kommunista rendszer azonban olyan világuralomra törekszik, amelyben akarat nélkül, individiumuktól megfosztott gépalkatrészek teljesítik a központi parancsot. Csak egy állam, csak egy vígasztalanul szürke és unalmas állam lenne — orosz nemzeti szellemben.

Nincs időszerűbb feladat, mint „az eszmei zűrzavart" megszüntetni s a Költő által említett védekezés „keretét" megerősíteni. Jugoszlávia megtette vagy harminc éve, Románia most igyekszik példáját követni s a nemrég megtartott moszkvai pártkongresszuson az olasz, francia, angol delegátus félre nem érthető nyíltsággal vetette el a belügyek önállóságát sértő Brezsnyev doktrinát s a humanizmus elleni proletárdiktatúrát fenntartó moszkvai módszert.

A nemzetvédelmi „keret" megerősítésére azért is szükség van, mert az utódállamokban, főként az erdélyi magyarokat az a nacionalizmus fojtogatja, amely a Költő doktrinája szerint „jogokat sért" és a magyar nemzetiség megszüntetésére készül. Ősrégi okmányokat koboznak el, nehogy írásos bizonyítékai maradjanak fenn annak, hogy Erdély a magyarok ős-szerzeménye és a magyarok engedékeny türelme tette lehetővé, hogy mind nagyobb számban szivároghassanak be a hajdan „oláh"-nak nevezett románok és lakosságuk létszáma három milliónyivá duzzadjon.

Szeretnék felkiáltani:

— Költőm! Aki az újságírónak tett vallomásod szerint kész vagy minden szenvedő népet, „baszkot, okcitánt" pártfogolni, könyörgöm, vedd pártfogásodba a határainkon túl szenvedő testvéreidet. De terjesszed ki oltalmadat azokra is, akik egy nemzetet alkotva, egy hazában élnek veled, magcsonkított országunk határain belül. Nézz szét, mi lett ebből a nemzedékből? Elmondhatod-e, miként elmondhattad volna hajdanán, hogy a rokon népekből álló Európában rokontalanul és megpróbáltatásokon győzedelmeskedve, azért maradt meg a magyar, mert hűségesen ragaszkodott nemzeti létéhez és állami önállóságához. A mai magyarság nagyobb részéről is elmondhatod ezt? Hiszen feledésbe merül már az 56-os hőstett is.

Kikből állt egykor a nemzet?

Részben a rendi világ közjogi magyarságát alkotó rétegből, később ezek utódaiból, másrészt jobbágyok, majd felszabadított utódaik millióiból, akik egyre várták, hogy teljesüljön az 1848-ban hozott törvény földosztó ígérete.

De beteljesült-e ez az ígéret 1945 után? A 45-ös földosztás nem volt-e csupán csalfa játék?

A rendiség utódait és a középréteg javát megsemmisítették, világgá szórták az üldöztetések, a jobbágy-utódok pedig, a kommunisták előre időzített terve szerint, rövid ideig tartó birtoklás pünkösdi öröme után, a TSZCS-be kényszerített bérmunkások lettek. A puszták népét megfosztották külön utakat követő, de mindig nemzeti szellemű egyéniségétől és a tömegember masszájába gyúrták.

Ma ki védi a magyarok államának önállóságát és önálló megmaradását? Hol vannak a toll emberei, akiknek ugyanazt a munkát kell végezniök, a határokon belül és azokon túli magyarokért, miként te „róttad betűidet" a puszták népéért?

Ne szégyenítsük meg történelmünket azzal, hogy kétségbe vonjuk, amit a rendi világ tett, ha vért kellett ontania a hazáért. Annyi dicső tett után a gorodinói gyászon vágta is tanúsítja, hogy a hitbizományi főurak, nagybirtokosok miként adtak példát a mögöttük nyargaló jobbágy-utódoknak arról, hogy „édes és dicső" halni a hazáért. Véssük tudatunkba azt is, hogy a gorodinói közhuszárok, miként őseik ezeregy csatában, bár a Tripartitum igájában szenvedtek továbbra is szerelmetes földéhséggel művelve mások földjét, elszánt hajrával törtettek az orosz ágyúk sortüzébe.

— Elvetődsz-e olykor Rácegrespusztára, ahol szegénységükben is rátarti számadójuhászok voltak az őseid? Mit érzel, amikor látod, hogy egyre többen fordítanak hátat az ősi rögnek és gyárakban dolgozó proletárokká züllenek? Mi lett azokból, akikért annyit harcoltál? Rájuk is áll, amit a hazából menekülők 45-ös áradatáról írtál: „Mit ér magában az üveg, ha bora kidül?"

Vagy éppen azért nézel oly elbúsúltan magad elé, mert nagyon is látod, hogy „a szép anyag, amelyből formáltattál", nem az már, ami volt, bár a nyomorúságos cselédségi viskók helyett szép lakóházak sorakoznak a pusztákon? Sem nemzet, sem nemzedék az már, amelytől hiába várod, hogy „talpra áll", és egykedvű közönyéből feltámadva, megmenti a magyarságot attól, hogy elnyelje az orosz bolsevizmus szürke tengere.

Sajnos nem hallom, nem hallhatom válaszodat és te sem hallhatod kérdéseimet. Alkonyodik. Szürkület halványítja betűimet, még ha nagyítóval böngészem is azokat. Karom erőtlen, nyolcvanhárom esztendő fáradalmával bejárni az íróasztalom lámpájáig vezető utat, hogy fényt gyújthassak.

Hátradőlök a karosszékben, szembe nézek emlékezetembe vésett hajdani arcoddal és felidézem szép magyar versed találó jóslatát:

A csóktól szinte, melyet rálehelnek
a latin, a szláv, a germán anyák,
elveszti a bőr sárgás aranyát,
kisimul a szép hiúz-szem szögellet.

Lesznek minél jobbak az új arák
lesz méhük annál mélyebb temető:
ott enyész el a napfényként sütő
mongolmosoly, a hun pupilla-láng.

ÁLMATLAN ÉJSZAKÁKON

Hallottam a drámai lüktetésű előadást, amelyen Kosztolányi Dezső, a Magyar Írók Egyesületének 1929 nyarán tartott alakuló ülésén, a magyarságszeretet mélyéből és a nemzeti megmaradás féltésétől megszállottan, idézte Széchenyi István szavait:
— Érdemes-e magyarnak lenni?

Az elnöki emelvényen tábornagyi ornátusban, kezében marsallbottal, József királyi herceg díszelnök, tőle jobbra-balra Herczeg Ferenc, Móricz Zsigmond, Kosztolányi Dezső, Surányi Miklós, Balassa József egyetemi tanár s az egyesületet életre hívó Orbók Attila.

A komor idők történelmi hátterében trianoni bárddal megcsonkított országunk, győzők parancsára törvénybe iktatott trónfosztás, a boldogulás erőforrásait nélkülöző gazdasági élet, milliónyi menekült, ijesztő munkanélküliség s a nemzetközi politikában elszigetelten, ezernyi problémával küszködő államvezetés.

Mind annak következménye, hogy 1914 július 28-án Ischlben mégsem fontoltak és gondoltak meg mindent, miként a „Népeimhez" intézett uralkodói kiáltvány mondta s az egyetlen Tisza István volt az, aki a királyhoz intézett két levelében óvta a királyt a Szerbia elleni ultimátum kibocsátásától. Tiszát aztán a fiatal trónutód eltávolította a magyar államvezetés éléről, megfosztva önmagát legerősebb támaszától és az országot attól a meg nem félemlíthető, egyetlen erőtől, amely szembe nézett volna az őszirózsás csőcselék hazát veszejtő forradalmával, s akit a mai idők terrorista módszerével gyilkoltak meg a Rocheim villába hatoló banditák, nehogy magához ragadhassa az államvezetést.

Kosztolányi, a magyar líra legnagyobbjainak egyike, csillogó tollú publicista, képzete látomásával idézte az Otthon Kör nagytermében a magyarság jövőjén aggódó Széchenyi szellemét az írók, tudósok magas nivójú gyülekezetében. A „legnagyobb magyart", miként Kossuth nevezte, történelmünk számos válságos korszakainak egyikében, az 1848-as események előestéjén. Ahogyan Rogerius pap a Carmen Miserabilében tárta fel a tatárvész borzalmait, Zrinyi Miklós Áfiuma a török veszedelmet, Bethlen Miklós önéletrajza a zsarnokság tetteit, Kossuth emigrációs iratai a magyarság élet és halál közötti válaszútját.

Kosztolányi múltba vetített látomása Széchenyi budavári palotájába vitte hallgatóit, ahol feszült várakozás izgalmával várták az ország legjobbjai, hogy mi az a sorsunkat eldöntő válasz, amit tőlük akar hallani a gróf.

Mind együtt voltak már, amikor nyílt az ajtó és a lázas sietséggel belépő Széchenyi István így szólt hozzájuk:

— Arra feleljetek barátaim, hisztek-e még a magyar nemzet jövőjében, biztok-e megmaradásában és nem céltalan-e a nemzeti létért való küzdelem, érdemes-e magyarnak maradni?

A múltba vetített látomásban talán nem e szavakkal szólaltatta meg Széchenyit, mivel fél évszázad múltán elmosódott emlékezetemben az, amit Kosztolányi szó szerint mondott, s amit a Nyugat teljes egészében közölt az alakuló ülés után. Aki hozzájuthat e példányhoz, megállapíthatja, hogy amire emlékezem, az nem hamisítja meg a lényeget.

Kosztolányi látomásában felháborodásig lobogó tiltakozás fogadta Széchenyi kérdését s a grófot kitörő örömmel töltötte el válaszuk.

— Ezért kérettelek titeket barátaim — szólt aztán. — Hallani akartam, hogy hiszitek-e, amit én hiszek és felháborodástok meggyőz arról, hogy vállaljátok a súlyos keresztet, amit az jelent, hogy magyarok vagyunk. Belőletek merítsem az erőt, hogy az eddigi utat követve, haladjak továbbra is, miként azok az elődeink, akik ezer éven át harcoltak, hogy megmaradhassunk önálló nemzetként.

Az elnöki emelvényen csodálattal fordultak a Látnok felé. A királyi herceg le sem vette róla tekintetét, a hallgatóság nőttön növekvő figyeléssel hallgatta és moccanás sem hallatszott. Aztán vulkánok hirtelen robbanó kitörésével csattantak össze a tenyerek hosszan, viharos lelkesedéssel tombolt a taps, amikor elhangzott a beethoveni erővel megszólaltatott nemzetféltés utolsó mondata és meghajtotta magát a Látnok.

Akik ott voltak s ahányan csak voltak a világnézet és művészi igény különböző tájairól, lenyűgözötten váltak eggyé célban és gondolatban: magyarnak lenni küldetés, amit nem mérlegelni, hanem vállalni kell. A székről felemelkedő királyi herceg még azután is tapsolt, amikor a titkárrá választott Orbók Attila már arra várt, hogy bemutathassa az egyesület alapszabályait.

Aztán sok minden történt. Csalódások, remények viaskodtak, fegyverbe hívott írók fegyverkeztek a népjogok kivívásáért, az államhatalom, országgyűlés, közvélemény tette magáévá a társadalom korszerű megújhodásának igényét. Már úgy látszott, hogy elkövetkezik a várva várt belső béke, a nemzet egységét biztosító reformok korszaka, míg egy újabb világháború forgószele ragadta magával nemzetünket és állította meg alkotó lendületét.

Azóta nemzethaláltól rettegő magyarokat némított el odahaza a vörös hatalom, csalódások kedvetlenítik hontalanságunkban azokat, akik a nemzet felszabadulásának reményével érkeztek nyugatra és e reményt éltették emigrálásuk óta.

Azóta a hontalanság legjobbjai között is felbukkant a töprengő kérdés: megmaradhat-e magyarnak idegenben a magyar író?

Háromnyelvű szülővárosomban tanultam meg, hogy mennél nagyobb a magyarságot fenyegető veszély, annál olthatatlanabb a láng, amely az írót élteti. Ez a veszély ihlette íróvá, mindvégig lángoló magyarrá a Selmecbányán négy évig diákoskodó Mikszáth Kálmánt. Ez a veszélytudat tette íróvá abban a 67 utáni korban, amikor még Selmecbányán német volt a vezető réteg nyelve s tót a tömegeké. Magyarságféltés gyújtotta és tette magyarságunkat megtartó erővé Végvárit s ez az erő markolja össze ma is Erdély üldözött magyarjait. A hazától való elszakítottság tudata szólaltatta meg a Felvidék legjobb íróit.

A hontalanságban élő magyar írónak erőt adhat a tudat, hogy neki kell világgá kiáltania, amit az elnémított írók otthon nem mondhatnak el. Neki kell közönyt legyőző kitartással harcolnia azért, hogy a hontalanságban el ne némuljon a magyar szó. A hontalanság íróinak a vasfüggöny mögé börtönzött milliókat annak tudatára kell ébreszteni, hogy amit évszázadokon át tett a rendi világ, most nekik kell harcolniok az emberi szabadságért és az önálló állami lét visszaszerzéséért.

Magyarok, fel ne adjátok történelmi küldetésteket!

Ha a történelmi küldetést feladjátok a rémuralom enyhülésének és az életszínvonal parányi növelésének egy tál lencséjéért, eszméljetek arra, hogy mérhetetlen messzeségben vagytok a nyugati világ minden polgárát megillető szabadságtól és a boldogulás nyugati színvonalától.

Magyarok, ne áruljátok el a hazátokat!

Sok minden történt azóta, hogy elhangzott a tragikus jövőt sejtető látomás megrendítő szimfóniája. Akik hallották, sorra az elmúlásba szedelőzködtek. Talán egymagam élek azok közül, akik ott voltak az Otthon Kör nagytermében, amikor a Magyar Írók Egyesületét létesítették 1929 napfényes nyári délelőttjén.

Álmatlan éjszakákon vitázva a hontalanság reményt vesztő magyarjaival, felidézem magamban Kosztolányi látomásának záró szavait:

— Ha majd megpróbáltatásoktól sújtottan horgad le a fejük, a szívekkel akkor is fel-fel barátaim!

A KAPTÁR SZÖKEVÉNYEI

Emlékeim iratlan leltárából fel-felbukkan egy ember alakja, akiről máig sem tudom, hogy mikor és miért futott ki abból az emberkarámból, amelyet társadalomnak nevezünk.

Sohasem volt meg benne, vagy valami tragédia ölte ki belőle a társasélet ösztönét? Azt a csodálatos adottságot, amelyet a méhekről írott remekművében kaptárszellemnek nevezett Maeterlinck? Tisztelettel néztem rá, akár a viharral birkózó magányos fákra a bérctetőkőn. Azokról sem tudhattam, hogy erdőt kitépő földcsuszamlásból maradtak-e meg, avagy, a faj hódító ösztönének előőrsei.

Ez az ember magányosabb volt annál a Johnson Sámuelnél is, aki London sötét mellékutcájában, zsörtölődő szakácsnő társaságában töltve komor életét, az angol nyelv szótárát készítette el s a változások öröméről gőgösen lesújtó véleménnyel vallotta, hogy aki egy mezőt látott, az minden mezőt látott.

Szorongó félelem töltött el, valahányszor erdőrengetegek sűrűjéből bukkan fel rejtélyes alakja, a gondolkodók magas homlokával, mélyből izzó szemével. Létezésemről tudomást sem véve, úgy haladt el mellettem, mintha rovart kerülne ki, amelyet sajnál eltaposni.

Lehet, hogy nem szerette az embereket, de annál jobban a természetet. Az óriás távlatokat, erdők sűrűjét, kék tavakat a hegyek lábánál. Egyesek énekelni is hallották, mások tetten érték, amint a fűben heverészve, mosoly ragyogott nap felé tartott arcán. Ha észre vette, hogy látják, a megriasztott vad haragjával rohant még távolabbra, még mélyebbre a magányba.

Mondták, hogy zseniális mérnök, aki a veszély órájában néhány goromba szóval mondta meg, hogy mi a teendő, aztán bevágta maga mögött az ajtót. Fényes ajánlatokat utasított vissza. Viskóban élt, az erdő szélén, hitvány eledelét maga kotyvasztotta, vagy kis kertjében termett gyümölcsöt evett. Rejtélyét semmiféle írás sem magyarázta meg halála után. Teljesen kilépett a megtagadott emberi közösségből. A legmagányosabb ember volt, akiről valaha hallottam. A legszegényebb, de épp azért a leggazdagabb is.

A kollektív törekvések mai korszakában gonosz rátartiságnak neveznék. Bennem a szellem magányos nagyjainak névsorát idézi fel. Olyanokat, mint Diogenes, Swist, Erasmus, Michelangelo, Johnson, Beethoven vagy a mi történelmünkből Széchenyi és Görgey. Életünknek leglüktetőbb közéleti korszakában is magányos lelkek: Deák Ferenc, Szilágyi Dezső. A maguk ösvényén haladtak mind és alkotásukat megszállottság hozta létre, hagyta ajándékként az emberiségre.

Még az a Tisza István is magányos ember volt, akinek egész pályája a közéletben telt el, mosolytalan arccal virrasztva a veszedelmekkel vívódó nemzet mellett, holott igazában akkor lett volna boldog, ha vállra vetett puskával barangolhat geszti birtokán. A társadalom történelmi vezéreiről rendszerint kiderül, hogy magányos és magányosságot kedvelő emberek voltak. Nem becsvágyból, hanem a kötelességtudás hősiességével töltötték be helyüket és szánakozással néztek a körülöttük nyüzsgőkre, akik egyéni becsvágyból törtettek vezető szerepért, holott önmaguknak élhettek volna az egyéni élet szabad világában.

Az ember, akit lelke leheletével alkotott az Isten, akkor válik az Ő legközelebbi rokonává, emberfölötti emberré, amikor a világegyetem végtelenségét választja életkeretéül, az emberi közösség nagyon is határolt keretei helyett. Elképzelni sem lehet magányosabb létezést, mint a világ Uráé, aki öröktől fogva, mindenütt és mindörökké egyedül van, a tértelen létezés világából egymaga szemlélve alkotását. De az ember, aki a kaptár szökevénye, nem okvetlenül ellensége is annak. Csupán kivonul a tömegvonzás világából, ami nem tévesztendő össze a társadalmi rend lázadóival, akik a törvények kijátszásával, vagy megszegésével akarnak boldogulni.

120

Ha a méhek együttműködésének olyan szökevényei lennének, akik magányukban anyi jót adnának a méh-államnak, miként az emberkaptár számos szökevénye az emberiségnek, akkor alighanem külön védőrség óvná egyedüllétük zavartalanságát. A mi földünket azonban a fejlődő társadalmi élet egyre szétágazóbb rendszere hálózza be s mind kevesebb zugot hagy az egyedüllét emberének. Csak akkor lehet egyedül, amikor behunyja a szemét, befogja a fülét és nem ér el hozzá az embervadon gigászi dübörgése. Csak ezekben a ritka pillanatokban érezheti, hogy a nagy természetnek és nem csupán az emberi fajnak gyermeke.

Beethoven, a legnagyobb alkotók egyike és végtelenül magányos ember, ihletét a természetben kereste és találta meg. Fedetlen fejjel, lobogó sűrű hajjal nem egyszer rohant ki a viharba, égzengések közepette, hogy aztán a vihar hangjait szólaltassa meg hatalmas szimfóniáiban. E magányszeretet a még teljesebb egyetemesség keresése volt. Aligha érezte, hogy egyedül van. Róla jegyezték fel, hogy gyermekkorában egy póknak hegedült a padlás csöndjében s ezt a vérszívó rovart hangszerével csalogatta ki hálójából. Így lett társa és barátja a pók. Mert csak a magányos ember, aki a természet egészével él, az él igazán társaséletet.

Nem kell csalódás, még kevésbé embergyűlölet ahhoz, hogy az egyedüllét magaslataiba emelkedhessék valaki. Erasmus, aki hosszú életét magányban töltötte, a legmagasabb humánum embere volt s remek szellemét a boldogabbá tehető emberi élet problémái és az élet értelmének kérdései foglalkoztatták. Tolsztoj, akinek emberszeretete vallássá finomodott, egész életén át a magányt szerette volna megszerezni, s Jasnaja Poljanai lázadásának utolsó útja az asztapoveji kis vasúti állomásig, egy kétségbeesett lélek zarándoklata volt a magány felé.

Az egyedüllét embere Atlaszként tartja vállán a világot és megszokta, hogy sikertelen cselekedeteinek következményeit ne hárítsa a többi emberre. Gyermekkorom magányos emberét is csak úgy tudom elképzelni, hogy sikertelenné vált célok titkát vitte magával a halálba, miután nem tudta bevégezett alkotással ajándékozni meg az emberiséget. Talán nem is az emberboldogítás szándékával akarta ezt, hanem az ihletett ember kényszeréből, ahogyan a kagyló önmaga értékének tudata nélkül izzadja ki igazgyöngyeit.

A rónasági ember ritkábban él egyedül, mint a hegyvidéki. A föld termő síkságain több a közös feladat és nagyobb a közös élet kényszere. Amikor őshazám hegyei közt élhettem, gyakran találkoztam egy érdekes és magányos festővel. Azt hiszem a magány és a hegyek szeretete avatta festővé. Láttam régebbi képeinek sablon színeit és láttam magányában készült vásznait, amelyeken szimfóniává vált a természet valósága. Vállára vetett puskával barangolt a hegyek között vagy letelepedett vázlatkönyvével ott, ahol megragadta valami a figyelmét. Képei olyan tiszták, világosak és hívóak voltak, mint az erdei kürt szava. Talán sohasem érezte magát egyedül.

Festett, mert szerette megmutatni a természetet, de legnagyobb művének nem képeit tartotta, hanem zavartalan, boldog magányát.

Ha életet kellene cserélnem, az ő életével cserélném el.

RÉGI KÉPEK — EMLÉKEZETES TÉNYEK

Százhetven éve, május 20-án, hazát, népet szerető jó magyarok feje hullott verőfényben csillogó gyepre, a budai Vár tövében elterülő Vérmezőn. E tragikus végjelenettel zárult egy verssel kezdődő szellemi megmozdulás, amelyben a fiatal Batsányi János új kor nyitányaként hirdette:

Nemzetek, országok! kik rút kelepcében
Nyögtök a rabságnak kínos köntösében,
S gyászos koporsóba döntő vas-igátok
Nyakatokról eddig le nem rázhattátok;
Ti is, kiknek vérét a természet kéri,
Hív jobbágyitoknak felszentelt hóhéri!
Jertek, s hogy sorsotok előre nézzétek,
Vigyázó szemetek Párizsra vessétek!

Kazinczy Ferenc még tankerületi iskolai felügyelő a neki „mindennél kedvesebb" feladatot töltve be „minden vallásbeli honfiak nevelésére hathatni", Türelmi Rendelet védte a lelkiismereti szabadságot, a jobbágyot kiszabadították a nemesi bíráskodás alól, s bár a „nyelvrendelet", amely a németet tette hivatalos nyelvvé, heves tiltakozást váltott ki a nemzet többségében, a Kalapos királynak számos híve volt a jó magyarok között is.

1789-ben, amikor Batsányi verse íródott, még nem fajult vérengzéssé a franciák forradalma, a harmadik rend képviselői csupán a polgárság jogait biztosító alkotmányt követelték. Ami Párizsban történt az még a népek szabadulásának tavaszi lehelete volt. Ez ihlette az ifjú költőt és nem a további évek borzalmas történései.

Martinovics Ignác József ferences áldozópap ugyanekkor került a budai vizivárosi rendházból a lembergi egyetemre, a kisérleti fizika tanáraként. 1772-ben címzetes szászvári apát és a császári kabinettiroda külügyi osztályának beosztottja. Politikai nézetei miatt nem sokáig. Röpiratában az uralkodó ellen irányuló lelkesedéssel ír a II. Szaniszló Ágost lengyel király helyeslésével módosított alkotmányról, amely parlamenti kormányzatot létesített, megtörte a főurak önkényét és az államon belül államot alkotó hercegségek hatalmát. Egy másik röpirata élesen bírálja a Habsburgok politikáját, s Status Regni Hungariae címűben pedig arról a politikai betegségről értekezik, amellyel a teokrácia és a mágnások, meg nemesség „kétfejű" elnyomó hatalma sorvasztja az országot. Nem vette azonban tudomásul, hogy a közép- és kisnemesi réteg nem egy jelét adta haladó szellemű szándékának a gravaminális politika lehetőségein belül. Kimagasló eseménye ennek Gömör vármegye bátorhangú, sajtószabadságot követelő felirata.

A neve és vére szerint is délszláv eredetű Martinovicsot csupán világszemlélete hozta ellentétbe a rendszerrel. Idegenül nézte a hagyományaihoz ragaszkodó magyar életet, gúnyt űzött a koronaőrző bandériumból, nemzeti ruha viseléséből és kétségbe vonta a rendeknek azt a jogát, hogy az egyház, az úrbér és iskoláztatás ügyét rendezhessék. Szabadelvű demokrata volt. A társadalmi rend megváltoztatását, a nép egyenjogosítását akarta és valószínű, hogy e cél érdekében készséggel feláldozta volna a magyar nemzeti alkotmány önállóságát.

Népbarát eszméi sok nemzeti érzésű magyart vonzottak a Martinovics által Pesten, 1794-ben létrehozott Demokrata Társaságba. Alig indult meg a mozgalom, máris leleplezték és 1794. augusztusában letartóztatták valamennyi résztvevőjét. Vesztüket az a memorandum pecsételte meg, amelyet Sándor Lipót főherceg, a huszonhároméves nádor küldött bátyjának, I. Ferencnek. A kormányzás abszolutikus módszerének, rendiségnek, jobbágyságnak fenntartását javasolta és a felvilágosodásról, ismeretek gyarapításáról az volt a véleménye, hogy semmi haszonnal sem jár, főként a köznép számára.

A királyi tábla meghozta könyörtelen ítéletét, s annak végrehajtásáról részeletesen számol be a rézmetszet, valóságos képriport, amelyet a bécsi udvar készíttetett és terjesztett elrettentésül. Ez időben már kegyetlenkedéssé fajult a francia forradalom, a királyt és királynőt lefejezték, és Mária Antonia miatt emberileg érthető bosszúvágy is működhetett a magyar elégedetlenség irgalmatlan letörésében.

A kivégzés négyszögében, fehér zubbonyos gránátosok között a nagybirtokos Sigray keresztbe tett karokkal, a vesztőszék támlájához láncoltan várja végzetét. A dunántúli kerület táblabírája, aki a magyar alkotmány gyökeres reformjának szükségességét hirdette. Elítéltetésének fő oka, hogy a Reformátorok Társasága igazgatóságát neki ajánlotta fel Martinovics és ő azt el is fogadta. Ma csak a szovjet világban jár halál ilyesmiért, s abban az időben is csupán az oroszok cári birodalmában. Sigray mögött már emeli bárdját a bakó, egy pribék a gróf üstökét markolja óvatos távolságból, ne hogy őt sújtsa, ha célt téveszt a bárd. Közelünkben ingujjra vetkőzötten és karba font kezekkel, egykedvűen áll Szentmarjay. Végig kell néznie a reá váró megkínoztatást.

Ugyanúgy Martinovicsnak, akiről mondják, gyáván viselkedett, ártatlanokat terhelt vallomásaival. Ne vessünk követ rá! Korunk többeket megtanított arra, hogy vannak a vallatásnak olyan eszközei, amelyek ártatlanokat terhelő vallomásokat kényszerítenek ki. És ki az, aki meg nem retten, amikor lefejezett barát nyakából szökken fel a vér és tudja, hogy néhány perc múlva az övéből is? A kép sajnos nem ábrázolhatja a jajt, amely a pallos villanásait fogadja, sem a női sikolyokat, amikor a láncok között összeroskad a csonka törzs. A rajz szerint a nézők többsége nő. Valószínű, hogy kényszerből, a megfélemlítés növelésére.

Négyes fogatú szekerek hozzák a további áldozatokat. Az elsőn, füstölgő pipával, a délceg Laczkovits János huszárkapitány, akit már előzőleg megfosztottak tiszti rangjától, mert Magyarországon, magyar hadseregnél magyar szolgálati nyelv bevezetését kívánta, magyar tiszt létére. Bűnéül rótták röpiratait és röpirat fordításait. Az ítélet az összeesküvés egyik vezetőjének minősítette.

„Hajnóczynak — írta Kazinczy —, elébe mentek a hóhérlegények s le akarták vonni ruháját. Nem engedte, hogy hozzá nyúljanak. Maga vetette le kabátját. Akkor megölelé Molnárt. Leült a székre, csodás nyugalomban." Hajnóczy jogtudós volt, a felvilágosodás eszméinek, a népfenség és társadalmi egyenlőség apostola legnagyobb részt latinnyelvű munkáiban. A huszonhat éves Szolárcsik Sándor kúriai írnok és a kiváló tehetségű, még nem is huszonnégy éves Ősz Pál kivégzésére a következő napokban került sor. Valamennyiüket a Vérmezőn temették el és mint Kazinczy írja: „Másnap reggel a sírhelyen rózsa virított. Valaki rózsákat ása le ott csuprokban!" — Batsányit, Kazinczyt, Verseghyt, Szentjóbi Szabó Lászlót és a mozgalom sok más résztvevőjét várfogságra ítélték.

S mindez három évvel azután, hogy I. Ferenc nagy pompával királlyá koronáztatta magát Budán, esküt tett a magyar alkotmányra és a Kapucinusok terén emelt koronázási dombon Szent István kardjával négy világtáj felé suhintott annak jeléül, hogy megvédi az országot, bárhonnan érje támadás.

Az elrettentő rézkarcoknak ez időben már kétévszázados múltjuk volt. Azóta, hogy egyes pártütő főurak, megtagadva Zápolya János királyt, Pozsonyban királlyá kiáltották Ferdinandot. Ezzel hazánk kiszabadíthatatlan zsákmánya lett a hatalomhoz görcsösen ragaszkodó, divide et impera szellemében uralkodó dinasztiák legszívósabbjának. Már 1601-ben rézkarc örökíti meg, amint Basta császári vezér zsoldosai gyűrűjében, lóhátról nézi az osgyáni ütközetkor kezébe került Némethy Balázs, Ocskay vitéz hajdukapitányának megkínoztatását. Bitóra húzták fejjel lefelé, aztán lefejezték.

Egy másik rézmetszet a Wesselényi összeesküvés elítéltjeinek kivégzését örökíti meg, amint a bécsújhelyi fegyvertár udvarán, fekete posztóval borított vérpadon térdeplő Zrínyi Péterre, a költő öccsére és a báni méltóságban utódjára sújt a pallos. A bástyafal alatt vészbírósága testületével Ábele Kristóf, akit a hálás uralkodói kegy magyar nemességgel rangosított azért, hogy ítéletével fejét vétette a vasvári szégyenteljes béke miatt elégedetlenkedő főuraknak. Nem egy ilyen vészbíróság működött Magyarországon II. Ferdinand alatt, aki követte és utódaira örökítette elődei kegyetlenkedő példáját. Elrettentő kép mutatja, amint porkoláboktól ütlegelten végzik kényszermunkájukat az összeesküvésben részt vett protestáns papok. Egy másik kép az üzemesített megkínoztatásokat szemlélteti. Öt-hat bakó „dolgozik", akaszt, bárdot suhint, kerékbe tör, karóba húz. Mögöttük a szörnyű látványtól tébolyodott tekintetű megláncoltak. Spock generális pedig gyönyörködve nézi, hogy az összeesküvésben való részvétel miatt összefogdosott köznemesek, végvári vitézek és az Árva várát elfoglaló Pika Gáspár parasztjai miként nyerik el „méltó büntetésüket".

Képek hosszú sora készült, amelyekből egész tárlatot lehetne rendezni, bizonyságául annak, hogy a Habsburgok milyen eszközökkel tartották fenn magyarországi hatalmukat. Viszonosság nem volt. A történelem egyetlen olyan esetet sem jegyzett fel, amikor a Habsburg-ház birtokállományának területén magyar bírák, magyar tábornokok akasztattak, karóba huzattak, kerékbe törettek, kényszermunkán dolgoztattak osztrák alattvalókat.

És ezek az üldözött magyarok mégis hálálkodó hódolattal borultak le és lelkendeztek, ha a magyar király néhány kínlódva tördelt magyar szót intézett hozzájuk. Mi mindég könnyen feledtünk, mi mindég készen voltunk a megbocsájtásra. Még Kölcsey, a Martinovics utáni kor haladó közvéleményének kimagasló alakja, a Zsarnok, A szabadsághoz című allegórikusan forradalmi versek költője is lojális meghatódással, véres történéseket feledően ünnepli a magyarokat titkos rendőrséggel zaklató I. Ferencet, amikor uralkodása negyvenedik évfordulóján, a Nagyenyeden rendezett ünnepségen így szól: „A miveltség és törvényen alapuló szabadság legfőbb, legszebb pontja, mire I. Ferencnek atyai karján feljutni sietünk... Amiért legyen dicsőség Istennek, áldás a koronás főnek..."

Debrecenben aztán betelt a pohár és a kicsordult keserűség „örökreszóló" trónfosztó határozatot hozott. „E lépésre — jelentette ki a debreceni országgyűlés nyilatkozata —, a halálig üldözött magyar nemzetet nem túlzott elbizakodás, s nem forradalmi viszketeg, hanem a türelem végső kimerültsége s az önfenntartás kénytelensége vezeté."

A megtorlás olyan volt, mint egy évszázad múlva, az 56-os szabadságharc „összezúzása" után. A ferencjózsefi módszer tanulékony követőre talált Kruscsovnál. A hősi küzdelem néhány hónap alatt véget ért s a trónfosztott király Magyarországot örökös tartománynak nyilvánította, a brescsiai hiénaként emlegetett Haynau császári generálist teljhatalommal küldte az országba.

A kamarilla már nem készíttetett elrettentő metszeteket e hiú szadista kegyetlenkedéseiről, de örök tetemrehívás a hatalmas vászon, amelyet Thorma János festett és annak az Aradi vértanuk címet adta. Látjuk a kopár mezőt, bitófák hosszú sorát, az első áldozatot nyakába tett kötéllel, a többi tábornokot szekér előtt, utolsó vigaszt nyújtó papokat, egyiküket, irtózattal fedve be szemét, fehér zubbonyos katonák századában busan lehorgadt fejeket. A kép hiteles, Thorma a tragédia színhelyén készített vázlatok és az esemény szemtanújának elbeszélése alapján festette.

Unos-untalan hallottuk, halljuk, hogy Ferenc József még ifjú volt, nem szabadakaratából, hanem a kamarilla befolyására bocsátotta ki rendeleteit, utasított el kegyelmi kérvényeket. Nem helytálló védelem. Ép elméjű, tizenkilenc éves ifjú már fel tudja mérni ily véres elhatározás erkölcsi súlyát és ha még oly zsibbasztó tanácsadóinak befolyása, és anyjának, Zsófia bajor királyi hercegnőnek rossz szelleme, akkor is tiltakoznia kellett volna, hogy nevében a nemzet ezernyi hű fiát akasszák fel, tízezernyiét börtönözzék be. Hosszú uralkodása alatt egyetlen olyan kijelentését sem hallottuk, amely arra vallott, hogy sajnálja a szabadságharc utáni rémtetteket. Hallgatásával bizonyította, hogy semmit sem bánt meg és hasonló helyzetben később is hasonlóan cselekedett volna.

— Nem kell szeretet, elég a hódolat! — vágott a szónok szavába, aki a kiegyezés utáni időben egyetemisták küldöttségét vezette eléje és a magyar ifjúság hódolatáról, szeretetéről biztosította a megkoronázott magyar királyt. Már nem lehetett mentsége ifjú kora, sem környezetének befolyása, javakorabeli férfi volt, híres arról, hogy befolyásolatlanul érvényesítette akaratát.

A nemzet és király egymás iránti magatartása mindvégig lojális volt a kiegyezéskor vállalt kötelezettségeket illetően, és kölcsönös az érzelmek területén.

A király nem szerette nemzetét és a nemzet nem is szerethette királyát.

MAGYAR VÁLSÁG, MAGYAR JÖVŐ

A magyar emigráció történelmi küldetése legválságosabb pillanatához érkezett el. Súlyos feladatokat kell megoldania. Amit nem tehetnek a némaságba és tehetetlenségbe zsibbasztott otthoni milliók: egy emberré váltan kell kiállania a szándék ellen, amely véglegessé teheti a vörös moloch karjai közt vergődő Magyarország sorsát.

Szellemi vártáinkon vezércikkekkel jajduló harsonák hívták fel a figyelmet az egyetemes magyarságot fenyegető veszedelemre, a felháborodás heroldjai véres kardként hordozták világrészek magyar diaszpóráiba a hírt, hogy az európai szövetségesek amerikai nyomásra, s a szovjettel tizennégy hete tartó viaskodás után, hozzájárultak ahhoz, hogy Magyarországot kizárják a tervbe vett csapatcsökkentések területéből.

Veszélyben az ezer éves örökség, veszélyben a Haza! Nagyobb veszélyben, mint amikor az 1848-as események idején Wesselényiből kiröppentek e szavak.

Mindenki tudja, hogy mit jelent a bécsi megállapodás, de mindaddig nem hallgathatnak el vészt hirdető harsonáink, nem lehet nyugodt álmunk, amíg van, ha még oly reménytelennek is látszó remény, amíg nem követünk el mindent, hogy megállítsuk a Magyarország felé közelítő végzetet.

Már nem arról van szó, hogy szemükben gyászkönnyel, népek veszik körül a sírt, hol nemzet süllyed el, hanem arról, hogy kivégző osztag elé akarják állítani azt a Magyarországot, amely ezer évnél hosszabb létével tanúságot tett államalkotó erejéről, amely oly sokszor vérzett nyugati érdekekért, és amelyben annyi sorscsapás után sem hervadt el az életerő.

A népek erdejéből ki akarnak dönteni egy tölgyet, amely a nyugati keresztény kultúra talajába kapaszkodó gyökerekkel terebélyesedett naggyá. Le akarják bontani a végvárat, amelyben a vörös rémuralom majd harminc esztendő alatt sem tudta magához hódítani a lelkeket, s amelyben elnémítottan, de meg nem szüntethetően morajló elégedetlenség várja, hogy ismét a nyugati világhoz csatlakozhassék. Pillanatnyi érdekek nyugati kufárjai áruba akarnak bocsátani egy ezer éves országot és rövidlátó önzésükkel lehetővé akarják tenni, hogy magyar földről indíthassa el majd egyre növekvő hadi gépezetét a Nyugat meghódításáért fegyverkező szovjet áradatot.

Eszméljetek, fogjatok össze hontalan magyarok! Kiáltsátok a nyugati világ fülébe, hogy a bécsi zöldasztalnál üzletező diplomaták az egész nyugati világ feláldozására készülnek a mi feláldozásunkkal. Mi vagyunk a felajánlott egy tál lencse, amelynek fejében népek további millióit falhatja majd fel a szovjet hatalom.

Jajkiáltásunknak be kell járnia az egész nyugati világot, és tettekre kell kérnie Szent Péter örökének kétezer éves, földi hatalmat is jelentő erkölcsi hatalmát, Aki oly sokszor hallatta szavát elnyomatást szenvedő népekért, újuljon meg benne az 56-os szabadságharc idején magyar igazságot védelmező XII. Pius szelleme! Vegye igénybe hatalma minden lehetőségét, amikor Máriának felajánlott országunk léte van veszélyben.

Nincsenek követeink, akik a magyar érdekek szószólói lehetnének a vészesen közelítő döntésnél, de a Gondviselés akaratából és talán épp azért került a szabad világba Magyarország hercegprímása, hogy ismét szembeszálljon a nemzeti létünket romboló kommunista törekvésekkel és nemzetmentő győzelemmel fejezhesse be történelmi küldetését.

Miközben e sorok íródnak, s mire azok nyomtatásban jelennek meg, Mindszenty bizonnyal megtette már mind azt, amit tennie lehet, s amit a nemzet remél tőle a nemzetért. Nincs hatásosabb magyar tiltakozás az ő tiltakozó szavánál, nincs nagyobb magyar erő az ő szelleménél, nincs nagyobb magyar tekintély az ő nevénél, amelyet szenvedéseket vállaló hősi magatartásával tett fogalommá az egész világon. Hangja átkiált a nyugati országhatárokon, tengereken és eljut a vasfüggönyön túli milliókhoz is. Ha mégis győzne a gyáva megalkuvás, a magyar biboros szava s a mögéje sorakozó hontalanok jajkiáltása akkor sem hatástalan, mert azt a hitet sugározza haza, hogy semmi sincs elveszve, amíg a nemzet nem veszti el önmagát.

A Fehér Házban díszlakomán ünneplik majd, hogy Amerika nyugalmát immár nem háborítja, talán egy nemzedékig, vagy addig sem, a szovjet fegyverkezéstől való félelem, s a Kremlben is diszlakomán ürítenek poharat annak örömére, hogy véglegessé váltak nyugati hódításukkal elért határaik.

A béke látszatával leplezett harc azonban nem ér véget ezzel, s az elnyomott kis népek sorsa sem válik véglegessé, bármiként döntsenek is Bécsben.

Az elmúlt évtizedek bizonyítják a kis nemzeteket eszközül használó Német Birodalom, Nagy Britannia, cári Oroszország példájával, miként dőlt össze világhatalmuk, s bukásukat miként élték túl a nemzeti érzelmükhöz, hagyományaikhoz, nyelvükhöz, a manapság kárhoztatóan emlegetett nacionalizmusukhoz szívósan és szenvedést is vállalóan ragaszkodó kis nemzetek.

VÉRENGZŐ IRODALOM — VÉRENGZŐ ÉLET

— Hol és mikor kezdődött az egész világirodalmon végigvonuló vérengzés? — kérdeztem magamtól miután rémtörténetekkel kiváltott borzongással küzdöttem át magam Albert Camus lelki ferdeségekkel túltömött, undorító gyilkosságoktól szóló, Tévedés című színdarabján.

— És ki volt az első ember, aki embert ölt?

— A „Teremtés könyve" Kainnak nevezi az első gyilkost, aki aztán bűntudattól meghasonlottan és az Úr színe elől bujdosó vándorlóként szenvedte a rámért átkot. Belőle buggyant először a bűnök bűne, amely vérfolyammá növekedve árasztja el mindmáig a világot.

A Bibliában ismertetett és a fejlődéstan megállapításaival igazolt folyamatban évmilliók teltek el a Teremtés egy-egy „nap"-nak nevezett időszaka között. Aztán is, amikor az Éden bőségéből kitaszított emberek orcája verítékével kellett keresnie kenyerét, új és új lakóhelyekre vándorolva, ha már letarolta előbbi élettere természetadta kincseit.

Egyszer aztán elkövetkezett a csodás felismerés pillanata! Az ember rájött arra, hogy műveléssel, magvetéssel gyarapíthatja a föld termő erejét, s amit így szerzett, valószínüleg a családi közösség keletkezésének idején, azt már magántulajdonként birtokolta. Harcra kész féltéssel őrizte javait s valószínű, hogy ez a féltés lehetett a kaini bűn elkövetésének az oka. Később, az Isten létére eszmélve, szakrális gyilkosságok borzalmas szertartásával hitte valaminek teljesítésére bírni, avagy valamiért kiengesztelni a világ Urát.

A cápa nem öl cápát, oroszlán oroszlánt, párduc párducot, s fullánkját a darázs sem használja egy másik darázs ellen. Csupán táplálékszerzés végső szükségének kényszeréből ölik más fajcsoportba tartozó állattársaikat is. Egyedül az ember, az erkölcsi törvényeket felismerő és bűntudattal rendelkező homo sapiens gyilkolja a saját fajtájába tartozó, Isten képére teremtett embertársát.

Sem a földrétegek geológiai térképe, sem a Cro-Magnon-i barlanglakó sziklába karcolt rajzai nem szolgáltatnak adatokat a bűn keletkezésének idejéről és arról sem tudunk, hogy mikor említette először, valamikor a görög kor hajnalán, az életről regélő rabsodos.

Az európai irodalomban az Iliásszal, Agamemnon király szakrális áldozatával kezdődik a végestelen vérfolyam.

Odüsszeusz, az isteninek dicsőített ithakai fejedelem ügyes tolvaj, csempész és kalandor. Ő meg cinkostársa, Diomedesz rabolta el a Trója fellegvárában őrzött Palladiont, Pallas Athene várost védő szobrát, az ő ötlete volt a Trója végzetét hozó faló is.

A világ legagyafurtabb époszi hőse túljárt a szirének eszén, akik hiába csábították andalító énekükkel. A mithológiában ő volt az egyetlen, aki végighallgatta a pihentető álom ígéretével bűvölő dallamokat anélkül, hogy hajója összetört volna a szörnyű sziklazátonyokon. Kilenc éven át uralkodott ravasz nőcsábászként Ogigis szigetén, ahol a fülig szerelmes Kalypso férjévé és halhatatlanná akarta tenni. A phiakok királyának tündérszép lányát, Nausikát is elszédítette egy újabb hajótörés után, és az ő segítségével került vissza Ithakába. Vele nem boldogult Cicre sem, aki disznóvá akarta változtatni, végül szerelmét és palotáját ajánlotta fel neki.

Hazatérve, nem érte be azzal, hogy a megölt kérők vérétől párolgott a föld. A bosszú mészárszéki műveletét kiterjesztette a kérőkkel „szeretkező" szerencsétlen cselédlányokra is. Palotája udvarában kifeszített kötélen lógtak valamennyien. A kérőkkel összejátszó kecskepásztor Melantheusz sem kerülhette el végzetét. „Orrát, fülét lemetélték, kitépett szemérmét az ebeknek dobták, összezúzták kezét-lábát."

Az Iliászban is „holttetemek közt csillan a föld". Nincs párviadal, amelyben a leterített és életéért könyörgő ellenfélen megkönyörülne a győztes. Az „isteni" Achilleus pedig úgy vágtatott a szekérhez kötött Hektor tetemével, hogy annak feje a föld porát söpörte.

Megrendítő, pazarul leírt valóságai sorsnak, életnek, emberi jellemeknek, de hozzájárultak-e az emberiség jobbátételéhez avagy bűnöző hajlamát növelték példázatukkal? Ez alól nem kivétel a számos kegyetlenkedésről szóló Ótestamentum sem, amely a boszfellángoló antiszemitizmusnak.

Az antik lírai költészet sem ment a vérengző hajlamtól. A sánta Tyrtaios, a görögök első lírikusa, akit nem fenyegetett a veszély, hogy csatába küldjék nyomorék testét, azt dalolta az ifjú harcosokról, hogy „a halál fekete démonait oly vágyva várják, mint a napsugarat". Ki hiszi ezt el a költészet veszélytelen páholyából másokat harcra biztató lantosnak? Ha a magyarok valamelyik regőse az oroszok ellen vívott harcok idején dalolt volna így, a kommunistákat szolgáló népbíróság háborús bűnösként küldte volna vesztőhelyre.

Az Olympos istenei sem különbek az őket alkotó embereknél. Nagyharagúak, neveletlenek. Az aranysarus Hermész született tolvaj. Alig jött a világra, máris elhajtotta Phoebus teheneit. Az Olymposon sohasem volt béke, a gyűlölködő, pártoskodó, irigykedő s embereket gyilkoló, hol meg gyilkosságra buzdító istenek között. Egymást is irtották volna, ha ebben nem akadályozza meg őket, hogy halhatatlanok.

És Nietzsche, a bölcselet és bölcseleti költészet halhatatlanja, ezt a görög világot nevezte életet igenlőnek s a kereszténységet az elnyomottak bosszúszomját kiélő fanatizmusnak, az életöröm tagadásának.

Pláton nem osztotta volna Nietzsche véleményét. Az ő elképzelt államában Homéros sem tehetné be a lábát, és más lantos sem, mert „az ifjúságot hazug mesékkel térítik le az erény útjáról". Pláton a mitoszok helyébe a jóság piramis-ormára helyezi az örök eszményt.

Az atheni színpadon remekírók avatják dogmává a végzet akaratát. Az anyjával összeházasodó Odipus hatása oly mély, hogy a modern pszihológia szerint minden fiúgyermek átéli az odipuszi komplexumot, vetélytársának érezte apját, még akkor is, ha szereti azt.

A gyilkosokat isteni, félisteni rangra emelő görög mítosz meghódítja a Hellaszt leigázó rómaiakat is. Az ő mítoszuk azonban

132

Vergilius Aeneaszával erkölcsösebb, humánusabb a hameroszinál. A sziriai Samasotában született Lukijános csípős iróniája pedig lerántja a leplet a mítoszokkal teremtett istenekről is, akik valóságként éltek a görögök tudatában. A rómaiaknál már üres formaság az istenek kultusza. Hitetlenségük bizonyítéka, hogy istenekké nyilvánított császárok szobrai előtt mutattak be kultikus áldozatokat.

Apulleius Aranyszamarában a varázsló bozsorkány és Isis istennő csodatevő rózsái csupán azt a célt szolgálták, hogy az aranyszamárrá változtatott és különféle kalandokat átélő regényhős szinte riportszerű hűséggel mutathassa be kora Karthagójának társadalmi életét.

Az ókori irodalmat követő keresztény irodalom a hitvallás és hitvédelem évszázadokig tartó korszaka. Az irodalmi vérengzést Szent Jeromos és Szent Ágoston szavai szüneteltetik. A vitézi énekek, lovagkori költemények, a Tristan-monda, Gral legenda mögül átvilágít a kereszténység. A Niebelung-ének lovagjaival ismét jelentkező vérengzést enyhíti a keresztényi hatás.

XIV. század hozza meg az Inferno szörnyűségeit, a Purgatorióban kínszenvedéssel való megtisztulást, a Paradicsomban való megdicsőülést az örök életű Divina Comediával. Dante nem sokkal halála előtt, 1321-ben fejezte be a katolikus gondolatot nagy egységbe foglaló művét, amely mindazóta a titkok mélységét kutató modern ember olvasmánya. Ő a legkatolikusabb író, mégis nála jobban kevesen vétettek a könyörület evangéliumi kívánalma ellen az irodalomban.

Inkvizíciós részvétlenséggel alkotta Poklát, írta le a „bugyrai"-ba került szerencsétlenek szenvedéseit és barátait, ellenségeit hajította az örök lángok közé. Ő maga is növeli a szenvedők szenvedéseit. Az egyik elkárhozottnak a haját ráncigálja, mivel az nem hajlandó megmutatni az arcát, egy másiktól megtagadja azt a pillanatnyi enyhülést, amit azzal szerezne, ha kitörölné szeméből a jéggé fagyott könnyeket.

De miért küldi V. Celesztin pápát oda, ahol többé nincs remény? A titkok bús honába, hol örök a sóhaj, sírás, rekedt jaj, káromlás, átok? A benedekrend szentéletű remetéjét, akit a biborosok testülete két esztendőnél hosszabb konkláve után csupán azért ültetett a pápai székbe, hogy valamiképp véget vessen a pápai hatalomra törekvő vetélkedéseknek.

Dante a gyávaság bűnében marasztalta el Celesztint és vérét szívó dongókkal, darazsakkal, férgekkel gyötörtette testét. Re-

133

mekművében megörökített személyes harag megtorló vágya sugallta ítéletét. V. Celesztin megbocsáthatatlan bűnéül rótta föl, hogy rövid uralkodása után alkalmatlannak tartotta magát a világegyház vezetésére és Dante legnagyobb ellenségének, Gaetáni biboros rábeszélésének engedve, a VIII. Bonifác néven uralkodó Gaetánit juttatta pápaságra.

Az Egyház később V. Celesztin szentté avatásával hatálytalanította Dante ítélkezését. Ezzel kapcsolatban érdekes dátumok keletkeztek. Dante májusban született, egyesek szerint 27-én, de ez nem bizonyos. Lehet a szentté avatás idején még tudott volt születésének dátuma, és célzatosság tehette Szent Celesztin ünnepévé május 19-ét, Dante születésének esetleges napját.

Shakespeare, az emberiség nagy tanítómestere három évszázad múlva követi Dante vérengző hajlamát. Drámáinak nagy része vérrel árasztja el a színpadot. Hősei fejedelmi meg főúri gyilkosok. Machbeth megkoronázott gonosztevő. Hős hadvezérként, a „diadal kiszemeltje"-ként mutatkozik a darab kezdetén, leveri a király elleni lázadást, aztán kastélyába csalja és orgyilkosok gyávaságával szúrja le az alvó királyt, hogy saját fejére tehesse a koronát. Felesége és cinkostársa, lady Machbeth e gaztettben való részvételekor a szellemekhez folyamodik, hogy irtsák ki belőle a nőt és túláradó, ádáz kegyetlenséggel töltsék meg a lelkét.

Az elkövetett bűn továbbiakat hoz. A királlyá koronázott Machbeth feleségét lelki zűrzavar őrli s Machbeth, aki érzi az átok súlyát, így jajdul fel:

Ebből gyógyítsd ki! Nincs
Gyógyszered a lélekre? Nem tudod
A gond emlékét tövestől kitépni,
Az agyba írt kínt elmosni, s a zsúfolt
Szívből valami édes feledés
Ellenmérgével elűzni a rosszat,
Amitől így szorong?

A történelmi valóság az, hogy Machbeth nagy és erőskezű király volt, törvényes joggal a trónhoz. Nyílt harcban győzte le ellenfelét, a trónbitorló I. Duncant. Shekaspeare téves adatok alapján rajzolta meg alakját, vagy az felelt meg vérengző királyokat ábrázoló hajlamának.

A Lear királyban szörnyűbbnél szörnyűbb események követik egymást. Cronwall egy székhez kötve kínoztatja a királyhoz hű

Glostert. Ő maga is tépi áldozata szakállát s miután a földre döntötte, sarkával üti ki Gloster mindkét szemét.
„Sirás, sikoly tépi az eget."

Az angol színpadokon, Shakespearéval egyidejűleg és őt követően is, rémdrámák szolgálták a nézők szadizmusát, amíg annak véget nem vetett a puritánok erkölcsi felháborodása. Tolsztoj, aki az élet teljességét, rémségek túlzott bemutatása nélküli valóságában ábrázoló realista volt, Shakespearéről írott könyvében szenvedélyesen, szinte gyűlölködve rója meg Shakespearét nem csupán azért, mert közönséges plágiumnak minősítette az egyes forrásmunkák, adalékok felhasználását, hanem tragédiának viharos vadságáért is.

Nem vallja a világirodalom egyöntetűen dicsőítő ítéletét az „avoni hattyúról". Műve merész ellentmondása annak, amit a kortárs Ben Johnson így hirdetett a Hableány csárdában vele italozó barátjának és mesterének, William Shakespearének emlékezetére írott versében:

Ragyogj költők csillaga és ne und
szidni s emelni romló színpadunk,
mely tüntöd óta éjnap
gyászkomor:
homálya csak műveidtől oszol.

(Szabó Lőrinc fordítása)

Shakespearenél a rémségek hatása átszivárgott a gonosztevőket, kísérteteket szerepeltető német rémregényekbe. Folytatódik a vérfolyam. Nagyoknál is. Goethe írói pályája az öngyilkosságok szentimentális járványát előidéző és öngyilkossá lett Wertherrel kezdődik. Schiller a Haramiák című első színdarabjában egy rablóvezérré vált nemeslelkű gróffal áll véres bosszút a kor vezető rétegének zsarnoki előítéletein.

Tragikus szörnyűségek teszik izgalmasan érdekessé a francia Sue regényeit, elhomályosítva azok erkölcsi célzatát. Ez nem csak az olvasóknál tette keresettekké, hanem hatással volt a történeteik érdekességét rémségek leírásával fokozó remekírókra.

Dosztojevszkijre is! Ő új irányt jelent a vérengző irodalomban a belső emberből kiinduló sötét lelki titkok megfejtését kereső, gyilkosságok, öngyilkosságok, tömeghalálok élethű leírásával. Nyomasztó hatását nem enyhíti az emberiség megváltásának krisztusi gondolata. A szegények, betegek, megalázottak és megszomorítottak írója ő, akinek embersorsokról, társadalomról adott rajzán, bűnök seregszemléjén, raszkolnyikovi egyetemes gyónáson átragyog ugyan a Hegyi Beszéd szelleme, de mégsem teszi sem emberibbé, sem jobbá az embert.

„A vallási kultusz, a szenvedés megszállottja" — mondja róla a Nagy orosz regény című művében De Vogué. De vajon hány olvasóját tette vallásossá és békén szenvedővé? Olvasásától nem egy csodálóját tartja vissza a le nem küzdhető iszonyat.

Nincs vég, nincs megállás, tragikus rémségek végestelen áradása az irodalom. A legnagyobb írók legremekebb alkotásai gonosztettekről, gyilkosokról, vérengzésekről és a balsors markába került ember szenvedéseiről szólnak.

„A mű az indulatok túlzásait letompító és harmóniát kiváltó alkotás", mondja Arisztotelész.

De igaz ez? Vagy ha csupán az alkotók elé tett követelmény, azt nem épp a legnagyobbak tagadták meg?

A mi magyar íróinkkal szemben alig emelhető e vád. Az epikai hagyományokat követő Zrinyiász mögött a bűnbe süllyedt magyarságot megfenyítő isteni ostor suhint. A Zalán futásában párducos Árpád véres csatáinak leírásával a magyarságot riasztó hazaszeretetét élte ki a reformkor huszonnégy éves költője. A Toldiban egyetlen jelenet sem vérfagyasztó, még a cseh bajnokkal vívott párviadal sem.

Regényíróink is alig-alig vétenek az arisztotelészi követelmény ellen. A Rab Rábi, A falu jegyzője ugyancsak a nemzetnek szóló intelem. A Lőcsei fehérasszony megkínoztatása kivétel, a Fatia Negra rémségei csupán az érdeklődés ébrentartói.

A Bánk bánban sincs vérfolyam s az erkölcsi felháborodásból elkövetett gyilkosság hatását a király megbocsájtó cselekedete oldja fel. Az ember tragédiája sem vérengzések sorozata, hanem a filozófus költő tűnődése az emberiség létezésének végső céljáról.

De ki olvasott borzalmasabbat, minden erkölcsi célzat nélkül, egyedül borzalomkeltésért, a Hitlerhez szegődő Hans Heinz Ewers Alraune meg a Pók című művénél?

Avagy a politika másik pólusán feltűnt, Nobel-díjas Albert Camus szörnyű gaztetteket bemutató, Tévedés című színdarabjánál? A történelmivé vált szellemóriások alkotásainak vérengzésében történelem van, történelmi szereplőkkel, s ha nem azokkal, akkor is erkölcsi tanulságot rejtő tettekkel. Camus színdarabja rémségek zseniális és fullasztó halmozása. Hátborzongató irodalmi bűvészkedés. Elkövetett gyilkosságok után, újabb gyilkosság

136

tervét szövi az özvegy anya és leánya. Nem sejtik a bűnös örömre sújtó végzetet. Az újabb áldozat az anya saját fia, a lány édes testvére lesz.

— A bűn szép — mondatja mégis az anyával Camus, a tett elkövetése után.

Magas, legmagasabb színtű irodalomba kevert lelki mérgezés a Tévedés.

Mentség erre, hogy „jön egy óra, amikor minden gyilkos mindenre használhatatlanná váltan halállal bűnhődik"?

Ha léteznek is a két gyilkos nőhöz hasonló nők, művészi megelevenítésük az olvasóban rejlő bűnöző hajlam kielégülését szolgálja. Nem indokolja, nem is enyhíti rémségeit a shakespearei vágy: „Édes feledés ellenmérgével űzni el a rosszat."

Camus Tévedése tágabbra tárja a kaput, amelyet a detektív történetek felfedezője, Edgar Poe tárt ki az irodalomban s amelyen Conan Doyle, Maurice Leblanc, Gaston Leroux bűnügyi meg fantasztikus regényeit követik a zseniális Sherlock Holmes detektívvel, a rokonszenves Arsine Lupin betörővel és az Operaház fantomjával. E művek népszerűségére és a kor vezetőinek irodalmi ízlésére jellemző, hogy Conan Doyl elnyerte a „Sir" rangot, amit nem értek el oly nagyok, mint Bernard Shaw meg Aldous Huxly.

Mind alantasabb célzatú regények jelentek meg gyilkosságok, majd sexuális mérkőzések részletező leírásával. Azokat ábrázoló képekkel a könyvek borítólapján s csakhamar a TV képernyőin is. A vatikáni index congregatio 1915-ben a tiltott könyvek jegyzékére tette Székesfehérvár szentéletű püspökének, Prohászka Ottokárnak három tudósi munkáját, de nem figyelt fel arra, hogy a tömegeket miként mételyezi az erkölcsrontó ponyva. A rendészeti hatóságok pedig közönnyel veszik tudomásul, hogy a „krimik" írói új és korszerű módszerek alkalmazására oktatják regényeikben a bűnözőket.

„Az erkölcs Isten tervének sikerén való fáradozás", mondja Teilhard de Chardin, de e sikerért való fáradozásnak nevezhető-e maga a klasszikus remekmű, Platon Lakomája, amelyben a költői siker babérjával koszorúzott tragédiaíró Agathonnál rendezett italozáson szép fiúk szolgáltak fel s a vendégek között volt a moralista Sokrates is?

Nem a Xnenophon Memorabiliájában megörökített s az erkölcsi igazságot kereső férfi, nem is a rettenthetetlen katona, nem Xantippe papucshőse, sem a halálra kész aggastyán, aki majd oly

137

egykedvűen üríti ki a méregpoharát, hanem a szép fiúkba szerelmes, „ördögien gonosz csevegő. Az ezerarcú!"

Agathon és az ifjúsága szépségében tündöklő Alkibiadesz közt nyúlt el a heverőn. Az utóbbi nem egyszer bújt meg az ő darócgúnyája alatt. Férfiakat szeretnek és „örülnek, ha azokkal hálhatnak, ölelgethetik őket..." „Lelkükben termékenyek", mondják magukról, és azt is mondják, hogy „szellemi gyermekeiknek templomokat szentelnek az emberek, míg az emberi gyermekek miatt még senki sem kapott templomot."

Platon a férfiak közti szerelem magasabbrendűségéről szóló bölcselkedést helyeslően mondatja el a jelenlévőkkel. Az a Platon, aki utopisztikus Államából kitiltja a költőket, mert félti tőlük az ifjúságot s a szépnek, jónak, igaznak megvalósításában látja az emberi törekvések fő célját. A Lakomában nincs vérengzés, de vajon a férfiak közti szerelmi viszony magasztalása nem mételyezőbb-e a vérengzésnél és a szexuális élet bemutatásánál is?

A lovagkor költői a klasszikus műveltség könyvei közé iktatott Lakoma szellemében platonikusnak nevezték az érzéki vonatkozásoktól megtisztult szerelmet, feledve, hogy a Lakoma résztvevői által dicsőített s az antik világ előkelő köreiben elfogadott férfiak közti szerelem ugyancsak nem volt platonikus.

Az Egyház bűnnek minősítette, a keresztény világ törvényei büntették s az angol bíróság a lord Douglas által kierőszakolt könyörtelen ítélettel sújtotta a saját neméhez való beteges vonzódásért kora legünnepeltebb íróját, Wilde Oscart, aki az apa által eredménytelenül tiltott barátságot tartott a Doryan Gray című regénybe rajzolt, alig húsz éves, ifjabb lord Douglassal.

A homéroszi alkotás óta a belső ember önmagáról tett vallomásaival gyarapodott az irodalom. Akkor történt ez első ízben, amikor először hangzott el titokzatos gyönyörtől megszállottan: „Szeretlek!" A szó, amellyel megszületett a szerelmi líra és a próza oly sok remekműve.

A való élet történéseit megörökítő elbeszélő irodalom és színpadi művek az embereknek egymással és a rájuk mért végzettel vívott harcának a tükörképei. Az élet öröktől fogva tartó vérfolyam, amely vérfolyamként ismétlődik az irodalomban. Mennél hűbben a valósághoz, annál hívebben ahhoz a rendeltetéséhez, hogy az ember ismerjen önmagára és az eljövendő korok mind azt ízlelhessék az irodalomból, amit a történetírás nem tud láthatóvá és érzékelhetővé tenni.

Első csírázása annak a hírnöknek az előadása lehetett, aki az őserdő vadjaival, ellenséges törzzsel vívott véres harcokról számolt be odahaza. Az emberek unottan fordultak volna el az olyan regőstől, aki a jótettek elbeszélésével akarta volna szórakoztatni őket. Az ember szórakozni akar a szépirodalom által s az élet valóságot ábrázoló remekművekben is azért örök a bűnözés és vérfolyam, mert vérengző maga az élet is. Goethe így határozza meg Tassojában:

Szép bizony a világ és annyi jó
hullámzik ide-oda tág terén.
Ó! miért is, hogy tőlünk mindig egy
lépésnyi távolban lebeg az üdv
s lépésről-lépésre csal át az életen
szorongó vágyunk, míg a sírhoz ér!
(Szabó Ede fordítása)

Van azonban egy kétezer éves, lenyűgözően örök, égi derüt árasztó s a sírtól való félelmet eloszlató mű arról, miként érkezett a földre, mit tett és tanított Jézus, magához híva mindazokat, akik megfáradtak és megterheltettek. Ebben az álomszerűen szép és egyedülállóan napfényes történetben is van gyilkosság. A királyságát féltő Herodes megölette Bethlehem kisdedeit, Salome kérésére fejét vétette János prófétának, Jézust megfeszítették a főpapok meg írástudók, de a Golgota bűnöket megváltó véres eseményét a feltámadás vigasztaló végjelenete zárja le.

A testvéri szeretetet hirdető kereszténységet, amelyet Nietzsche igaztalan ítélkezése az életöröm tagadásának, az elnyomottak bosszúszomját kiélő fanatizmusnak, az antik görög világot pedig életigenlőnek nevezi, maga Homérosz cáfolja meg Achilleusz szavaival, aki így szólt a fiát sirató Prianusznak:

Isteneink a szegény múló embereknek ekkép
szőttek bús létet, míg őket a gond sose gyötri.

MEDDIG MAGYAR A MAGYAR?

Az első gyilkosságot, amelynek tettesét Kainnak nevezi az ősmúltról emlékező sugallat, egymással vetélkedő egyének, törzsek, nemzetek, államok háborúkká növekedő gyilkosságainak mindmáig hömpölygő vérfolyama követte. Kontinensünket hiába rázta meg másodszor is világháború. A győztesek nem okultak Versaillesben és Trianonban elkövetett tévedésikből. Békekötés helyett káini megtorlással sújtották legyőzött ellenfeleiket, és ezzel új gyűlölködés magvát hintették el. Húsvét közelít!

Megváltásról zengenek templomai kórusok és ugyanakkor újult erővel törnek ki rejtekükből az alvilág démonai. Kezükben öldöklő fegyver, ajkukon uszító jelszavak. Ahol minden megadatott ahhoz, hogy az ember gyönyörrel élvezhesse e föld pazar szépségű Édenét, örömtelenné teszi gyűlölködés, vérrel öntözi boszszúvágy.

A középkor komor apologétáinak lenne igazuk? Földünk a siralom völgye? Mikor következik be, bekövetkezik-e valaha is az egy akol és egy pásztor ígéretének örök békét hozó teljesülése?

Negyedszázadnál hosszabb idő telt el a halotti tor óta, amelyet Potsdamban, Nürnbergben, Párizsban tartottak a győzők s e végzetes lakomák következményeképpen, leigázottak elkeseredését s a felborult rend zűrzavarát hasznosító fanatizáltak újfajta hadviselése keletkezett.

Bombák robbannak középületekben, templomokban, emberrablással zsarolnak terroristák, államvezetést bénítanak munka-beszüntetések, jogrendet veszélyeztetnek utcai tüntetések, kőzáporral ostromolnak egyetemeket, bántalmaznak foglyul ejtett tanárokat hosszúhajú, szakállas diákok, Irországban szovjet fegyverekkel gyilkolja önmagát egy nép, Argentínában a közrend védelmére felesküdött rendőrök sztrájkolnak és tüntetésekkel veszélyeztetik a jogrendet, kétmillió földönfutóvá tett palesztin Fekete Szeptembere zsidó atléták lemészárlásával robbantja szét az olimpiai békét, utasszállító repülőgép száznégy utasát küldik halálba izraeli légivadászok, három diplomata legyilkolása ad rá kegyetlen és oktalan választ, Vietnámban kikiáltják a fegyverszünettel egybekötött hadviselést, destruktiv jóslatok a pápaság megszüntetését hirdetik, kábítószerektől tántorgó fiatalok válnak az anarchia eszközévé, nemi felvilágosítás nyiltszíni módszereiből erkölcsi alapelveket megtagadó fiúk, lányok életközössége keletkezik, Bengáliában kétmillió gyermeket megvakulás fenyeget, s háborúskodás alatti éhség következtében, az emberszeretet meg a költészet hangja lehalkul, s az Amerika Hangja egyik márciusi magyar adásában így kiált a világűrbe: „Az Osmondok muzsikája megfelel a tizennégy éves lányok nemi fantáziájának."

Amerika békevágytól áthatott elnöke pedig az egyre kuszáltabb nemzetközi életben olyan légkört akar teremteni, amely nemzedékek számára biztosítaná a békés fejlődést. Elképzelhető ez?

Az egymással farkasszemet néző Kínát és Szovjetet aligha gazdasági, ipari érdekek kényszerítik békülékenységre a továbbra is imperialistának bélyegzett Amerikával, hanem az a körülmény, hogy Amerika védelmére, legalább is semlegességére van szükségük, ha kirobbannak a köztük lévő ellentétek.

A béke, amelyet Nixon akar, talán befedi egy időre, de meg nem szünteti a keresztény és kommunista világnézet közt tátongó űrt. Nem lehet nemzedékekre szóló békét kötni olyan hatalmakkal, amelyek nyíltan hirdetik, hogy meg akarják szüntetni a nyugati népek államrendszerét és kommunistává akarják tenni az egész világot.

Egyesek — bennük lévő félelmek elől menekülve — új világ születéséről képzelegnek, amelyben megszűnik a tűz és víz ellentéte és fából készül a vaskarika, mások meg kommunista rokonszenvből, a kommunizmus újabb térhódítását ünneplik a Kínával és Szovjettel barátkozó Nixon törekvéseiben.

A békésnek látszó felszín alatt tovább izzanak az összeegyeztethetetlen világnézeti ellentétek mindaddig, amíg a kommunista államrendszereket meg nem dönti türelmüket vesztő népeik lázadása, vagy nem kényszeríti térdre külső hatalom katonai túlereje.

Mi magyarok — aknásított műszaki határzáron túl és az azon inneni nyugati térben — kétségek közt várjuk, miként végződik a világnézetek harcának mostani viharos korszaka, de e harcban nem vehetünk részt. Csak azt tehetjük, minden erőnk igénybevételével, hogy a népek tengerében való elmerüléstől védjük nemzetünket, amíg el nem ülnek az egymással mérkőző hullámok és ki nem tisztul a légkör.

Otthon és az idegenben, nyelvünket tovább fejlesztő írókra, nyelvoktató pedagógusokra vár a feladat, hogy a nemzet Széchenyi igéjét követve, nyelvében élhessen. Megmaradásunk egyetlen fegyvere és menedéke ez.

Amíg magyarul beszél a magyar, amíg magyar szóval pendül költőink lantja, s amíg rendőrállammá tett Hazánk bátor ifjúsága, miként ez év márciusának idusán is, azért vonul a Petőfi-szoborhoz, hogy ott megtorlást vállalva, nacionalizmusa mellett tüntessen, addig el nem taposhatóan, más népekbe nem olvaszthatóan magyar a magyar.

NEM ÜTÖTT AZ ÓRA

Hány esztendő pergett le az idő vén fáján azóta, hogy el kellett hagynom hazámat, ahonnan sohasem vágyódtam idegenbe? Látnivágyásom egészét betöltötte a tér, amelyet a magyar határok zárnak magukba. Bejárni imádott tájait, tanyák, falvak, polgári otthonok, kuriák lakóival verődni össze közös bánatban, örömben, érzelemben, és poharat üríteni felülmúlhatatlan hangulatú magyar asztaloknál. Számomra jó csak az volt, ami magyar, a derű ésború két véglete közt hullámzó világ. Miénk a szép élet titka: otthonainknál nincs melegebb, asszonyainknál nincsenek szebbek, kenyerünknél nincs ízesebb, borunknál nincs zamatosabb, és nincs fajtájával öröklött úri gőgben pazarlóan melegebb szívű ember a magyarnál, póri sorsban épp úgy, mint főnemesi rangban. Elképzelhetetlen volt másutt élnem, mint Magyarországon. Büszke elfogultsággal vallottam:

— Extra Hungarian non est vita, si est vita, non est ita.

Aztán mégis úgy kellett átsomfordálnom a magyar határon, mint kivert kutyának hűséggel őrzött ház kapuján. De csak testemet űzhették el. Ami szeretet, féltés, közösségi érzelem volt bennem, az mind odahaza maradt. Hontalanságomban is kitagadhatatlanul örök polgára vagyok hazámnak, aki nem akar idegen földben gyökeret verni. Nem akar új hazát, és kiolthatatlan reménykedéssel hiszi, hogy a hontalanság óriás vargabetűje előbbutóbb hazavezeti mindazokat, akik nem könnyű boldogulás lehetőségének, hanem küldetésnek tekintik száműzetésüket a lenini világnézet vörös tengerében elmerült honfitársaik érdekében.

Mindazokat, akik nem tudják feledni a hazájukban osztálygyűlölet számkivetettjeiként tengődő otthonaikat, sem a szabad akaratuktól megfosztott rabszolgák millióit szántókón, gyári műhelyekben. Mindazokat, akik tudni akarják, hogy mi van az anyai hivatás örömétől megfosztott nőkkel, a nemzeti hagyományok követésétől eltiltott ifjúsággal és a hitélet paradicsomából kiűzött lélekkel? Mi van a nemzettel? A tízmillió magyarral?

Böngésztek lapokat, hallgattak rádiót, hogy megtudhassák a magyarság felé vágtató jövő titkait. Töprengtek, vitáztak és lázítottak is ott, ahol a csüggedők feladták a reményt. Álmukban ávós emberkínzás pincéiben szenvedtek meggyötörtetést, hallottak éjszakák csendjébe visító csengetéseket, átélték nyombani kitelepítések vad hajszáját, zsúfolt marhavagonokban étlenséget, szomjat, és az iszonyatot is hajlékul kijelölt istállókban. Ostromoltak hatalmakat, és azok vezetőit is ostromolták a magyar nemzet igazáért, intézményeket létesítettek a magyar ügy érdekében, sajtójukkal, irodalmukkal harcoltak a külföld közönye ellen, és tartották a hitet a hontalanokban.

A hontalanság nem mihaszna állapot. A hontalanság áldozatot kíván mindazoktól, akiket hazátlanná tett a zsarnokság. Az élete biztonságát élvező emigráns kötelessége jótékonysági intézményeket zaklatni, hogy segítséget kaphassanak az otthoni lerongyolódottak, nélkülözők, betegek, öregek. A magyar emigráció ruhaneműt, élelmet, orvosságot tartalmazó csomagok százezreivel tett bizonyságot arról, hogy szívén viseli hősként tisztelt, féltveféltett otthoni véreinek sorsát és képviseli érdekeit. Szállóigévé lett s nem alaptalanul, hogy ahány hontalan magyar él nyugaton, az otthoni magyarságnak ugyanannyi követe van.

Így teltek, múltak fordulatot váró évek. Olykor összedugtuk fejünket azokkal, akik utánunk jöttek és elsuttogták a hazából hozott híreiket. Bármily szomorúak voltak is e találkozások, emlékezéssel sok-sok halottra, kallódó életre, „liliomhullásra, hervadásra", mégis széppé tette hitet adó reménnyel, hogy e menekültekben nem száradtak ki a nemzeti érzésből táplálkozó lelki gyökerek. Csak tűrésre, alkalmazkodásra kényszerítette, de nem

143

törte meg őket az otthoni terror. Nem vallották, mint nemrég hozzám látogató rokonom, hogy elháríthatatlan fejlődésből keletkezett rendet nem lehet, nem is kell megszüntetni. A kommunista tanok meggyőződéssé váltak az emberekben, a kommunista erkölcstan nem ellentétes a keresztényivel, és ha az utóbbiból kivonjuk Isten fogalmát, akkor nincs is különbség a kettő között.

— Te mondtad ezt öcsém, ősi magyar család keresztény szellemben nevelődött gyermeke, aki a tiéddel merőben ellentétes elveket valló nyugati barátaid segítségével utazgattál Európában. Húsz év telt el utolsó találkozásunk óta, s te ezalatt híve lettél annak az eszmének, amelyben világveszedelmet láttál húsz év előtt. Vagy amit hangoztattál, az csupán igazi meggyőződésedet burkoló máz volt, mert súlyos következményekkel járna, ha hazatérve rádolvashatnák, hogy távolléted alatt megtagadtad a rendszert?

De ha így volt, meggyőződésedet miért hangoztattad azok előtt is, akik két világnézet között ingadoznak s akiket megmételyeztél érveiddel? Miért tetted lehetővé, hogy bizonyítékként hivatkozhassanak rád a bolsevista propaganda nyugati ügynökei? Aláaknáztad a lelki gátat, amellyel az emigráció segíti a bolsevizmus ellen védekező nyugatot. Miért állítod, hogy odahaza ismét félelem nélküli az élet, ha utána ijedten kérsz arra, hogy ne adjam tovább azt, amit elszólásból mondtál? Miért kétséges, hogy a jövő évben kijöhetsz-e ismét nyugatra, ha igaz az, hogy a kommunista államrenden belül épp oly szabad a polgár, mint nyugaton?

Gondolkozzál azon, amit mondtál, tettél, és jusson eszedbe, amikor szembe kerülsz majd egy új nemzedékkel, amely megcsömörlött attól, ami téged megszédített, amely nemzedék a javak igazságos elosztásának nagyon is szűkre szabott igényén túl, valami magasabb és örökérvényű rendeltetését keresi az emberi létnek, magyarázatát a tudatos tökéletesedés folyamatának és annak az adottságunknak, amely a lények világában egyedül az embert ruházta fel a végső ok felismerésének vágyával. Ez a lelki utakat járó, misztikumra hajló új nemzedék nem fogja tisztelni benned az árulót.

Te és a hozzád hasonlók, akik az otthoni élettől „kiborultan" szórakozni, adomány-alamizsnát gyűjteni jöttetek nyugatra, nem ti voltatok a puszta kézzel tankokat rohamozó hősei az 56-os csodának. Ti falaitok közé húzódva vártátok a küzdelem végső kimenetelét, hogy aztán hajlongó dicsekvéssel nyerjétek el hősöket eltipró zsarnok kegyéből, osztályidegen származástok bűnbocsá-

144

natát. Haszonleső megalkuvók otthon, nyugaton pedig a kommunista propaganda önkéntes partizánjai. Áradoztok az állapotok javulását hozó enyhülésről, a rendszer alkotmányában az élre helyezett dolgozók viszont bús mosollyal nyilvánítják néma véleményüket. Ez a némaság mindent elmond az otthoni életről és rólatok is.

Ti már emlékét is feledtétek a fölséges mámornak, amely néhány napra szabaddá tette hazánkat. Mi is hallottuk és sohasem feledjük a bilincseitől szabadult nemzet hangját, amely Kodály viharzúgásból hangszerelt zsoltárában ezer év keservét, megelégelt szenvedések haragját kiáltotta Zrínyi szavaival a világ felé: „Ne bántsd a magyart!" De a világ, ha hallotta is, nem fogadta meg, ha csodálta is, mozdulatlan maradt. A hazátvesztett hősök szétszóródtak, de a zsoltár fel-felcsendül mindenütt, ahol négy-öt magyar összehajol a nyugati félteke magyar életekkel hintett térképén.

Mondtad, mondani merészelted azt is, hogy ha a szovjet tűrte és tűrhette volna az „ellenforradalom" győzelmét, akkor hatalomért versengő pártok vitték volna véres polgárháborúba a nemzetet. Szerinted Kádárnak köszönhető, hogy ez nem következett be, de hallgattál a valóban bekövetkezett vérfolyamról, amellyel az árulás árasztotta el az országot. Arról is hallgattál, hogy az októberi szabadságharcot nem verhette volna le a szovjet, ha a nyugati hatalmak nem hagyják sorsára a bolsevizmus elleni harc legdicsőbb cselekedetét. Beszéltél arról, hogy odahaza elégedettek az emberek, megnőtt az életszínvonal, és Budapest a vidám életkedv csillogó városa ismét, amelyet egyre nagyobb számban keresnek fel és elragadtatással csodálnak az idegenek. De hallgattál arról, hogy a múltban is elragadtatással csodálták Budapestet, hogy életkedvének vidám csillogása ismételt visszatérésre bűvölte a brit birodalom trónörökösét, és hogy a múlt hagyományainak felújítása nélkül, élő halottak dermesztő városa lenne, amelyet borzalommal kerülnek el a turisták.

Leckéztetően oktattál arról, hogy valótlanok a magyarországi uralom elleni vádak, hogy megszűnt a terror, nincsenek többé osztályidegeneket kirekesztő rendelkezések, mindenki boldogul, aki dolgozni akar, hatalmas építkezések, népjóléti intézmények, viruló szellemi élet, tudományos, irodalmi, művészeti alkotások, könyvek százezres kelendősége bizonyítja a nemzetért fáradozó kormány és a kormányával elégedett nemzet összefogását, a zsúfolt templomok pedig döntő cáfolatai a rágalomnak, hogy Magyarországon üldözik a hitéletet. Potemkin látszatokat mutogattál, aztán szédelegve álltál meg pompás városrészek látványa előtt, amelyet néhány év alatt létesítettek nyugati városokban, vásárlási vágytól részegülten bámultad kirakatok pazar áruit és azt látva, hogy egy láda sört visznek egy segédmunkás lakására, így sóhajtottál fel:

— Itt jólét van!

Ha nem szólod el magad számos esetben és hitelt érdemelne, amit mondasz, akkor arra kellene következtetnünk, hogy bekövetkezett a beletörődéses, néma nemzethalál, amelytől Vörösmarty féltette népét. Akkor a magyar emigrációnak fontolóra kellene vennie, van-e még történelmi küldetése, szabad-e várnia és akarnia az otthoni állapotok változását.

Itt voltál, és itt voltak a hozzád hasonlók. Jöttetek vonaton, autocarral, saját gépkocsin várostól-városig vendégeskedve. Többen tengereken túlra is átruccantatok. Kitáruló karokkal fogadott benneteket mindenütt a rég várt viszontlátás kitörő öröme, s ti csalódottságot, keserűséget, reménytelenséget kevertetek a nektek töltött italokba. S miután vendéglátóitok lehetővé tették, hogy hazulról hozott hetven dollárotokból sem szállásra, sem élelemre ne kelljen költenetek, felvásároltátok az odahaza nem kapható cikkeket, és gazdag rakományotokkal tértetek vissza a magyarországi szovjet paradicsomba. De bármennyien is jöttetek, olvadásról, enyhülésről áradozva, a nemzet nem jött. A milliók otthon maradtak. A földek, gyárak dolgozóinak mozdulatlan tömege nem hallatta szavát, belőletek pedig nem a nemzet szólt. A magyar lélek hangját azokból az örömsikolyokból hallottuk, amelyekkel gyermeket, házastársat, édesanyát öleltek azok, akik nem vígságért, vásárlásokért, látnivalókért, hanem egyedül azért jöttek, hogy átölelhessenek valakit.

A turistáskodás évadja után, hazatértek azok is, akikkel olykor összehajolhattunk közös bánatban, közös reménnyel. De kelet felől, az őszi ködben, őrtornyok fényszóróival figyelt vasfüggönyön át ismét jönnek, jönnek azok, akik nem a nyugatot olvadással megtévesztő rendszer engedett ki, hanem akik életük veszélyeztetésével lépnek át a határon, hogy átadják a nemzet örök életét tűrőn őrző milliók üzenetét.

Enyhülés nincs, megbékülés nincs! Új módszerekkel, de változatlan cél érdekében működik Moszkva kormánya és komor hallgatásba burkolózva, tart a néma ellentállás. Barátok, rokonok üzenik nyomoruk odújaiból, hogy élnek még a penészes fekhelyen, rongyosodó ruhában, növekvő keserűséggel, de kemény arcéllel kifelé, és változásban bizakodó, változatlan reménnyel.

Nem, a fásult beletörődés nemzethalála nem következett be. Még nem ütött az óra, még nincs virradat. A magyar emigráció történelmi küldetése még nem ért véget.

VALÓTLANSÁG A VALÓSÁGBAN

Egy állam életében a nemzeti öntudat és nemzetszeretet szerepe ugyanaz, mint a fa életében a gyökéré. A fa kiszárad, ha elvágják gyökereit, az állam összeroskad, ha népéből kiölik a nemzeti öntudatot.

A bolsevisták a nép nemzeti érzésén a kezdet éveiben ejtett sebeket igyekeztek később behegeszteni, felismerve a nemzeti érzés jelentőségét. Magukévá tették Nagy Péter nacionalizmusát, kultusszal vették körül emlékét, és talán hatálytalanították volna az általa alapított város átkeresztelését is, ha a bolsevizmus atyja iránti kegyelet sérelme nélkül tehetik.

De épp azért, mert felismerték a nemzeti érzés államfenntartó jelentőségét, mindent elkövetnek, hogy az igájukba fogott államokban elhervasszák azt. Tudják, hogy anélkül nem boldogulhatnak és nem érhetik el nemzeti különállásra törekvő népek teljes beolvasztását.

Nemrég ismét tanúi voltunk annak, hogy a leigázott népek egyike miként igyekezett kimenteni nemzeti létét az orosz hálóból. Láttuk az éberséget is, amellyel Moszkva figyelte az uralmát veszélyeztető mozgolódást, és megismételte az 56-os magyar szabadságharc letörésekor alkalmazott brutális módszerét.

A nemzetek és a szovjet közötti viaskodás azóta tart, amióta az Oroszország körül létesített perem-államok gyűrűjén törést okozott a nemzeti alaphoz visszatérő és Moszkvától különváló

Jugoszlávia magatartása. A vérbe fojtott 56-os szabadságharc hatását még nem tüntette el az idő, parazsa otthon tovább izzik a hamu alatt, és a nemzetközi életben vissza-visszatérő érv, valahányszor orosz előretörés miatt hasznosítható. A csöpp Albánia hétszázmilliós sárga óriás palástja mögül csahol, vicsorít Moszkvára, Románia meg a gyík ügyességével surran ki a gazdasági életét kizsákmányoló orosz befolyás alól.

„A nemzetiségi kérdés megoldásának problémája, az ideológiai területről átterelődött a politika terére", írta korábbi eseményekre vonatkoztatva, jóval a nyilvánosságra robbant események előtt, a szlovákiai magyarság helyzetéről szóló tanulmányában Révay István. Ugyan ő említi Michal Pechonak, a szlovák kommunista párt ideológiai osztálya vezetőjének azt a kijelentését, hogy a húsz éves kommunista uralom után a társadalom tudatában erősebb tényező lett a nemzeti az osztálytényezőnél.

A prágai események hatása alatt, a szlovenszkói magyar kisebbség is felsorakozhatott. Két évtized után első ízben tárhatta fel sebeit és kiálthatta világgá, hogy 1945-ben félmilliónál több magyart, Szlovákia őslakóit, kollektív elítéléssel taszítottak ki az állampolgárok közösségéből, magyar családok ezreit űzték ki ősi otthonukból és marhavagonokba zsúfoltan, az ország határán túlra szállították és a Csehországba hurcolt magyarokat — panaszolta a Csehszlovákiai Magyar Dolgozók Kultúrális Szövetségének elnöke —, úgy árusították a piacon, mint rabszolgákat.

A reménytelenség és megpróbáltatások évei után, a magyar nemzethez tartozás önérzetével szólalhattak meg a szlovákiai magyarság vezetői és utód-nemzedékek jövője érdekében követelték, hogy az önigazgatás elvei alapján, létesítsenek nemzetiségi államhatalmi szerveket s e szervek az országos államhatalom részeit alkossák. A szlovákiai írók pedig a Magyar Párt kezdeményezéséhez csatlakozva, memorandumukban azt az emlékeztető figyelmeztetést intézték az államalkotókhoz, hogy a szlovák nép történelme folyamán számtalanszor tapasztalhatta, mit jelent elnyomottnak lenni. Gondoljanak erre, miután eljutottak oda, hogy a csehek által elnyomott nemzeti létük teljes önállóságával bontakozhat ki, történelmi hivatása magaslatára emelkedve, és teljes egyenjogúság, önrendelkezés integritásának alapján rendezzék a velük együtt élő nemzetiségek államjogi helyzetét.

Mindez felemelő bizonyítéka annak, hogy hajdani Felvidékünk talajában nem száradt el az ezer éves gyökér s a kisebbségi sorsba került magyarok — akár kommunisták, vagy nem —, nem hűtlenedtek el nemzetüktől.

A nemzeti léthez való ragaszkodást és szabadságvágyat dicső kezdeményezéssel nyilvánító targikus hazánkban pedig, Moszkva leghűségesebb zsoldosai mindent elkövetnek, hogy a magyarság megtagadva múltját, tagadja meg önmagát is. A tengernyi magyar vérrel szentelt Erdélyben dühöngő sovinizmus barbár eszközeivel indítottak harcot magyar nemzetiségű állampolgárok nemzeti léte ellen, s a magyarországi magyarokra telepített moszkvai helytartók az érdektelenség közönyével fogadták ezt, és elnémítják azokat az otthoni honfitársakat, akik szót mernek emelni kétmillió magyar erőszakos beolvasztása ellen. Magyarországot a világ egyetlen olyan államává tették mai vezetői, ahol nem a nemzetet erősítő népszaporulat növelésére, hanem annak intézményes csökkentésére törekszenek.

A csehszlovák politikai életben már láthatóvá váltak a közeli változás jelei, amikor a Magyarországi Ismeretterjesztő Társulat Valóság című lapja a valóságtól távolálló közleményt jelentette meg „A szlovák kérdés a magyar uralkodó osztályok politikájában, 1938-1945" címen. A szerző: Tlkovszky Lóránt. E hosszú és szürke cím alól hunyorgó szellem nem csupán a hajdani vezetőréteg kipellengérezésére törekedett, hanem arra is, hogy felújítva lecsillapult ellentéteket, ellenszenvet keltsen és növeljen a magyarok iránt. Magyarellenes beállítással, hamisításokkal nehezíti a két nép közötti jóviszonyt. Tudás-anyagáról pedig megállapítható, hogy a múlt eseményeiről némiképp tájékozott újságolvasó tudását sem múlja felül, ellenben látható a szándék: rosszindulatúan pártos érvekkel kelletni önmagát a hazai rendszer előtt és elnyerni a magyar határokon túli ellenségek elismerését.

Állításai érdekében érvül vetette be Jechlicska Ferenc nevét is, aki a prágai képviselőházban Hlinka oldalán harcolt a szlovák autonómiáért, de 1939-ben meghalt és már nem támogathatta a magyar kormányt — miként a közlemény állítja —, a Szlovákia felszabadítása utáni politikájában. Azt is állítja, de egy szóval sem bizonyítja, hogy Tuka Béla a magyar érdekű politizálás egyik legjellegzetesebb alakja volt, a benesi korszak elején történt letartóztatása előtt, de meg sem kíséreli annak magyarázatát, hogy a nyolc esztendei bebörtönöztetésből szabadult és a csehek jóvoltából fél vakká nyomorított Tukát mi késztette arra a pálfordulásra, hogy állítólagos előző magatartását megtagadva, a Magyarországhoz való csatlakozás helyett, Szlovákiának a hitleri hatalom védelme alá való helyezését egyengesse, azokkal a nem kis számban lévő szlovákokkal ellentétben, akik a magyarokkal való államközösségben látták hazájuk boldogulását.

A közlemény szerzője le meri írni azt is, hogy a kisebbségben lévő magyarok helyzete számos vonatkozásban kedvezőbb volt az anyaországban élő magyarokénál. Nem tévedett volna azonban, ha csupán azt állítja, hogy Magyarországon a 101 napos kommunista rémuralom letörése után, kommunista szervezkedést tiltó törvénnyel igyekeztek csírájában fojtani el minden kommunista megmozdulást, ami megengedett volt a Moszkva felé kacsingató Csehszlovákiában, és vezetett a csehek, szlovákok nemzeti államának megszüntetésére a második világháború után.

Valótlanság az is, hogy Magyarországon a hatalom birtokosai azt a tanulságot vonták le a trianoni döntésből, hogy a nemzetiségekkel szembeni politikájuk túlzottan liberális volt, hogy a szlovákoknak adandó autonómia „időnkénti óvatos emlegetése csalétek volt csupán, amelyet egy percig sem vettek komolyan", hogy „az erős kéz hiánya vezetett az elszakadási törekvésekhez", hogy „csupán egy viszonylag szűk kör vélte úgy, hogy a Magyarországtól elszakadt nem magyar népek visszahozásához az erőszakos asszimiláció nyílt formáiról való lemondás és a nemzetiségeknek adandó bizonyos autonóm jogok biztosítása elkerülhetetlen".

A válasz világos és cáfolhatatlan: Mi nem népeket akartunk visszahozni, hanem történelmi területünket akartuk visszaszerezni, nálunk nem volt tábora azoknak az önmagukat túlélő maradiaknak, akik túlzottan liberálisnak tartották az elődök nemzetiségi politikáját, nem volt olyan irányzat sem, amely erőszakos asszimilációt kívánt volna egy újabb államfordulat esetére, és nem tudunk olyan magyar kormányzati tényezőről, számottevő államférfiról, aki a jövőre vonatkozó elképzeléseiből törölte volna a szlovákoknak adandó autonómiát.

A hosszú cím alatti szövegből értesülünk arról, hogy Kelet-Szlovákia határmenti terület sávjának megszerzése „csak arra volt jó", hogy a szlovák köztársaság német védelem alá helyezését elősegítse. Ez ellentmond az események időbeli sorrendjének: Szlovákia kormánya ezt a védelmet ugyanis nyomban megalakulása után kérte. Elővágás volt ez a magyarokhoz húzó szlovákok törekvése ellen. A magyar vonatkozásban a benesi hagyományokat és a magyarellenes Hlinka sovinizmusát folytató, számos politikai frakció csak a magyar kisebbséggel szemben tanúsított egységes magatartást. Úgy, ahogyan Hlinka határozta meg: ,,A magyarok, mint individiumok, szabadon gyakorolhatják emberi meg Istentől kapott jogaikat, de ennél többről ne is álmodjanak."

Az említett dolgozatban hangzott el először a nemzeti hagyományokat káromló állítás, hogy a szentistváni állameszme Trianon után keletkezett. A dolgozat szerzője nem tud, vagy nem akar tudni arról, hogy a szentistváni állameszme a Szent Koronának magyar államiságot jelentő szimbólumával azonos, amelyet már Verbőczy részletesen ismertetett Tripartitumában, s amely szerint a magyar állampolgárok a Szent Korona tagjai s az államterület különböző részei a Szent Korona országai. Timon Ákos jogtörténész ,,A magyar alkotmány és jogtörténet" című könyvében szinte apostoli megszállottsággal hirdette a Szent Koronáról keletkezett tant, amely nem Trianon utáni, hanem egyidős a magyar királysággal.

A hosszú című cikk szerzője ismételten ,,uralkodó osztály"-t emleget, amikor kormányzati meg törvényhozási intézkedésekről szól, mintha a független Szlovákia rövid élete alatt egy bizonyos osztály uralkodott volna Magyarországon, mintha a magyaroknak nem lett volna választottakból álló országgyűlésük, többségi pártból alakított felelős kormányuk, s a bírálat jogát szabadon gyakorló ellenzékük, mint bármely más európai országban. Sőt, azokénál némiképpen erősebb is volt az ellenzéki szellem, mert Magyarországon a sajtó nagyobb része az ellenzéki pártok kezében volt és baloldali világnézetet szolgált számos újság.

Uralkodó osztály, pártnak nevezett uralkodó réteg szerepéről bőven értekezhetne a közlemény műkedvelő történésze, ha azokat az országokat ismerteti, amelyekben egy párt tagjaiból alakult az úgynevezett törvényhozás, ahol a párt által szövegezett úgynevezett törvényeket szavaz meg a képviselőházi kórus, ahol a pártakarat szólistái, az úgynevezett miniszterek, magnetofonok engedelmességével szajkózzák népünk és a világ felé a párttól kapott parancsokat.

Szóval azok az országok, amelyekben nincsenek szabad emberek s amelyekben az állam a népek hajcsára. Kizsákmányoló, amelyről az ifjabb orosz nemzedék költője, Jurij Galanszkov így dalolt ,,Emberi kiáltvány" című versében:

Keljetek hát,
Keljetek föl
Ti tisztavérű lázadók!
Előre hát és döntsétek meg
E rothadt börtönállamot!

A hazai élet szemlélőjét aligha foglalkoztatná, hogy a Valóság hosszú című dolgozatának szerzője miként vélekedik valamiről, ha vélekedését nem olyan lap jelenteti meg, amely pártosságában tudósi színvonalra törekszik. A dolgozat szerzője a felkészültség hamis látszatával vonta be felszínes előadását, nem tudott elmerülni az okokat rejtő előzményekig és bizonyító adatok híján, katedrai kijelentéssel hozta meg a magyar államélet nehéz korszakáról nyilvánított végítéletét. Írásművében ilyen salamoninak hitt „bölcsességgel" is találkozunk: „Annak ellenére, hogy a magyar uralkodó osztályokat akkor már elsősorban Romániával szembeni erdélyi területszerzés foglalkoztatta, Szlovákia helyzetének alakulását is állandóan figyelemmel kísérték".

Mi ebben a meglepő? Magyarországnak épp úgy voltak külképviseleti szervei, mint bármely más államnak, amelyektől tájékoztató jelentéseket kapott, és azok figyelembe vételével irányította külpolitikáját. Nagy mulasztást követett volna el az „uralkodó osztály"-nak minősített kormány, ha az egyik államhoz fűződő érdekei elterelik figyelmét egy másik állammal kapcsolatos érdekeitől. És a műkedvelő történész szerint mely osztály volt az, amelyet 1938-tól 1945-ig egymagában terhel mindannak felelőssége, ami e rövid idő alatt történt? Agrárok, kapitalista bankárok, nagyiparosok, kereskedők, polgári gazdagok, vagy azok együttese volt az „uralkodó" és belső fejlődést hátráltató hatalom? Nem lett volna egyszerűbb és igazságosabb megállapítani azt, hogy a negyedére csonkított országban nehezebben valósulhattak meg a szociálisabb berendezkedés követelményei, mint abban a Csehszlovákiában, amely Magyarország területi megcsonkításával, színmagyar lakosú területek elrablásával keletkezett? A nemzeti közvélemény nagyobb részét már áthatotta a földvagyon rendezésének óhaja és ennek tulajdonítható, hogy a magyar társadalom nagy többsége tapsorkánnal fogadta Matolcsy Mátyás „Földreform", majd Féja Géza „Viharsarok" című könyvét. Nem egy földesúri kastélyban is.

„A magyar kormány — állítja szórendi hibával —, arról igyekezett a német kormányt meggyőzni, hogy az önálló Szlovákia nem életképes, gazdasági nehézségei csak a Magyarországhoz csatolás útján oldódhatnak meg... A magyar kormány gazdasági blokáddal igyekezett fokozni a szlovákiai nehézségeket... A németek előtt folytatott érvelés másik fő tényezője (Az érvelésnek nincs tényezője.) a szlovák államban korán jelentkező és szemlátomást erősödő németellenességet... A szlovák kormány nem képes (Képes az újság.) úrrá lenni a kommunista mozgalom, németellenes tüntetéseken, rendzavarásokon... Magyarország jó rendőre lehetne ezeknek s nem lenne a németek iránt hálátlan, ha megbíznák ezzel a szereppel."

Miféle Szereppel? Orvgyilkos hátbaszúrással? Arcunkba szökik a vér. A magyarokat már sok rágalom érte, de még legvadabb ellenségünk részéről sem olyan vád, hogy Judásként áruljuk el azokat, akik felé baráti arcot mutatnak. Nem egyszer buktunk el épp azért, mert hűek maradtunk megkötött szövetségekhez, de még sohasem döftünk hátba velünk menetelő népet, amint velünk tették négy égtáj felől, az első világháború után. A súlyos és egy nemzet jellemét megbélyegezni akaró vád arra kötelezte volna a vádlót, hogy bizonyítsa állítását, nevezze meg a tetteiért felelős magyar államférfit, és idézze azokat a szavakat, amelyekkel rendőri szerepre ajánlotta fel hazáját. A vádló ezt elmulasztotta.

Azokat a magyar kormányférfiakat sem nevezte meg, akik állítása szerint olyan galádok és ostobák voltak, hogy gazdasági blokáddal nehezítették a fiatal szlovák állam életét, épp azét a népét, amellyel államközösséget akartak alkotni. Az 1938-45 közötti korszak négy miniszterelnöke közül ugyan melyikről állítható ilyesmi? Imrédyről? Ő a független Szlovákia megalakulása után, csakhamar megvált a kormányelnökségtől. Vagy a németekkel való kényszermegoldást súlyos igának érző Telekiről, aki inkább önkezével vetett véget életének, semhogy tűrni kényszerüljön Jugoszlávia ellen indított német csapatok átvonulását országunk területén? Az őt követő Bárdossy férfias nyíltságú jellemével semmi sem összeegyeztethetetlenebb, mint a machiavellisztikus fordulat, s ilyesmivel a népbíráskodó gyűlölet sem vádolta. A német győzelemben nem reménykedő Kállayt pedig, aki végül is a török követségre kényszerült menekülni a németek elől, ugyan mi késztette volna arra, hogy németekért áldozza fel a szlovákkal való jóviszony lehetőségét?

„Kezdeményezések történtek — ömlik tovább a szóáradat —, szlovák államférfiak meghívására, ezek azonban a „szentistváni" magyar birodalmi törekvések meglehetősen nyílt, miniszterek és más felelős tényezők beszédeiben is kifejezésre jutott propagálásra való utalással elutasításra találtak." Vajon ki lehetett olyan begyepesedett agyú miniszter, más felelős tényező, hogy birodalmi törekvéseket propagált olyan korban, amelyben az uralkodók birodalmi hatalmát a szabad népek köztársaságával igyekeztek felcserélni az államok?

A magyarországi szlovákkal való bánásmód mivel idézhetett elő közfelháborodást Szlovákiában? Ki volt olyan szlovák, akit nemzetisége miatt kirekesztettek az állampolgárok közösségéből? A felszabadított felsőmagyarországi területről behívott képviselők között szlovákok is voltak. A nem is szlovák, hanem cseh származású, elszlovákosodott Anton Kadlecz, Kassa képviselője, első parlamenti beszédében nyíltan vallhatta hűségét a szlovák nemzethez, és senki sem háborította abban, hogy e kijelentés szellemében tevékenykedhessék Zoltán-utcai irodájában. Kadlecz egyszer sem panaszolt olyan esetet, amely a magyarországi szlovákokkal való bánásmód miatt, felháborodásra adhatott volna okot Szlovákiában.

A „Valóság"-ban közölt írásmű szerzője említést tesz arról is, hogy szlovák politikai tényezőkkel tárgyaló magyarországi közszereplők megalázó kudarcot szenvedtek tárgyalásuk folyamán, de a bizonyító anyaggal ismét adós maradt. És ha igaz is az állítás, úgy a szlovák részről történt visszautasítás aligha akarta szolgálni a két állam közötti jóviszonyt, és mindenképp illetlenség volt, ha még oly kedvezőtlen légkörben történt is a tárgyalás.

A dolgozaton végigvonuló magyarellenesség, s az a hangsúly, amellyel a szerző „magyar érdek"-ről szól, azt a benyomást kelti, hogy a közleményt nem magyar ember írta, hanem olyan toll és köpenyegforgató, aki szíve szerint sehová sem tartozik, de mindig oda csatlakozik, ahol a hatalom van. Talán a Horthy korszakban is tette, s elszenvedett kudarcok váltották ki ellenséges értelmeit nemcsak az elmúlt kor, hanem az egész magyar nemzet iránt. Csak így érthető, hogy így írt, ahogyan magyar ember nem írt volna, még ha oly kommunista is:

„Az ezer éves múlt és a magyar kultúrfölény hangoztatására megszületett a méltó válasz (tudniillik Szlovákiában): Pribina birodalmában már magasfokú kultúra honolt, amikor a barbár magyarok Ázsia pusztáin nyereg alatt puhították a húst; a magyarok barbárok voltak és maradtak. Menjenek vissza Ázsiába!

Mit kérkednek mindég Szent Istvánnal? Sokkal nagyobb volt nála Cyrill és Method."

Egy szóval sem közli, szokása szerint, hogy kitől származnak a „méltó válasz"-nak mondott, gyermekesen vetélkedő szavak. Képzett történész, de legalább is művelt ember ily primitíven mégsem határozza meg a szlovákoknak vitatott kultúrfölényt. A magas kultúrájú birodalom Pribinájához nem kap magyarázatot az olvasó. Nyilván abból a feltételezésből, hogy Pribináról minden olvasónak tudomása van. Ebben alighanem téved. Hiszen még a francia Jean Duchénak 1966-ban megjelentetett, legújabb világtörténete sem említi. Bőven szól a magyar honfoglalásról, Árpádról és az első magyar királyról is, de Pribina létezéséről hallgat. A párhuzam, amely Cyrillt és fivérét István Királlyal hasonlítja össze, egyszerűen nevetséges. A Szalonikiben született két szerzetes a szláv népek hittérítő apostola volt, bulgároké, oroszoké és Morava lakosaié is, kevesebb hatással. István azonban nem szerzetes volt, hanem király, akit a magyar történelem legnagyobbjává az tett, hogy ezer esztendőt túlélő maradandóságot biztosított, rokontalan népek között, a honfoglaló magyarok államának.

A magyar-szlovák viszony fejleményeinek tárgyilagos ismertetése jó alkalom lehetett volna annak bemutatására, hogy az emberi jogaitól is megfosztott szlovákiai magyarság mit szenvedett kulturális meg gazdasági téren, a cseh befolyás alatti államvezetés két korszakában. Szólni lehetett volna arról is, hogy a második világháború után mi várt azokra a hazájukat, népüket szerető szlovák államférfiakra, akik Szlovákia autonóm jogaiért való küzdelmükben bebörtönöztetést szenvedtek a benesi korszak idején (Hlinka, Tuka, stb.), és akik kivívták Szlovákia hét évig tartó függetlenségét, amelyet a kommunista világhatalom szüntetett meg.

A mai rendszer területén élő magyarok, ha netán kezükbe került a magyarok kultúráját magyar lapban kicsinylő közlemény, bizonyára felhorkantak azon, hogy a Valóság szerkesztője miért jelentette meg, vagy miért nem egészítette ki legalább azzal a megjegyzéssel, hogy a magyarok nem csak Ázsia pusztáin, hanem Európában is nyereg alatt puhították a húst, sőt a népeket is, mert úgy ízlett nekik, de ők voltak azok is, akik 1367-ben egyetemet létesítettek Pécsett, alig két évvel a bécsi egyetem alapítása után.

Azt kellene hinnünk, hogy a magyarországi és a szlovákiai lapokat valami „kultúregyezmény" kötelezi arra, hogy kölcsönösen lealacsonyítóan emlékezzenek meg saját nemzeti múltukról.

Talán a Valóság közleményével egyidejűleg Szlovákia hasonló jellegű folyóiratában is napvilágot látott egy hasonló közlemény, amely a magyar dolgozathoz hasonlóan, nem éri be azzal, hogy Tiso-Tuka politikáját bírálja, hanem megrugdossa a szlovák történelem ősi nagyjait? Ezt ők is, — népük felháborodását levezetve — azzal a módszerrel teszik, hogy amit saját maguk mégsem mernek állítani, fortéllyal csempészik lapjukba, és idézőjel közt, magyaroknak tulajdonítják az ősöket lealacsonyító vélekedésüket? De ez az elképzelés mégsem valószínű.

A szlovákokban van ugyan gunyolódó hajlam, de áhitatosan komolyak, mélységesen megilletődöttek, ha azokról szólnak, akiket maga a nép helyezett a nemzeti kegyelet oltárára. Tisztelik nemzeti múltjukat és nem teszik gúny tárgyává.

Szlovák lapban, a szlovákok történelmi múltjáról aligha jelenhetett volna meg olyan becsmérlő kitételek, mint a magyar nemzet történelméről, a Valóság című magyar lapban.

A közlemény aztán a következő kijelentéssel zárul:

„Az egykori magyar és szlovák uralkodó osztályok letűntek, bűnös tetteiket, maradványaikban még itt-ott fellelhető fertőző ideológiáikat elfogultan tárgyilagossággal és nem utolsó sorban szoros együttműködésben hivatott elemezni a csehszlovák és magyar tudomány". (De miért nem fordított a sorrend?)

A Valóságban megjelent hevenyészett dolgozat semmivel sem járult hozzá a tárgyilagos elemzéshez. Nem változtat ezen az sem, hogy a nem egészen nyolc oldalnyi iromány ötvenhárom forrásmunkára hivatkozik, remélve, hogy e forrásmunkákat áttanulmányozni és a dolgozat állításaival egybevetni keveseknek van lehetőségük.

Tárgyilagosságra nincs is reményük ott, ahol a rendszer által idomított történészek írják, tanítják a történelmet.

A múlt az a háttér, amelyet történetírói révén minden diktatórikus hatalom birtokába vesz, és úgy hasznosít, hogy rendszerének igazolását szolgálja, hősökként mutasson be bűnözőket, bűnözőkként hősöket, elhallgasson, meghamisítson tényeket, és új történelmi szemlélettel átnevelt új nemzedékkel igyekezzék biztosítani rémuralma maradandóságát.

„HEJ SZLOVÁKOK!"

„A szlovákok csodát műveltek azóta, hogy lerázták magukról a magyar igát", írta a müncheni Sudeten Bulletinben a Tino Berko nevű szerző, de nem írta meg, hogy mi volt az az iga, és mi volt a tett, amellyel azt lerázták.

A „Glimpse of Gothitize Szlovakia" című cikk a gótika felvidéki alkotásait a szlovák géniusz megnyilvánulásaként tünteti fel, mintha azoknak semmi közük sem lenne a magyarokhoz. Mintha a felvidéki gótika legnagyobb remeke, a kassai dóm, nem a Mátyás király áldozatkészségéből létesült volna, mintha a csütörtökhelyi templomot nem Zápolya István nádor varázsoltatta volna a magyar gótika egyik legszebb emlékévé, a magyar Kassai Istvánnal. És nem a magyar Lőcsei Pál szobrászművész tette volna Lőcsét művészeti központtá a XV. században? Vagy el lehet vitatni a magyar építészeti remekműveket a magyaroktól abban a Pozsonyban, amely Mátyás királytól kapta egyetemét? A mohácsi vész után királyaink koronázóvárosa, országgyűlések színhelye s remek főnemesi paloták adtak színt a tőlünk elrabolt egykori Pozsonynak.

Sötét érzelmek mélyébe világít, sebeket tép fel, szeretetet, kegyeletet rombol Tino Berko cikke és csalódást vált ki a magyarokban, hogy épp a szudéta-vidékről elüldözött németek lapjában jelenhetet meg.

„A vérbeli magyarnak harc a menedéke s a vérbeli magyart megölné a béke", írta Ady Endre. Ez igaz. De az is igaz, hogy lovagiasan tartja magát a közös táborozások közös törvényéhez: nem gyöngíteni egymást és nem erősíteni a közös ellenséget. A szlovákok érzékenységének tiszteletében oly messzire ment a magyarság, hogy lemondott nyelvünk egyik ősi szaváról s a „tót" szót a szlovák szóval helyettesítette. Vérkeveredéssel rokonult, testvéri szeretettel és abban a hiszemben, hogy a szeretet kölcsönös.

1848-as szabadságharcunk idején Stur Ludewit szlovák író és Zólyom város követe a pozsonyi diétán, alkalmasnak tartotta a pillanatot a magyarok elleni fegyveres felkelésre. Selmecbányát akarta e mozgalom kiindulópontjául. A többségében szlovákokból álló városi tanács azonban keményen ellentállt. A város ágyúit Mészáros Lázár hadügyminiszter rendelkezésére bocsátotta, Óvárát kaszárnyává alakíttatta s a haza védelmére 291 újoncot állíttatott, akiknek a fele önkéntjelentkező volt. Tudjuk azt is, hogy 40.000 szlovák harcolt Kossuth zászlaja alatt, és túlnyomó részt szlovákok voltak azok a honvédek, akiket kereszttel a kezében, Erdősi Imre piarista tanár vezetett a győzelemre a branyiszkói csatában.

Annak, aki igaztalanul és ártó szándékkal tör ránk a közös sorsban, mégis el kell mondanunk egyet s mást. A szlovákok nem éltek „magyar iga" alatt és nem is ők „rázták le" azt, amit magyar igának nevez Tino Berko. A Szlovák Nemzeti Tanácsnak nem kellett sereget toboroznia, felkelést szerveznie, hogy kimondhassa a Magyarországtól való elszakadását és a csehekkel közös állami létet elhatározó túrócszentmártoni deklarációt. A központi hatalmak háborúvesztése, a történelmi határokat feladó Károlyi tette lehetővé, hogy a szlovákoké lehessen a Trianonban nekik ajándékozott terület, amelyet a magyarok, akiket a Szvatopluk morva fejedelem által szorongatott német Arnulf hívott segítségül Etelközből, hódítottak meg 895-ben, mert országra volt szükségük s azon időkben hazát szerezni csak fegyverrel lehetett.

Árpád utódai a harcok végeztével azonos jogú népek közösségébe iktatták a meghódoltakat és az idegenből befogadottakat. Gyűlölet nélkül, emberséges békességgel, nemegyszer tanúsított béketűréssel, miként az első magyar király írta elő fiának szóló intelmeiben. Nemzetiségeink nem szívódtak fel a magyarságba, megtarthatták nemzeti nyelvüket és népességükben gyarapodva, az államalkotó nemzet kárára lehettek beolvasztók egész addig az igényig, amely végül német élettérnek minősítette a befogadó nép országát.

A Morva és Garam közötti földdarab a Morva-Szláv-Birodalomhoz tartozott, de a keleti őserdőségben nem volt leigázható lakosság. Oda előbb a magyarok települtek, csak azután szivárogtak be a szlovákok. A garamszentbenedeki apátság 1075-ben kelt alapítólevele bizonyítja, hogy a Garamtól keletig magyarok voltak az őslakók, akiknek nagy részét aztán magába szívta a szlovákság. Magyar iga nem volt sem akkor, sem azután.

A magyarok nem ostort pattogtatva ültek a bakon, hogy legyőzött nép martjára rakott igával vonszoltassák szekerüket. Ami ostor pattogott, az egyformán verte a szlovák meg magyar jobbágyot. Az nem a magyar nemzet cselekedete volt, hanem a világszerte uralkodó gazdasági rendszeré, amely csak emberi erővel

158

tudott termelni, míg a gépi erő új rendszert hozott, demokráciát, szociális gondoskodást. Ne feledjük, hogy Anglia gyarmatain csak 1838-ban, a franciákén 1848-ban, Amerikában pedig 1865-ben szűnt meg a rabszolgaság és következett be az individiumok felszabadítása. A testinél is elviselhetetlenebb lelki iga eltávolítása pedig egyáltalában be sem következett Oroszországban és a cári uralom bukása után az államhatalom legfőbb eszköze maradt mindenütt, ahol megvetette lábát a bolsevizmus.

A „vén sas", amint Hlinka Andrást nevezték egykori hívei, feledhetetlen vallomást tett arról az igáról, amelyben a cseh uralom fogta a szlovák népet. 1934. májusában, a Rózsahegytől Ruttkáig száguldó gyorsvonat egyik elsőosztályú fülkéjében adott villáminterjún elkeseredése szónoki pátoszával mondta a pátriarka külsejű néptribun, rózsahegyi plébános és pápai protonotárius:

— Pittsburghban a tótok (továbbra is „tót"-ot mondott, mert magyarul beszéltünk s jól tudott magyarul), abban állapodtak meg Masaryk jelenlétében a csehekkel, hogy Csehszlovákia néven közös államot alkotnak oly alkotmánnyal, amelyet majd a nemzetgyűlés állapít meg. Mire összeült az alkotmányozó nemzetgyűlés, a csehek engem, párizsi utam miatt, bebörtönöztek Milovban, így akadályozva meg, hogy az alkotmányt megállapító törvényhozói munkában népem érdekeit képviselhessem. A nemzetgyűlés, a túlnyomó többségben lévő csehek miatt, nem tett eleget az előzetes pittsburghi megállapodásnak. Mi autonómiát kívántunk saját országgyűléssel, bírósággal, közigazgatással és tanüggyel... De miként lehessen Szlovenszkó érdekét szolgáló törvényt hozni olyan parlamentben, amelynek háromszáz tagja közül mindössze tizennyolc a tót s a százötven tagú szenátusban csupán kilenc? Ilyen nemzetgyűlésen sohasem vívhatjuk ki autonómiánkat.

Borus tekintettel nézett a távolba, majd heves kifakadással folytatta:

— Más, rajtunk kívüli erőknek kell megmozdulniok és közbelépniök!

Többet is mondott, amit aztán a Budapesti Hírlap 1934. június 24-i, vasárnapi száma közölt két oldalon.

— A csehek — mosolygott gúnyosan — valósággal megszállták az egész hivatali aparátust. Különben is olyanok, hogy ahol ketten-hárman összejönnek, rögvest adminisztrálnak. Szeretnek szervezni. Nincs olyan tót községi képviselőtestület, ahová be ne furakodott volna legalább egy cseh. Mindenfelől ellenünk izgatják a buta népet (!), amely kőzáporral, záptojással fogad bennünket. Ilyenkor csúnya szerepet töltenek be a csendőrök: a támadottak védelmezése helyett támadóinkat pártfogolják. Van vagy harminc párt, de az igazi szlovákságot mi képviseljük. Az én pártom, a Néppárt! Olyanok is mandátumhoz jutottak Szlovenszkó területén, akik nem igazi szlovákok. Hodzsa nem szlovák, Markovits nem szlovák, Dreher nem szlovák. Én vagyok — s vékony keze a mellét ütögette —, én magam, az egyedüli Jeremiás, aki őrzöm a szlovák szellemet és a szlovákság érdekeit!... Egyedül maradtam azok közül, akikkel együtt kezdtem a harcot.

Néhány év múlva nagyot fordult a világ. Hlinka már nem élt, amikor a szlovákok 1938. október 6-án önkormányzatot kaptak a csehektől, majd 1939. március 14-én, a cseh összeomlás előestéjén, kimondták állami önállóságukat és 1941. június 24-én, mint a németek szövetségesei, hadat üzentek Szovjet-Oroszországnak. Három nappal előbb, mint a magyarok.

Sokan reménykedtek abban, sok szlovák is, hogy Szlovenszkó autonóm államként tér vissza a magyarokhoz. A remény csakhamar elhamvadt. Tiso József és Tuka Béla Németország védelme alá helyezte az önállósult Szlovenszkót.

— Tuka is? — döbbentek meg azok, akik régtől ismerték a tízesztendei bebörtönöztetésből szabadult Tukát. Elképzelhetetlennek látszott, hogy a selmecbányai népiskola tüzes magyarságot tanúsító tanítójának a fia végképp elpártolt a magyaroktól. Senki sem tudhatta, máig sem tudja, mi rejlett lelke mélyén. Sokmindent megmagyarázna, ha kiderülne, hogy a néptanító apa csupán a könnyebb boldogulásért tüntetett magyarságával, de az otthon zárt falai közt, szlovák érzelmet oltott gyermekei lelkébe.

Tuka Béla a jelesek közül is kimagasló tanuló volt. Az egyetemen Concha Győző, nagy tudósunk kedvence. Tanulmányai végeztével a budapesti államrendőrség fogalmazója Rudnay Béla főkapitánysága idején. Huszonhatodik évében a pécsi püspöki jogakadémia tanára s még nem töltötte be harmincnegyedik évét, amikor a pozsonyi Erzsébet Tudományegyetemen, mint a nemzetközi jog előadója kapott tanszéket. Az első világháború után a Monarchia összeomlásával keletkezett helyzetről írt Vacuum juris címen franciául kiadott könyvet. Művére felfigyelt a nemzetközi jogászvilág, de Tuka addigra hátat fordított tudósi pályájának s bár akkor még alig tudott tótul, szlováknak vallotta magát és Hlinka mellett vezéralakja lett a szlovák Néppártnak, képviselő a prágai parlamentben, főszerkesztője a Szlovák című lapnak.

A magyarok ekkor még azt a hű magyart hitték benne, aki átállásával a szlovákok visszatérését egyengeti a háttérből. Ez szinte meggyőződéssé vált a magyarokban, amikor Benes hazaárulás címén perbe fogatta Tukát s a pozsonyi törvényszék 1929-ben tizenöt esztendei fegyházra ítélte. Tízesztendős bebörtönöztetésből szabadulva, külügyminisztere, majd miniszterelnöke az önálló Szlovenszkónak, és másodszor is azok ellen fordult, akik a Magyarországhoz való csatlakozást óhajtották. A „magyarok nyilaitól" való félelmének is része lehetett abban, hogy német gyámkodás pajzsával biztosította politikáját. Aztán ez a politika is megbukott és Tukát 1946-ban megvakultan, halálos betegen, nyakába dobott kötéllel hordágyról húzták a bitó vashorgáig.

A szlovák nép ismét magára vette a cseh igát, amelyet súlyosbított a bolsevizmus. Magyar iga nem volt, de annál inkább volt török meg Habsburg iga a magyar nemzet számára. Míg a tótok, szepesi szászok a magyarság eleven falával védett Felső-Magyarországon vérveszteség nélkül vészelhették át a legnehezebb évtizedeket, azalatt örökös harcokban fogyatkozott meg a Nagyalföld és Dunántúl magyar népe. Városok, falvak tűntek el a föld színéről, burján lepte el a gonddal művelt földeket és hű magyarok népesítették be a konstantinápolyi Héttorony börtöneit.

Mindezért mi volt a köszönet?

A magyar királlyá koronázott német császár „jure belli" osztogatta híveinek a törököktől elhagyott területeket. Idegen származású nagybirtokos-osztály keletkezett így, vagyonáért hálásan a császárnak és számtalanszor gáncsolva el az őket befogadó magyar nemzet érdekeit. A betelepítéseknél idegenek kapták a legjobb földeket lakóházzal, istállóval, munkaeszközökkel, beruházási kölcsönökkel.

Minden meghódított nép, amíg él benne a nemzeti önállóság akarása, bánattal néz vissza abba a múltba, amelyben még szabad volt. E bánatnak adott kifejezést Samu Tomasik, aki száz éve írta a tót nép himnuszát, a „Hej Szlovákok!"-at. De Tino Berko tudja-e, hogy volt magyar bánat is, hogy tengernyi szenvedésnek, csalódásnak kellett felgyülemlenie a magyar költő lelkében, aki az elomló bánat tragikus vallomásával kiáltott fel: „Egy ezredévi szenvedés kér életet vagy halált!"

161

Ha tudná, több tisztelettel nézett volna a magyar múltba s a cikkében egyetlen egyszer előforduló „magyar" szót nem azzal a szándékkal írta volna le, hogy valótlan váddal, rágalommal sértsen egy egész nemzetet.

EGY ÉS MÁS

A tudat könnyíti életünket és nehezíti halálunkat.

A sorsban mindig van valami ördögi.

A halál visszaélés.

A hipokrita felnagyítja sérelmeit és letagadja sértéseit.

A farizeus meg akarja téveszteni az Istent.

Az öregség gyógyíthatatlan betegség, amelyből kigyógyulni nem is akarunk.

Félünk a haláltól, holott tudjuk, hogy mindmáig a leggyávábbnak is sikerült meghalnia.

Csak a zsenik és szentek élik túl a halált.

Minden ébredéssel újból születünk, és minden elalvással meghalunk a másnapi feltámadás reményében.

Növekvő évekkel növekszik a bor zamata és vénhed íztelenné az ember.

Ahol nincsenek apostolok, ott hasztalan a templom és a szószék.

A papok mennél jobban közelednek a világi élethez, annál jobban távolodik tőlük a hivők világa.

A fiatal nő szemforgatással bájol, az öreg csoszogással zsarol.

Szeretni csak azt lehet, akiben van szeretet.

Vannak megrögzött vitatkozók, akiket tüskés természetük tett azzá, és olyanok is vannak, akik ellentmondásaikkal kiváltott válaszokból akarják megtudni, amit nem tanultak meg.

A halál az az ügy, amelyet a legelfoglaltabb embernek is személyesen kell elintéznie.

162

Ha meg akarod ismerni hibáidat, figyeld meg, hogy miben hibáztatsz másokat.

Két keresztünk van: az egyik alatt görnyedünk, a másik előtt imádkozunk.

Nem tudjuk, honnan érkeztünk, de megtudjuk-e, hová távozunk?

A filozófiában gúnyolódni annyi, mint filozofálni.

A hatvanon túli férfi elsajátítja a higgadt zsörtölődést és a balgaságok fölötti haragtalan mosolyt.

Azelőtt az ellenséggel harcoltak a népek, ma hazájuk ellen, a sztrájk fegyverével.

Az „ütés"-nek nevezett sztrájk az a módszer, amelyet saját területükön nem tűrnek meg a belső biztonságukat védő kommunista államok, de amellyel a kapitalista államok benső biztonságát igyekeznek aláásni.

Magyarország mai vezetői megtagadták a nemzeti nagyrahivatottság hitét és vágyát.

A menekült honvágya kissé olyan, mintha visszavágyódnék a betegségbe, amelyből kigyógyult.

Otthoni enyhülés: néhány suhintással kevesebb botütés a deresen.

A hippizmus nem mozgalom, hanem jelenség.

A zsidók mindenütt otthon vannak, de zsidóországban csak zsidók lehetnek otthon.

Az irodalomtudomány szellemi bonctan, amely élvezhetetlenné szabdalja a felboncolt művet.

A tömegek érzéketlenek az igazsággal szemben, de vérüket készek ontani hazug szólamokért.

Ha a megalkuvókra hallgat a világ, Róma utcáit nem világítják be Néró eleven emberfáklyái, de nem lenne kétezer éves kereszténység sem.

A GYŰLÖLT MAGYAROK

1918. november 13-a volt.

Prágában már két hete a cseh nemzeti tanácsé volt a hatalom. Visszaszerzett nemzeti önállóságától mámoros tömegek hömpölyögtek a Vencel-téren, a tizenhat ívű Károly-hídon címeres fogatok, gépkocsik robogtak történelmi múltú főnemesek hosszú sorával a hétszáz éves királyi Hradzsin felé, hűségnyilatkozatot tenni az új hatalom urainak.

A szívek mélyén, pórban, nagyúrban lángra lobbant az évszázadok óta senyvedő parázs. Minden más érzelmet felülmúló öröme az önálló állami létnek, amely elérhetetlen álomnak látszott a fehérhegyi csata óta.

Az események hasonló hangulatot korbácsoltak fel és az osztrák házhoz való alattvalói hűséget a haza új fogalma váltotta fel a Habsburgok legősibb tartományaiban is. Bécsi ringeken felvonuló tömegek tüntettek a dinasztia ellen, megalakult a nemzeti tanács Bécsben és november 12-én, a „rebellis"-nek ócsárolt magyarokat megelőzve, oly mélyreható jogfosztással kiáltották ki a köztársaságot, hogy az utolsó ausztriai császár fiának majd fél évszázadig kellett várnia arra, hogy beléphessen abba az országba, amelynek állami létét ősei teremtették meg.

A magyarországi forrongások még nem irányultak a király és a királyság intézménye ellen. Az őszirózsás kirobbanás másodnapján miniszterelnökké kinevezett Károlyi Mihály ugyan esküje alóli felmentését kérte és kapta meg távbeszélőn a következő napon, de a királyság intézményét még nem szüntették meg a magyarok. Ők voltak a dinasztia utolsó reménye. Talán még nem veszett el minden. Hátha jön a csoda a Szent Korona hűségében rendíthetetlen magyarok révén, akik „vitam et sanguinem" áldozattal álltak Habsburg uraik védelmére, amikor hatalmuk düledezni látszott.

Eckartsau-ban, a Kinsky grófok hajdani kastélyában tipródó császár és király türelmetlenül várta a magyar főrendek bejelentett küldöttségének érkezését. Mit hoznak magukkal? Van-e még remény? Végre felbukkant az országúton és a kastély elé gördült két gépkocsi. Jósika Samu báró, a főrendiház elnöke vezette királya elé a magyar főrendeket, közöttük Esztergom érsekét, Csernoch János bíboros hercegprimást. Az üzenet, amelyet az új miniszterelnök óhajából hoztak magukkal, úgy szólt, hogy a király mondjon le a trónról.

A küldötteket hagyományos hűség kötötte a királyság intézményéhez. Jósika éveken át, két kormányban a király személye körüli ügyek minisztere volt és társaival együtt azért vállalta az üzenet átadását, hogy olyan megoldást találhassanak a személyes megbeszélésen, amely a király számára nem jelent jogfeladást, de a kívánalom merev visszautasításával polgárháborúba vezető ezemények kirobbanását sem idézi elő.

Így jött létre az eckertsaui nyilatkozat, IV. Károly ideiglenesen visszavonul az államügyek intézésétől, elismerve a döntést, amellyel a magyar nemzet maga állapítja majd meg leendő államformáját. Másnap Budapesten is kikiáltották a köztársaságot és a királyt, életbiztonságát fenyegető ausztriai események tovább űzték az eckertsaui vadászkastélyból. A werfeni várban töltött izgalmas éjszaka után Svájcba menekült abból az Ausztriából, amelyet népeiről szeretettel gondoskodó őseinek uralma virágoztatta fel és a császári korona dicsfényével tett világtényezővé évszázadokon át.

A sors, mindmáig meg nem szűnő végzetszerűséggel mutatta meg az Osztrák Ház évszázadokon át hajlíthatatlan következetességű bűneit azzal a magyarsággal szemben, amelynek hitlevéllel biztosított alkotmányára ünnepélyes esküt tettek a megkoronázásakor. A csehek, akik lojális hűséggel szolgálták hatalma idején a császári házat, szabadságharcunk leveretése után a hatalom kényuraiként zsarnokoskodtak országunkban, az elsők voltak a birodalom népei közt, akik a föderalista államforma ajánlatát visszautasítva, végleg elszakadtak az Osztrák Háztól, amire az üldözött, elnémított és gyűlölt magyarok csak azután szánták el magukat, amikor a forradalom végigdübörgött már az egész Monarchián.

Az Ischl-i vadászkastély dolgozószobájának íróasztalán mindmáig látható a toll, amellyel I. Ferenc József remegő keze 1914. július 28-án elindította azt az orkánt, amely négy év múlva trónokat döntött le, államokat szabdalt szét és megvalósította a lenini ábránd kommunista államát. Tisza István volt az egyetlen, aki két levelével is óvta királyát attól, hogy Szerbiával szemben támasztott és teljesíthetetlen kívánalmak ultimátumát aláírja. Más lenen ma a világ képe, ha Tisza tanácsával szemben nem győz-

165

nek Berchtold külügyminiszter és Tschirskij német nagykövet érvei és a király nem közli népeivel, hogy „mindent megfontoltan és meggondoltan" megüzente a háborút. A vég szörnyű volt. Az agg I. Ferenc József a bekövetkező bukás gyötrő sejtelmével hunyta le szemét a schönbrunni palotában, a német császár hontalanságba menekült a népharag elől s a minden oroszok cárját családjával együtt, mészárszéki kegyetlenséggel gyilkolták le az Ipatyev villában.

Az egyetlen jövőbelátót, aki meg akarta állítani a rohamra készülődő apokalipszis lovasait, orvgyilkosok kivégző-osztaga terítette le, a győzők pedig a magyarokon dühöngték ki haragjukat azért a világháborút kirobbantó külpolitikáért, amelybe a magyaroknak volt a legkevesebb beleszólásuk.

KÉT ERŐ KÜZDELME

Az egyik amerikai TV-én megszólaltatott Szolzsenyicin hírül adta a világnak, hogy a Szovjetbirodalomban, ahol majd hetven éve tart a hitélet hóhéri módszerekkel történő üldözése, hódítóan növekvő vallási megújhodás kezdődött el. A templomokat, amelyeket még nem állítottak a kommunista rendszer szolgálatába, zsúfolásig töltik meg az orosz élet lelki sivatagából menekülő emberek. Nem csupán azok, akiket a múltból életben hagyott a terror, a szétmorzsolt felső réteg és középosztály maradékai, hanem olyanok is, aki lelkesülten menetelnek a vörös lobogó alatt, lenini kátéra esküdtek, félistenné avatták Sztálint, míg az ő soraikat is nem vette célba a szadisztikus emberirtás, amelyről oly megrendítő képet ad az orosz irodalom Nobel-díjas nagysága.

És nem is csupán az élet véres látványától elkeseredett apákat, anyákat ragadta magával az Isten utáni vágy, hanem a fiatalokat, akik az orosz Paradicsomban növekedtek fel s akikre az orosz jövő építése vár.

Kudarccal végződött a fennhéjázó terv, amely 1935-re újabb és újabb határidőkre hirdette a hitélettel való teljes felszámolást. Ennek ellenkezője következett be. Egyre többen tódultak a templomokba, bibliamagyarázó gyülekezetek létesültek, az isteni és túlvilági lét titkával foglalkozó kiadványok láttak napvilágot. A materialista boldogítás be nem váltott ígéreteiből kiábrándult s az élet mélyebb értelmét kereső, lelki élet után vágyódó emberek az Ég felé emelték szemüket.

A hét évtizede tartó terror szörnyűségeivel meggyötört orosz millióknak vallási megújhodását — Szolzsenyicin meggyőződése szerint —, hasonló megújhodás fogja felváltani a nyugati világ Mammon imádatát. Az évszázadokon át járom, kancsukazápor elviselésének baromi türelméhez szoktatott orosz népnél még nem következett be ugyan a túlfeszített türelemnek az a robbanása, amely 1917-ben lehetővé tette az októberi forradalmat, és az évszázadok óta tartó cári zsarnokság megdöntését, de mind hallhatóbban jajdul fel és Istenhez könyörög segélyért a szenvedés.

Tanúi vagyunk, hogy nemcsak a bolsevizmusban, hanem a Nyugaton is mutatkoznak az Istent kereső, Istenhez megtérő vallási megújhodás jelei, miként Szolzsenyicin mondta. Amerikában, a vallási közöny hazájában, imádkozó egyesületek létesültek és Jézus népe mozgalom hódítja magához az ifjú nemzedékek tízezreit.

Beteljesülés felé tart, amit e sorok írója így látott két évtized előtt „Hol ember a vad" címen írott regényében, egy határmenti falu katolikus papjának szájába adva a következőket: „A ma társadalmának két súlyos megbetegedéséből kell felgyógyulnia. Egyik a bolsevizmus, másik a kapitalizmus. Az egyik éppúgy materialista, mint a másik. Az embernek nemcsak teste, hanem lelke is van és ez benne az örök. Az embert vissza kell vezetni a szeretet eszméjéhez, amelyet Isten Fia hirdetett meg a Hegyi Beszédben. A mai fiatalságot semmi sem foglalkoztatja jobban, mint a misztikum, a túlvilág lét vagy nem lét problémája. Ez jobban foglalkoztatja, mint annak idején a mi nemzedékünket. Vagy a hedonizmus legállatibb gyönyöreivel kábítja magát, vagy a misztikum világába bámul és abban keresi élete értelmét. Még kétely alakjában is a lelki utáni nosztalgia tölti el. Szentül hiszem, hogy jön, talán már útban is van az evangéliumi parancsot életbe léptető erő."

Nyugaton is mind sűrűbben mutatkoznak annak jelei, hogy a boldogságot egyedül az élet anyagi örömeiben kereső vallástalanságot a transzendens élet utáni vágy váltja fel. A lelki és szellemi életnek az a változása előbb-utóbb lehetővé teszi, hogy felszabadító népakarat rendezze újjá a világot.

*

A végtelenbe meredő Ember örök idők óta, sajgó kíváncsisággal keres feleletet arra, hogy mi van és egyáltalában van-e valami a földön túli létben. Nincs gyötrőbb vágy, mint megismerni azt, amit csak halálunkkal ismerhetünk meg s amiről a halálból feltámadó, bibliai Lázár révén sem értesült a világ.

„A tudomány még messze van attól, hogy a kutatás révén megismerhetővé váljanak sejtelmei, de az emberi haladás, léte első villanásától hódítóan érzi annak az erőnek a létét, amely őt is teremtette", írta Teilhard de Chardin „Tudomány és Krisztus" című könyvében, amelyet P. Rezek Román szép fordítása tett hozzáférhetővé a franciául nem tudó magyarok számára.

Múltam egészére emlékezve, el kell mondanom és be kell vallanom, hogy életemnek nem volt szebb és boldogabb korszaka annál, amikor a vallási mítoszok világában, imával elérhető kapcsolatban voltam az égiekkel. Láttam felhőkből alkotott trónszékén az őszszakállú aggastyán, a világ mindenség urát, mellette fiát és a szentképen fehér galambként ábrázolt Szentlelket. Ha villám futott le tört alakban, tudtam, hogy az őszszakállú agg büntető ostora suhintott a földre, s amikor tarka szivárvány ívelt át a tisztuló égen, tudtam, hogy haragja elmúlt és szivárvánnyal emlékeztet arra az ígéretére, hogy többé nem zúdít vízözönt a földre.

Aztán jött Darwin s az ő tantételét népszerűsítő Wilhelm Bölsche megismertetett az evoluciós elmélettel. Megtudtam, hogy minden másként van, mint tudatlanságom áldott állapotában hittem. A teremtés műve nem hét nap alatt jött létre, hanem az elmúlt időnek fényévek milliárdjaival is kifejezhetetlen folyamatában. A geológiai térképek őskori feljegyzései beszámoltak arról is, hogy az ember nem a föld porából gyúrt anyag s Éva nem a férfi testéből kiemelt bordából keletkezett, miként a teremtés titkát megmagyarázni igyekvő vallási mitológiák beszélik el.

Középiskolás koromban került kezembe a bretagnei parasztivadék Renan Jézus életéről írott könyve. Akkor már ismertem a művészi elragadtatást és stílus „Akropoliszi ima" című remekművét. Világos és megtévesztő érvelésének nem az volt egyetlen hatása, hogy sokakat tántorított el Jézus istenségének hitétől. Lelki hasadást, pótolhatatlan veszteség miatti bánatot idézett elő. Hasonlót ahhoz, amely magát Renant tölthette el, amikor a kereszténység kezdetét kutató tanulmányai arra késztették, hogy megírja a „Histoire du peuple d'Israel" első kötetét, a Jézus istenségét tagadó művet, amellyel papi köntösét levetve, önmagát közösítette ki az Egyházból. Szívbemarkolóan őszinte későbbi vallomása arról, hogy műve megírása után úgy érezte, mintha álgpallós űzte volna ki őt is abból az Édenkertből, amelyben élete legszebb korszakát töltötte.

Hallottam továbbra is a templomba hívó harangok zúgását, orgonák áhítatba ringató búgását és az igazak üdvözöléséről zengő szószéki szavakat, miként ifjúságom boldog korszakában, de a Földre szállt Istent megtagadva, vallottam én is, hogy Jézus próféta volt, a szeretet igéivel bűvölő, isteni küldött, de nem halottakat feltámasztó Isten.

Így mondogattam biztonságos nappalokon, de amikor nyomasztó álomból riadva, ijedten meredtem az éjsötétbe, az Úr büntető haraggal villámló szemét, meg az örökké tartó bűnhődés poklából lobogó lángokat láttam és megszégyenülten, irgalomért könyörögve suttogtam:

— Isten volt, Isten...

„Az emberiséget mindég az a szívós remény éltette és élteti ma is, hogy a természet felkutatása révén megtalálhatjuk a Valóság titkát, kezünket a létezők növekedésének rugóira tehetjük; felfedezzük a titkot, megtaláljuk a Forrást. A tudós kutató munkáját mégha annyira pozitívista is, mint ő állítja, feltétlenül színezi, átszövi vagy méginkább gyökerén élteti valami misztikus remény", mondta Teilhard de Chardin 1921, február 21-én, Párizsban tartott előadásán.

Azt is mondta, hogy „tudatos munkatársai lettünk egy olyan Teremtésnek, amely bennünk folyik tovább, hogy elvigyen minket valami, még a Földön is adódó magasztos cél felé. Segítenünk kell művében az Istent, úgy bánva az anyaggal, mintha csupán saját ügyességünktől és szorgalmunktól függne üdvösségünk."

Többször hangoztatta, hogy a Teremtés nem szűnt meg. Közelebbről mutatva a probléma lényegére, így írt „A világegyetem alapszövetanyaga" című tanulmányában: „Ismeretlen vallási forma csírázik a modern Ember szívében, az evolució elméletével feltáruló barázdákban: s ez olyan fajta vallás, amilyet addig senki

169

el nem képzelhetett, sem leírni nem tudott, mert akkor a világegyetem nagyságáról és szerkezetéről szerzett ismeret nem volt elég nagy és szerves ahhoz, hogy magába fogadjon egy ilyen vallási elgondolást... Életünk lényege nem az, hogy anyagi jobblétre törekedjünk, hanem, hogy teljesebben éljünk... Hatalma csúcspontján azért ingadozik az Ember, mert nem határozta meg szellemi pólusát. Mert nincs vallása... A teológia feladata a tudománytalanság, szellemi elmaradottság látszatától védeni meg a vallást és ez a védelem csak a tudomány területén érhet el eredményt, de *a lelkeket nem érveléssel, hanem misztikus hatással* lehet csak meghódítani és megtartani hitükben."

Ezzel kimondta a helyes igehirdetés lényegét. Teilhard nem teológus, hanem egzakt tudományok művelője és bölcselő, aki még a vatikáni zsinat előtt szólt a tudományos felismerésekkel változó kívánalmak és a vallás közt jelentkező antigonizmusról. „A hitnek olyan formában és olyan fogalmakkal való kifejezésére törekedett, amelyek számolnak a modern világképpel."

Ő írta: „Az Egyház csak lassan értette meg — ahogy mi ma megértjük —, mily nagyszerű az Ember önbizalma és a kutatás szenvedélyes láza. A modern eszmevilág e két képviselő eleme... A hűséges odaadással dolgozó Ember már szinte nem is gondol saját magára. Nemsokára már olyan atomfélének tekinti csak önmagát, amely tudja, hogy nagy feladatra hívatott."

E megállapítások logikájából következik, amit a holnap vallásáról alkotott véleményéhez fűz: „A csoda már nem hat oly erősen szellemünkre... Manapság igen sok keresztény nem a Szentírásban elmondott csodák miatt, hanem azok ellenére marad hű hiteléhez... Sok keresztény érzi már, hogy az a kép, amelyet Istenről tárnak eléje, nem méltó az általa ismert világmindenséghez... A kereszténység nem halad az igényelhető sebességgel... Az Egyház — szavakkal — elfogadja ugyan a Haladás néhány eredményét, de — úgy látszik — nem hisz bennük. Néha áldásra emeli kezét, de e mozdulatban nincs ott s szíve... Sem értelmi, sem erkölcsi, sem misztikus szempontból nem vagyunk elégedettek azzal, ami kielégítette apáinkat... A Világ csak akkor fordul a kereszténység reményei felé, ha előbb a kereszténység fordul a Föld reményei felé, hogy istenivé tegye azokat."

Végül néhány látnoki megállapítás: „Az emberiség valószínűleg elkezdte legnagyobb átalakulási korszakát, amilyet még sohasem látott születése óta... Valami történik a Szellem egyetemes struktúrájában. Újfajta élet kezdődik... Az a nagy mű, amelyet homályosan megérez és kutat a todomány s amely nem más, mint Isten felismerése."

Az előbbi idézetek tanúsítják, hogy bár a ,,Tudomány és Krisztus", — miként N.M. Wildiers hittudományi doktor jegyzi meg a könyv előszavában — ,,szolgálatot tett a teológusoknak, tudatosított bennük olyan problémákat, amelyeknek létezése, vagy legalább is fontossága elkerülte figyelmünket... Hitének teljességével olyan problémákat, amelyekkel élete folyamán találkozott." Hozzátehetjük ehhez, hogy majd félszázaddal előbb jósolta meg azt, amiről Szolzsenyicin az amerikai TV-n hírt adott.

A tudósok nagy részében Isten létét tagadó új világképet cáfolta meg és pótolja időszerűbbel.

Az emberiség történelmében nincs nagyobb esemény annak a pillanatnak jelentkezésénél, amikor az Ember Isten létének tudatára eszmélt és imával köszöntötte az Istent. Legnagyobb tragédiája pedig akkor következett be, amikor az istentagadás fészkelődött szellemébe. Az élet értelmének, céljának örömteli tudatát kapjuk, amikor önmagunkban érezzük Istent. Nélküle ténfergés a földi lét, születésünkkel kezdődő és halálunkig tartó menekülés a halál elől.

Istent megtalálni, szavát hallani, létére eszmélni, Istenben élni nem szellemi folyamat eredménye, hanem az Emberré válással szerzett, magától az Istentől kapott adottság. Úgy, ahogy Dante írta: ,,...áthat és világol a Mindent Mozgatónak glóriája, ahol szoros rend van és bölcs művészet a dolgok viszonyában s teszi Isten képévé az egészet... Ott láthatatlan lesz, amit hinni kell, nem bizonyítani, mert bebizonyíthatatlan. Csak megnyugszunk benne, mint ősi elvben, mert az ész szárnya kurta... Nőjj hát keresztény lélek súlyosabbra! Ne légy, mint toll a szélben..."

Misztikus befolyások szólnak Isten létéről és akaratáról s a vallások, amelyeknek misztikum a lényegük, az isteni akarat közvetítői. Nélkülünk nincs kapcsolat az Ember és Isten között.

Dilliviumokon túli időtlenségből halljuk, földrétegek geológiai feljegyzéseiből olvassuk s a történetírásnak nevezett emberi emlékezetben megörökített akaratából tudjuk, hogy mindaz, ami van, másíthatatlan következetességgel fejlődik a Teremtő által elrendelt, titokzatos cél felé.

Tudjuk, vannak akaratának ellenszegülő, a cél elérését hátráltató negatív erők, talán épp azért, hogy fokozódó működésre késztessék az isteni cél felé törekvő erőket. E két erő összecsapásából véres és be nem vált társadalmi kísérletek nyomán keletkező romokon épül mind tágasabbá a társadalmi rend. E folyamatnak vagyunk tanúi mindazóta, hogy az istentagadás marxi jelmondatával világhódító harcba az életet sivataggá szárító, boldogtalanságot hozó kommunizmus államrendszere.

A Teremtés evoluciós működését irányító erők azonban mérföldes léptekkel közelítenek a pillanathoz, amikor az Ember elhárítja az élet biztonságának és békességének legfőbb akadályát: a hét évtizede pusztító bolsevista államrendszert.

RÉGMÚLT SÉTA ÖRÖK MAGYAR TÁJON

A kis kocsis hátrahajol a bakon és ostora hegyével mutogatja, hogy ameddig ellát a szem, a rengeteg föld mind a Beleznay grófoké volt, lehet nyolcvan éve. Azóta a középbirtokokra hullott a földesúri birodalom. Itt is, meg ott is kastélyok rejtőzködnek kertek lombjai között. A szájhagyomány sok mindent megőrzött az egykori, bővérű uraságokról. A szertelen, duhaj Beleznayakat hosszú évszázadok sem tudták kivetkőztetni ázsiai vadságukból. Keresztény templomokat építő pogányok voltak.

A nép még emlékszik rájuk. Késői nemzedékek őrzik és régmúltba merengő borzalommal idézik hatalmaskodásuk rémtetteinek emlékét. Mintha félnének, hogy valahonnan a megritkult erdő mélyéből, felbukkan annak a Beleznaynak rettegett alakja, aki — ha nem talált kedvére való vadat az erdőben — célba vette és lepuffantotta szántóvető jobbágyainak valamelyikét. Utána arannyal megváltott vérdíjat adott a leterített embervadért. Az élet akkor sem volt becses, a más élete, különösen a jobbágyé. A Beleznayaknak pedig a maguké sem. Gyűlölték egymást. Apa a fiát, és viszont. Végül az utolsó Beleznay vérpadon pusztult el, mert egy kardcsapással ketté hasította apja koponyáját. A nép így emlékszik rájuk. Ez nagyjából meg is felel a történelmi valóságnak.

172

A két trapper gondozott, jó úton üget velünk. A táj egyre üdébb, egyre pusztaibb. Embert alig látni, emberi lakóhelyet még úgy sem. Már a pusztavacsi határba értünk. Eddig nyúlt le valamikor a Koháryak hatalmas latifundiuma, amely valahol Murányváránál kezdődött és több százezernyi holdon alkotott összefüggő földbirtokot. A Koháryak Muránytól Pusztavacsig mindenütt saját földjükön utazhattak. Ezt az óriási vagyont szerezték meg a Koburgok, a kihaló család utolsó sarjával, a fiúsított Koháry Mária Antónia hercegnővel. A házassági szerződés azonban kikötötte, hogy a Koburg hercegek családi nevükkel a Koháry nevet is kötelesek viselni.

Az utolsó Koháry herceg így akarta megőriztetni a család ősi magyar nevét. Az első Koburg nemzedék eleget tett e kötelezettségének. Koburg-Kohárynak írva neveiket. Aztán Ferenc József idején, királyi engedéllyel, elhagyták a Koháry nevet. A Koháry örökségből csupán az óriás vagyont tartották meg, de semmit, ami arra emlékeztetett, hogy ez a vagyon valamikor a Koháryaké volt. A nép erről már mitsem tud. A leventesapkás kis kocsis sem. Talán nem is érdekli. Pusztavacs különben is messze van Dánostól. Életében most negyedszer teszi meg a kilenc kilométeres utat. Keze lazán tartja a gyeplőt, gyermekarca oldalt fordul és mohón figyeli a táj változó képeit. Gyümölcsösök, szántók, buján zöldülő vetések követik egymást, répaföld kibukkanó leveleinek végtelen sora, mintha zöld fonalakat feszítettek volna ki a látóhatár széléig. Balról, ahol egy távoli tölgyfaerdő lombjai sötétlenek, pásztásan elnyúló köd ezüstfátyola lebeg a föld felett.

Bőséges, termőkedvvel megáldott paradicsomi táj. Talán egy évszázaddal ezelőtt még erdőrengeteg borította. Most egy részét ismét erdősítik, másutt meg tovább folyik a fakitermelés. A természet ősi díszletei között szinte anakronisztikus látvány az iparvasut szürke füstöt eregető kis mozdonya. Békát kereső gólyák lépdelnek peckesen a vetésben, fácánkakasok merészkednek az országútig. Nem röppennek föl, nem ijedősek. Ha nem kell okvetlenül a levegőbe emelkedniök, beérik a földdel is. Kényelemszerető madarak. Az ember meg ámulva nézi mindezt a tüdőtágító, tiszta levegőben. Ősi nyugalom földje, termő lakatlanság! A kis kocsis ostora izgatottan mutat a szántó felé, ahol két egymást követő szarvas inal. Barna testüket alig lehet megkülönböztetni a rögtől. Egy villanás az egész, és máris eltűnnek az erdő sűrűjében. Messziről éles durrogások hallatszanak. Olyanok, akár a puska-

173

lövés. Valahol a lankák hajlatán túl, a béresek pattogtatják ostoraikat.

Három emeletes magtárház áll elénk hirtelen. Ezt még a Koháryak építhették. Szakasztott olyan, amilyent a szentantali Koháry uradalomban láttam. Előtte szűk ablakú, penészes falú cselédházak. Balról az emeletes borpince, a vincellér lakásával. Irigykedve nézem. Bizony, hogy ellaknék benne! Az út jobbra kanyarodik, s a kis kocsis ostora előre mutat. Már látszik a vadászkastély. U-alakú, régi építmény, amelynek vörös tégladíszítéssel cifrázták meg a homlokzatát. Olyan, mint tisztes öreg dáma rúzsozott arccal. A kastély oldalfala szomorúan emlékeztet arra az időre, amikor még hófehéren villant ki a mögötte elterülő őspark zöldjéből.

A kocsi az útárokig tér ki a felénk közelítő gyönyörű menet elől. Vagy húsz ökrösfogat követi egymást. A súlyos, hatalmas állatok lassú bólogatással rakják lábaikat és szélesen kitáruló szarvuk csaknem kocsinkig ér. A szekéren alázatosan kalapot emelő emberek. Megrendítően jobbágyi ez a mozdulat. Szinte fárasztó is a köszöntéseket szekértől-szekérig kalapemeléssel viszonzó „Adjon Isten!" Az utolsó ökrösfogat kocsisának kalapján gyöngyvirágcsokor fehérlik. Talán a kedvesének viszi. A föld szép és legbájolóbb ékszerét, a fehér gyöngyszirmokat ringató virágot. Más ékszert nem adhat. Ezt is csak tavasszal. Pattognak az ostorok, mint a puskalövés, s a gyöngyvirágos legény valami énekbe kap. Lassan tovatűnik az ősi menet s az ember elmúlt évszázadokat érez, magát a magyar ősmúltat. A népvándorlások idején sem lehetett másként.

Kocsink sűrű tölgyeshez ér. A nap már alkony felé ballag. A felhők közül még átszivárog némi fénysugár és aranyporral von be lombokat. A táj csendjét búcsúzkodó madárdal tölti be. Az erdőben különféle fácánok. Mélyebbről ágak reccsenése jelzi nagyobb vad léptét. Ó! Itt élni. Nem a kastélyban, nem, nem, csak egy kunyhóban, szerényke vadászlakban, az erdő mélyén! Lépésben megyünk, hogy jobban gyönyörködhessünk. A kis kocsis sóvárogva nézi a rét buja füvét. Nézi és búsan felsóhajt:

— Hej, ha itt legelhetne a mi kis tehénkénk!

Hallom vágyakozó szavait, de nem felelek. Lelkem megtelt érzésekkel és elnémultak szavaim. Mintha templomban lennék, ahol lombok kórusáról zeng madárorkeszter. Alkonyati istentisztelet. Az égboltozat lassan elsötétíti a templom ablakait, új

174

madárszertartást indít fákat búgató szél. Halkuló csipogások, majd teljes csend.

Vissza kell fordulnunk.

A trapperek sebes ügetésbe kezdenek és csaknem rárontanak egy lassan mozgó, fekete nőalakra. Fején ódivatú nagy kalap, szoknyája a földet söpri. Mintha egy madárijesztő kerekedett volna fel a szántóról, esti sétára. Méltóságteljes gőggel lépdel, ezüstnyelű botot mozgat léptei ütemére. Valamelyik Koburg dáma, idegen nő magyar földön. Magyarázatot kérő, szigorú pillantást vet ránk. Ahogyan a tulajdon földjéről szokás, a betolakodóra. A lovak ijedt sebességgel iszkolnak el mellette.

Én pedig bús szabadkozással mondom magamban:

— Bocsánat, nem követtünk el semmi rosszat, szegény magyarok vagyunk, akik csak egy kis sétakocsikázást tettek ezen az örök magyar tájon.

AZ ÁLMODOZÓK

A magyar táj, magyar égbolt, magyar milliók sugalmazó hatását nélkülözve, az emigrációs irodalom maradandó alkotásokkal vált a magyar irodalom egészének jelentős részévé.

Művelőinek többségét a nemzeti irodalom ősi hagyományainak követésében nem tudta megállítani az a hazai propaganda, amely a nyelvi konferenciák létesítésével igyekezett megosztani a nemzeti szellemű emigrációs írók és olvasók táborát.

Egy újabb áramlat szószólói, akik a rendszerrel parolázó alku kölcsönös engedményeivel akarják közelebb hozni egymáshoz a vasfüggönyön túli és inneni magyarokat, reális törekvések képviselőinek vallják önmagukat és álmodozóknak azokat, akik nem hajlandók lemondani egy tál lencséért arról, hogy egy történelmi fordulat visszahozhatja a nemzet szabadságát.

Nem álmodozók, nem is maradiak, akik merkantil szellemtől befolyásolt szócsata tőzsdei zsivajában, kitartanak három évtizede vallott meggyőződésük mellett.

Nem vonható kétségbe az említett áramlat szószólóinak jószándéka, igaz magyarsága, de vitatható az álmodozás lekicsinylő jelzőjével kisebbíteni azokat, akik továbbra sem hajlandók alkura azzal a sápadt arcú, szelíd mosolyú pártvezérrel, aki az 56-os szabadságharc végső diadalnak látszó, örömtől mámoros napján még arról szónokolt a főtanács emelvényén, Nagy Imre miniszterelnök jobbján, hogy a magyar nép dicsőséges felkelése kivívta az ország függetlenségét és követeli a szovjet katonai erők teljes kivonását.

Aztán eltűnt és a főváros falait romboló ágyúk tüzében, dübörgő tankok mögül, Moszkva magyarországi helytartójaként tért vissza. Ő volt az, aki letörte a becsületes magyarok összefogását s az országban marasztalt orosz katonai erő jelenlétével némítja, hitvány engedményekkel szédíti megalkuvóvá a népet.

A falusi szegénylegényből diktátori hatalommal rendelkező áruló közéleti pályáját bitófák hosszú sora szegélyezi, amelyekre a népbíráskodás vérszomjas színészei akasztattak ifjú hősöket, lányokat, tizenhat éves gyermekeket. De felakasztották Nagy Imrét is, aki korábbi kommunista magatartásának tévedéseit, avagy bűneit jóvá tette azzal, hogy nemzeti eszmék követője lett a szabadságharc idején s az eltiportatáskor az igaz magyar kétségbeesésével küldte segítségért jajduló kiáltását a szabad világ felé.

Az álmodozók valóban nem akarják követni azokat, akik álmodozóknak vevezik őket. Nem hajlandók kölcsönös engedményekkel parolázni Karaffa, Hocher, Haynau meg a falvak népét akasztató, divatficsúr Szamuelli utódjával.

Többről van szó, mint pillanatnyi értékű eredményekről. A tragikusan nagy, történelmi realitás az, hogy a mai magyarság akarja-e, tudja-e folytatni a nemzet függetlenségért, állami önállóságáért vívott évezredes harcot, amelyért a sokat, bár sokszor méltán kárhoztatott rendi világ magyarjai ontották vérüket.

Avagy a vasfüggöny mögé börtönzött tizenegy millió magyar beéri azzal, hogy megszűnt az éjszakáit felverő csengőfrász, hogy az ávéhá szelídebb, az életszínvonal jobb, az ipari cikkek bősége, ha nem is minősége, vetekszik a nyugatival, hogy könnyebb útlevélszerzés teszi lehetővé a külföldre való utazgatást és nem is gondol arra, hogy megalkuvó magatartása következtében, a világ térképéről örökre eltűnhet az a parányi terület, amely ma még a magyarok hazáját, Magyarországot jelenti?

Valóban álmodozók azok, akik annak tudatára akarják ébreszteni honfitársaikat, hogy ezer éves állami lét örökségének megmentése és megőrzése vár rájuk? Az emigráció nem önmagáért van. Az emigráció történelmi küldetése több, mint a nyelv megőrzése és tisztaságának magától értetődő védelme az idegenben. Az emigráció azért van, és azért kell lennie, hogy megtegye mindazt, amivel az otthon élő magyarságban a haza felszabadulásába vetett hitet ébren tartja.

Álmodozás-e, ha nem akar belenyugodni abba, hogy az emberi jogok védelmét és az eszmék szabad áramlásának követelményét deklaráló helsinkii megállapodás meghátrált az oroszok kitartó követelése előtt és elfogadta a határok változhatatlanságát?

Nincs elég erő és szervezettség a magyar emigrációban ahhoz, hogy napirenden tartsa a magyar sérelmeket a nyugati világ fórumainál és lobogó lángként hirdesse a határokon belüli millióknak — miként assisi Szent Ferenc mondta —, aki mindvégig kitart, üdvözül?

A magyar emigráció, a Szent Korona kiszolgáltatása elleni impozáns tiltakozásával bebizonyította, hogy birtokában van az erőnek, szervezettségnek és az Üdvözülést meghozó szívós kitartásnak.

Hangja orkánként járta be Amerika, Kanada magyarlakta városait, behatolt az Egyesült Államok törvényhozásának Capitoliumába, tüntetett az állami főhatalom Fehér Háza előtt és tiltakozott magánál az elnöknél. Ez a tiltakozás visszhangra talált Európában is, ahol a magyar katolikus lelkészek és hívek nevében dr. Ádám György, vatikáni megbízott tiltakozó távirata találóan utalt arra, hogy: ,,Az a magyar nép, amely otthon és idekint még nem tudta elfelejteni, hogy szabadsága ügyét 1956-ban a szabad világ nem segítette, nehezen tudná megérteni, hogy nemzeti függetlensége zálogát most ugyanazok gondjára bízzák, akik 1956-ban eltiporták szabadságát."

1956 óta nem volt hasonló megmozdulás, mint a mostani. Ismét magyar sérelmekre terelődött a világ figyelme. Tudomást vettek arról azok is, akik nem tiltakozhatnak a vasfüggönnyel körülzárt milliók karámjában, s azok is, akik már a rendszer szellemében nevelődve, alig tudnak valamit a Szent Koronáról és bizonyára mitsem arról, hogy az nem csupán történelmi kegyelet tárgya, királyokat díszítő ék, hanem a magyar főhatalmat jelentő misztikus személy.

Az emigráció tiltakozása érteti meg velünk, hogy a Szent Korona miért nem kerülhet haza, miért nem szabad hazakerülnie mindaddig, amíg a magyar nép akarata nem dönthet sorsáról. E követelmény teljesülése nélkül muzeális érdekesség, idegenforgalmi látványosság.

A világot bejáró tiltakozás jelentőségét nem csökkenti s eljövendő hatását nem hatálytalanítja, hogy a négy esztendős főhatalom pünkösdi királya nem vette tudomásul a tiltakozást.

A római pápa által, a kereszténység fejedelmi hittérítőjének, első királyunknak küldött Szent Korona (a mostani pápa ellenkezése nélkül), hazakerül ugyan, de nem a magyar nép kezébe, miként Carter szereti hangoztatni, nyilván olyan megokolásért, amely mentesítené őt a történelmi felelősségre vonás alól.

A történelmi vádbeszéd azonban el fog hangzani, mert köztudott, hogy az orosz megszállás alatti ország népe nincs abban a helyzetben, hogy szabad akaratnyilvánítással elfogadhasson vagy visszautasíthasson valamit.

Van valami keserű irónia abban, hogy a Szent Korona épp annak a rendszernek kerül a birtokába, amely tagadja Isten létét és nem mond le arról, hogy kommunistává forradalmasítsa a szabad világot, elsősorban leghatalmasabb államát, Amerikát.

Az amerikai magyarok heves tiltakozása annyit máris elért, hogy Vance külügyminiszter nyilatkozatával, (elszólásával?) kiugratta a nyulat a bokorból és nyilvánvalóvá lett a döntés kufár háttere.

Az elnök, aki a magyar népre hivatkozott, tájékozatlanságát bizonyította be a magyar népről s a Szent Korona misztikus jelentőségéről. Nem a nép, hanem a rendszer óhaját teljesítette kedvező kereskedelmi kapcsolatokért és talán a Kremllel folytatott tárgyalásain is hasznára lehet.

Aki oly kérkedve vallja magát az emberi jogok védelmezőjének, ezúttal nem népjogot védett, hanem népjogot sértett.

Megtagadta elnök-elődeit, akik a Korona kiadásának ismételten előterjesztett igényét azzal tagadták meg, hogy csak akkor adhatják ki, ha szabad népakaratból létesült államvezetés kéri.

Végül megsértette azt a megállapodást, amellyel az amerikai haderő nem hadizsákmányként, hanem védőőrizetbe vette a Szent Koronát.

Természetesen máris folyamatban vannak a Fehér Házban éppúgy, mint odahaza, azok az intézkedések, amelyek Carter döntésének indokoltságát és az otthoni rendszer kívánságának jogosságát bizonyítják. A kivezényelt és látványosságokra különben is fogékony nép ujjong majd, a sajtó hozsannázik, a magyarországi „államfő" átveszi, ornátusos főpapoknak adja át a Koronát, aztán elindul a tragikus gyászmenet s az ezeréves Szent Korona közjogi jelentőségét vesztve, a történelem néma sírházába kerül.

De a nemzet nem felejt s legkevésbé azok, akik három évtizede emlékeztetik múltjára és jövőjére, s akiket egyesek álmodozókká kisebbítenek a hontalanságban.

És lehet-e álmodozóknak nevezni azokat, akik nem nyugszanak meg abban, hogy a rendszer felszínre hozta ugyan az ásványi tehetetlenségbe kövült mélyréteget, de nem tette lehetővé, hogy az államélet tényezője lehessen?

Ez a rendszer a zsarnoki önkény látszólagos enyhülésével, a világ minden demokratikus államában legelemibb polgári jogok részbeni megadásával zsibbasztja, ámítja a milliókat, apasztja magyarságunk tudatát, hogy végül állami önállóságunk igényét feladva, a szláv népek közösségébe olvadjanak.

Álmodozóknak nevezni azokat, akik jövőbe nézőn, nemzethalállal fenyegető folyamat ellen abban látják a magyar emigráció legidőszerűbb történelmi feladatát, hogy olyan erővel és egységgel lépjen fel e folyamat ellen, mint a Szent Koronáért való küzdelmében?

A magyarságot, amikor még a nemesi rend alkotta a közjogi nemzetet, nemegyszer fenyegette megsemmisülés tatárvésszel, félévszázados ozmán hódoltsággal, és a germán népbe való felszívódással, a Habsburg uralom évszázadai alatt.

A magyar nemzet vesztett csaták, bukások, vesztőhelyek, börtönök szörnyűségei, alkotmányos jogok szüneteltetései ellenére is megmaradt. Titokzatos erőnk: történelmi küldetésünkbe vetett hitünk, nemzeti nagylétről szőtt merész álmaink. A nagy álmok nem teljesültek, de ezen álmokból merített erőnek köszönhetjük, hogy keményen álltuk a sorscsapásokat és a világ csodájaként, megmaradtunk ezer éven át rokontalanul, idegen népek fojtogató gyűrűjében.

A mai magyar millióknak, akik a rendi Magyarország örököseiként indulnak a jövőbe, magukévá kell tenniök a múlt hősi erényeit, a megtartó, magyar voltára büszke erőt. A maiak annak köszönhetik, hogy még van Magyarország és övék lehet a jövő.

A percnyi sikerekért alkura kész parolázásokra pedig a mohácsi vész előtti nádor szavai állanak: „Pókhálót szedegetnek, amikor ég a tető a fejük fölött."

Költők, írók, három évtized óta nemzeti gondolat őrzői a hontalanságban, legyetek résen, nehogy jószándékú és jóvátehetetlen tévedések azt a „trójai falovat" vontassák be, amelyből a hazai rendszer ügynökei lépnek ki, hogy birtokba vegyék a várat, amelyet a bolsevizmus és annak magyarországi rendszere ellen emelt a magyar emigráció.

HÚSZ ÉV ELŐTT

Kabátját, kalapját a fogasra akasztotta és végigdobta magát a heverőn. Nyolc órán át dolgozott a gyárban és az autóbuszmegállótól hosszú gyalogutat kellett tennie. Hét éve minden nap, amióta átkúszott a határ drótakadályán, átlépegetett tányéraknáin és letelepedett Ausztriában. Akkor negyvenhét éves volt és úgy hitte, hogy Nyugat nem soká tűri már a torkára tett kést és felszabadítja a vasfüggöny mögé börtönzött milliókat.

Akkor még Nyugat kezén volt az atomgyártás titka, még nem fejeződött be elszomorító alkuval a nagyszerű lehetőségeket nyújtó koreai háború.

De az államokat kormányzó szürkék közül nem emelkedett ki a történelmi tettekre elhivatott vezér, aki hasznosítani tudta volna a nyugati világ erőtöbbletét. A népek sorsáról olyan államférfiak döntöttek, akik talán alkalmasak lettek volna kisebb közületek vezetésére, de nem arra, hogy válságos időkben történelmi szerepet töltsenek be.

Moszkva nem hagyta kihasználatlanul az érdekeit szolgáló lehetőségek egyikét sem, míg Nyugat esztendőről-esztendőre leadott valamit abból az erőtöbbletből is, amit meghagyott számára a yaltai és potsdami döntés. Végül az atomgyártás titkát is. Csak azoknak a millióknak, az atomerőnél is félelmetesebb erejű elé-

180

gedetlenségét nem sikerült eltékozolnia, amelyet Nyugat rövidlátása folytán a szovjet hatalmi övezetében vesztették el állami létük önállóságát.

Ez az elégedetlenség idézte elő az 1956. október 23-ával kezdődő és vulkánkitöréssé váló eseményeket. A magyarság hitte, hogy szabadságharcának világtörténelmi cselekedete helytállásra készteti a nyugati világot. Hitte azt is, hogy Nyugat nem hagyja kihasználatlanul a lehetőséget, hogy a magyar szabadságharc támogatásával megdöntse azt a hatalmat, amely biztonságát és jövőjét fenyegeti.

Az Alpok tövében élő magyar is azzal a hittel zárta le rádióját e nap éjszakáján, hogy olyan folyamat indult el, amely nemcsak a magyar remények beteljesülését hozza meg, hanem a bolsevizmussal sanyargatott többi nép szabadulását is. A dicsőség hősköleteménye íródik Magyarországon.

Örömében sírt, nevetett és szinte eszelősen rohant a legközelebbi kocsmába. Hét év óta először rendelt bort, koccintgatott, ujjongott, áradozott, büszkélkedett az együttérzősen hallgató osztrák parasztok között:

— A magyar nép győzött Nyugat segítsége nélkül! A magyar nemzet a maga erejével szabadította fel önmagát. Dávid legyőzte Góliátot! Budapesten nemcsak Sztálin bronszobrát döntötték le, hanem a rettegett szovjet mindenhatóságának és megdönthetetlenségének hitét is megszüntették.

Elindulhatnak hazafelé a világrészeken szétszóródott magyar menekültek. Keserves hét esztendő után az öregember is. A tervbe vett indulás reggelén mégegyszer megszólaltatta a rádiót. De az hallgatott. Az éter villamos zizzenéseiből nem bontakozott ki hang.

A budapesti rádió hullámhosszán mély és ijesztő volt a csönd. Ijesztő és érthetetlen az előző esti adás ,,Ne bántsd a magyart!" diadalkórusa után. Döbbenten vitte tovább a keresőt. A nyugati adók egyikéből kétségbeesett női hang sikoltotta:

— Orosz páncélosok ágyúzzák Budapestet! A kormány az ENSz sürgős segítségét kérte!"

November 4-e volt.

Az öreg magyar e nap reggelén megtanulta, hogy ő és minden hontalan magyar, világrészekből álló internálótáborban él, ahol ugyan nem lesnek feléje ávós fegyverek, de annál gyilkosabb közöny őrli a reményt, hogy visszatérhet oda, ahol született, ahol még élni szeretne és ahol meghalni akar.

*

181

Amikor munkahelyéről hazatért és fáradt testét végigdobta a heverőn, a menekültek hazaküldött üzeneteit hallgatta a rádión. Honi hangokat az idegen nyelvterületen. Szinte látta, amint a határ mesgyéjén átdobta magát az ifjú „Szénmosó", aki a révbe ért üldözött kifulladt hangján lihegte a szülői hajlék felé: "Testvéreim, vigyázzatok édesanyánkra!" „Napsugár" az otthon maradt „Holdsugárt" vígasztalta. A „Három Jómadár" kórusban hirdette: „Visszajövünk!" Csak egy Jóska van a faluban!" tettetett duhajsággal kurjantotta: „Csalánba nem üt a ménkű!" A „Jópipa" Salzburg hegyeiről is hazalátott. A „Fekete Macska" Hollywoodról álmodozó dalolással búgta: „Holnap indulunk Amerikába!" „Mackó" a szomszédokat bosszantó szándékkal harsogta; hogy repülővel viszik Ausztráliába. „Kéknefelejts" Portugáliába készül. „Cinka Panni" talán Párizsról álmodozó, szerelmes költőjének üzente: „Holnap befut velünk a vonat a Gare de l'Est-re. „Koraszülött" Brazíliába készült, és kérte Erzsikét, hogy szigorúan tartsa be az étkezésre vonatkozó utasításokat.

Volt hang, amely igazságos gondoskodással értékeket osztott szét, egy másik a szabad világtól mámorosan kiáltotta, mintha a városligeti Nemzetközi Vásáron Papónak, Mamónak, Putrinak, Pucinak és a keresztpapának lelkendezné a mikrofonba jókedvét. Más hangok meg bánattól árnyékoltan, könnyek közt fuldokoltak.

Örömöt, bánatot átérző csodálatos melegséggel zengő női hang kötötte füzérbe szavaikat. Mintha magához ölelné a határnál kimerülten összeroskadókat. Simogatott, cirógatott, vígasztalt, biztatott, holott őt magát is ugyanaz a bánat emésztette. A nagyvilág láthatatlan emelvényén, csengőn ismételte a lámpalázba halkuló mondatokat:

„Napsugár üzent Holdvilágnak, Keményfejű Csáktornyára az édesapjának, Pirosrózsa Őszirózsának, Kövér Gárda a csepeli főműhelynek. Mind azt üzenik, hogy jól vannak és hamarosan továbbutaznak."

Úgy mondta, ahogyan a gyermek gügyögését ismétli érthetővé az édesanya.

A rádió tovább beszélt a világ eseményeiről, de mitsem mondott arról, amit a földgolyó tizenötmillió magyarja várt. A vasfüggönyön túl fullasztó csönd, azon innen semmitmondó szavakba bujdokló közöny. Az öreg magyar, akit hét éve éltetett remény és roskasztott csalódás, haragvó mozdulattal hallgattatta el a rádiót.

A szobára csönd borult. Aludni kellene, minden gondot megoldó álom eszméletlenségbe bújni a valóság elől. De nem lehet. A csöndön áttör egy messziről érkező hang. Olyan melegen csengő, és olyan anyai —, mint amely az üzenetek szavait ringatta az ajkán. Egymaga felelt azokra, de mindazok nevében, akik odahaza vannak.

Szívet tépő szomorúsággal mondta el afölötti örömét, hogy a menekültek élnek és Nyugat népeinek vérkeringésében éltetik tovább egyéni életüket. Bús örömmel vette tudomásul, hogy Katinka Rómában imádkozik, hogy Pista Párizsban tárgyal, hogy János Albionban hódít a magyar ügynek, hogy Miska a kanadai egyetemen tanul, hogy Dani az ENSz palotája előtt tüntet Magyarországért, és hogy valamennyien szeretettel gondolnak az otthon maradottakra.

— De gondoltok-e arra —, szólalt meg a Haza néma hangja —, hogy nyitott sebeimből szakadatlanul patakzik a vér és városaimban, falvaimban, rónaságom dolgos tanyáin, magyarok százezrei tervezgetik, hogy utánatok iramodnak a tátongó sebeken át, amelyeket a vörös páncélosok ütöttek testemen? Fiaim, leányaim, akik Nyugaton vagytok és ti is akik még ereimben keringtek az ősi föld területén, gondoltok-e arra, hogy mi lesz velem, ha valamennyien elhagytok? Édesanyátok vagyok, ezer éves hazátok, Magyarország! Megszűnök lenni, ha a világrészeken szétszóródva, elhagytok valamennyien.

— Bekövetkezett, hogy a szabadságért vívott harcotok még nagyobb elnyomatással végződött s a nyugati világ ugyanakkor győztes háborúval felérő felismeréshez jutott.

— Kiderült, hogy a szovjet uralmat nem tartja össze a rendszerhez ragaszkodó állampolgárok hazaszeretete. Bizonyítéka ennek, hogy a szabadságharc napjai alatt nem egy orosz katona dobta el fegyverét és állt át a szabadságharcosok oldalára.

— A magyarokat nem ismerő, Magyarország létezéséről mit sem tudó, ázsiai népekből toborzott alakulatokat kellett mozgósítani a szabadságharc letörésére.

— Az igájukban tartott népek elégedetlenségének, a csatlósállamokból létesített katonai övezet megbízhatatlanságát is bizonyítja a környező népeknek akkor tanúsított magatartása.

— Nyugat népeinek a magyar szabadságharc óta kevésbé kell attól tartania, hogy a szovjet hatalom országaik határán túlra tolhatja a vasfüggönyt.

— A nyugati világgal szembeni magyar igények számlalapján pedig épp oly elintézetlen követelés ez Nyugattal szemben, miként a harc megsegítésébe vetett remény.

— Bármily súlyos csalódás ért is benneteket, bele kell törődnötök abba, miként őseiteknek ezer éven át, hogy a létetekért való harcban világtörténelmi küldetéstek: véretekkel védeni Nyugat békés álmait.

— Történelmünk tanúsítja azt is, hogy Európa idegen népeinek tengerében csak azért maradtatok meg mindmáig, mert önfeláldozással töltöttétek be ezt a küldetést.

*

A nemzet akkor még hallotta a Láthatatlan hangját. Óriás többségében egyazon akarattal: szabadulni a kommunista járomból. Írók, művészek, értelmiségiek, szegény parasztok, gyári dolgozók egyaránt ezt akarták.

Egységüknek gyönyörű jelét adták a szabadságharc egyhónapos fordulóján. Ezen a péntek délutánon az elesett hősök emlékének áldozott a nemzet és az ország fővárosa.

Budapesten, november 23-án, két és három óra között, rejtett erők utasítására megdermedt az élet. Leállt a forgalom. Az utcákon nem volt sem gyalogos, sem jármű. Csak orosz járőröket, páncélosokat lehetett látni és azokat az autókat, amelyeken a tüntetés eredményét felmérő diplomaták száguldották be a várost.

Három órakor az elnémult Budapest ünnepélyes csöndjében felhangzott a Himnusz.

Százezrek énekelték. Pályaudvarok csarnokaiban, kapuk alatt, otthonok mélyén nyitott ablakok˙mellett szállt Ég felé az örök fohász.

A főváros népe sírt és — úgy látszott— megerősödött lelkében.

*

Aztán mind halkabbá vált, majd elnémult a Láthatatlan hangja. Szörnyű sejtelem váltotta fel. Az elárvult nemzet képzeletének látomásai idézték az egykori despota cinikus szavait:

— A magyar ügy csak vagonkérdés.

Vagy vagonok sem kellenek? Nem elégséges egy büszke nép önérzetét megtiporva, életkedvét venni el a tértől, amelyben ezer éve él?

*

Húsz év óta minden feszül és izzik Európa keletén.

A vasfüggönyön átözönlő látogatók örömük hátborzongató hurráival kiáltják kétségbeesésüket meg a végzettel való megalkuvásuk kétségbeesésnél is hátborzongatóbb híreit.

AZ UTOLSÓ SZÓ JOGÁN

Kivágódott a Gyűjtőfogház egyik zárkájának tölgyfaajtaja s a börtönőr megállt a küszöbön. Arca sápadt volt, tekintete komor, hangja drámai:

— Nem tudom bűnös volt-e, de tudom, hogy férfi volt. Láttam, amint őrei közt kilépett az udvarra és megállt a zömök oszlop előtt. Csönd volt, őt nem fogadta a tömeg szokásos üvöltése. „Nem, nem engedem!" kiáltotta, amikor be akarták kötni a szemét.

Az őr is kinyújtotta karját, ahogyan Bárdossy hárította el a fekete kendőt.

— Látni akart, mindent látni az utolsó pillanatig. Mozdulatlanul állt, akár egy szobor, szeme sem rebbent, amikor felsorakozott a kivégzőosztag. Nem a régi őrökből! Nem, nem! Azok megtagadták a hóhéri munkát. Négy suhanc, akiket nemrég toboroztak közénk, emelte le válláról a fegyvert. Mielőtt a pártszolgálatos őrparancsnok, Zipszer megadhatta volna a kivégzési jelt, Bárdossy ércesen csengő hangja járta be az egész udvart:

„Istenem, szabadítsd meg hazámat ezektől a brigantiktól!"

— Csak erre üvöltött fel a felbőszült tömeg, az ügyészségi folyosó ablakaiban is. Tudták, kiket ért brigantik alatt a volt miniszterelnök. Aztán — s az őr hangja lehalkult — eldördültek a fegyverek és Bárdossy László véresen roskadt össze. Így történt — mondta és visszalépett.

A zárka ajtaja becsukódott.

— Imádkozzunk lelki üdvéért — szólt megrendülten egyik társunk s a kezek összekulcsolódtak.

185

A függőfolyosó vaslemezein döngő léptek továbbvitték a hírt, hogy 1946 január 10-ének kora reggelén, a Markó utcai fogház udvarán kivégezték a magyar történelem egyik legnemesebb alakját, miután a köztársasággá nyilvánított ország kommunistákat kiszolgáló marionett elnöke megtagadta tőle a kegyelmet, amelyet megadni nem mert.

Harminckét év telt el, mire Esső Sándor érdeméből, a történetírás bizonyságtárába és a magyarság tudatába kerül, amit Bárdossy a budapesti népbíróság és a NOT-nak nevezett fellebbviteli fórum előtt mondott az utolsó szó jogán.

„Ma minden azon fordul meg — jósolta beszéde elején —, hogy őszinte, tiszta és tartós lesz-e a megbékélés, a belső béke éppenúgy, mint az országnak a szó nemzetközi értelmében vett külső békéje. Ma minden azon fordul meg, hogy ne ismétlődjék, ami 1919-ben történt, amikor darabokra szaggatták az országot, hogy a magyarok százezreit ne szakítsák el apái földjétől."

„Emlékezzünk és emlékeztessünk!" — írtam négy esztendeje. E mindenfelől megértéssel fogadott két szóra bukkantam egy Berzsenyiről szóló otthoni tanulmányban is. De van-e megrázóbb emlékezés és emlékeztetés Bárdossy László harminckét év előtti szavainál?

Felülmúlhatatlan világossággal, igazmondással, okok és okozatok felsorolásával, bizonyító tények ismertetésével markolta össze az 1945 előtti eseményeket és Golgotáig vonszolt keresztjének történetét.

A népbíróságnak ügyében való ítélkezését s a miniszterek felelősségrevonásáról szóló törvényt be nem tartó eljárást alkotmánysértésnek nyilvánítva, csupán azért beszélt, mert tájékoztatni akarta nemzetét a történtekről és azok bekövetkezésének okairól.

Elismerte, hogy a trianoni korszaknak volt sok vétke és mulasztása. Elhanyagolta és elodázta a szociális kérdések rendezését és életben tartotta az elavult közigazgatás rendszerét, de kétségbevonhatatlan, hogy e korszak egész nemzedéke nemzeti egység helyreállításának az akaratában és kiolthatatlan vágyában élt.

1919-ben, a kommunista Tanácsköztársaságnak az elvesztett területekért indított harcában azonban csak a nemzet magatartása volt nemzeti. Bárdossy két beszédének egyetlen tévedésével ellentétben, Kun Béláék nem a nemzetért harcoltak, nem az ország integritásáért, hanem Moszkva utasítását követve, a bolsevizmus területének növeléséért.

Érzelmek lobogtatása, hatáskeltő szépszavak nélkül, puritán stilisztika szigorú tárgyilagosságával mutatta be, hogy a trianoni békeparancs és annak következményei miként idézték elő a második világháborúba való sodródásunkat és állami önállóságunk 1945-ben bekövetkezett összeomlását.

Körülöttünk kialakult az utódállamok véd- és dacszövetsége s a honalapítók utódainak a tőlünk elrabolt területeken kegyetlenül kellett sínylődniük amiatt, hogy magyarok. „Akkor született a magyar munkás életét lehetetlenné tevő „numerus vallachicus", azzal a szándékkal, hogy mielőbb „numerus nullus" legyen belőle... Ha tekintetben vesszük azt, hogy milyen rohamosan fogyatkozott meg erejében és életlehetőségeiben az elszakított területek magyarsága, — amely elvégre is az egész földkerekén élő magyarság egyharmadát jelentette — akkor az is érthető, hogy helyzete megváltoztatásának sürgőssége milyen állandó nyomás alatt tartotta a magyarságot a határon innen és túl... Ha egyik ország királyát távol idegenben, francia földön megölték — a szomszéd ország ártatlan magyarságát dobták át ezrével és ezrével a határon, miután javait elvették, asszonyát, gyermekét kegyetlenül bántalmazták. Egy másik szomszédos állam belügyminisztere saját parlamentje nyilvános ülésén dicsekedett azzal, hogy lelkiismeretlen kivándorlási ügynökök segítségével hány ezer szegény magyar földművelőt sikerült Dél-Amerikába juttatnia... Ezzel őszintén bevallotta, hogy az ország nemzetiségi megoszlását akarta kedvezőbbé tenni a maga népe javára."

Istenem! Ki beszél ma erről? Olyan megalkuvó magyarok is vannak, akik szerint szóba hozni maradiság jele, túlzott nacionalizmus.

A nyugati nagyok pedig elzárkóztak a magyar sérelmek orvoslása elől. Sajtójukban a megértés és rokonszenv jelei mutatkoztak, de a hivatalos tényezők még attól is vonakodtak, hogy vizsgálat alá vegyék a kérdést. Döbbenetes a nyugati tényezők cinikus válasza, amit Valkó Lajos külügyminiszterünknek adtak arról, hogy a magyarság mire számíthat a nyugati államok részéről.

„Ha egy úttestet újra köveznek — mondták — és ha megesik, hogy az egyik kőkockának kevesebb hely jut, mint amennyi nagysága méretei szerint megilletné, akkor így a szűken mért helyre állított kőkocka bizony ki fog állni az úttest szintjéből. De vajon ki kívánhatná azt, hogy az úttest egész kőburkolatát ezért az egyetlen rosszul elhelyezett kőkockáért újból felszedjék s a munkát újból elvégezzék?... Nem kell tehát más, mint az időre bízni a dolgot. Ahogyan minden szekér keretének vaspántja, minden ló patkója, minden gyalogjáró cipőjének szegelése a kiemelkedő kőkockát fogja kalapálni, ütni, verni — úgy éri „szükségszerűen" a helyzetével elégedetlenkedő nemzetet minden fordulat nehézsége, amíg végül is a nemzet meg nem nyugszik és bele nem illeszkedik abba a rendbe, amit magasabb erők szabtak ki neki."

Bárdossy beszédében különösen megszívlelendő annak ecsetelése, hogy 1938-ig az egyetlen olasz állam ismerte el a magyar revíziós követelések jogosságát s a müncheni döntés után, a nyugati hatalmak meg a Szovjet hallgatólagos hozzájárulásával, az egész dunavölgyi terület német vezetés alá került.

Magyarország esetében az a tény is fokozta ezt a befolyást, hogy „a két ország helyzete az első világháború után sokban párhuzamosan alakult és a magyarság úgyszólván csak a Német Birodalomtól, illetőleg a Német Birodalom hatalmi viszonyainak megváltozásától remélhette, hogy a népi erőinek egyesítésével újra talpra állhat.

Közre játszott ebben az az erős szellemi behatás, amelynek Németország felől századok óta ki voltunk téve, továbbá az első világháború emléke, amely különösen a két ország katonai szervezetei között maradt eleven s tartott bensőséges kapcsolatokat... A német hadsereg vezetőségét magyarbarátnak ismerték, segítségre tehát a magyarsággal szemben nem mindig kedvezően hangolt más németországi tényezők ellensúlyozására számítani lehetett."

A világtörténelmi fordulatok felsorolását az 1940-ben kötött magyar-jugoszláv barátsági szerződés leglényegesebb részének ismertetése követi. Az, amit a népbírák és a rendszer történészei elhallgatással fedtek be. Magyarország akkori külügyminisztere minden kétséget kizáróan tisztázta, hogy Magyarország fenntartja az elvett délvidéki területekre vonatkozó igényét. Ezt kifejezésre juttatta a szerződés második cikkelye is. Így értelmezte maga a jugoszláv kormány s megbizottai ennek megállapításával írták alá az okmányokat.

A magyar-jugoszláv barátsági szerződést belgrádi katonai puccs hatálytalanította 1941-ben. Megszüntette a háromhatalmi megállapodáshoz való csatlakozás érvényét, a németek pedig elindították hadi gépezetüket Jugoszlávia ellen.

Bárdossy beszéde döntő bizonyítéka annak, hogy Magyarország nem szegte meg a belgrádi szerződést, amelyet egyébként a jugoszlávok nem is ratifikáltak s az új jugoszláv kormány megsemmisítette annak érvényét. Ezzel a magyar kormány szabad kezet kapott a magyarság igényének érvényesítésére.

Bárdossy felidézte Teleki Pál szavait: „Véreink felszabadítását, a területek megtartását csak akkor érdemeljük meg, ha azért áldozatokat is tudunk hozni."

E szavakhoz fűzi annak megállapítását, hogy Teleki emlékét sérti, aki kétségbe vonja, hogy a revíziónak szentelt húsz évi munkásságát megtagadva, nem élt volna a délvidéki magyarság felszabadításának lehetőségével. A magyar kormány katonai akciója csak azután következett be, amikor Jugoszlávia elemeire bomlott és Horvátország kikiáltotta önállóságát.

„Ha a Szovjetunió 1939 szeptember 18-án azért vonult be Kelet-Lengyelországba — mondta Bárdossy —, mert Lengyelország megszünt létezni, akkor a magyar kormánytól lehetetlen megtagadni a jogot és teljes jóhiszeműséget, hogy analóg jogcímen, újra birtokba vette a délvidéki magyarlakta területeket."

Történelmi dráma izgalmas eseményeit örökíti meg Bárdossy László mindkét beszéde a népbíráskodás fórumai előtt. Az élő tanuk között a halott nagy költő, Babits Mihály felidézett szelleme is megjelent az események idején háborogva írt szavaival: „Miért nevezik egyesek országgyarapításnak azt, ami vér és természetes összetartozandóság jogán kerül vissza hozzánk?"

Egy nemzet nagyságát nem a nemzetet alkotó egyedek száma határozza meg, hanem azok, akik alkotásukkal, áldozathozatalukkal és a nemzethez való hűségükkel emelkedtek ki.

A kis könyv, amely a nemzet védelmében cím alatt jelent meg, Bárdossy László áldozatos, hazájához hű magyarságának bizonyítéka. Azzal is, hogy a miniszterelnökségről lemondott, amikor az államfő ellenkezése miatt nem valósíthatta meg a földbirtokmegoszlásáról szóló törvény haladéktalan végrehajtását és más alapvető szociális kívánalom megnyugtató rendezését.

A további kormányokban Horthy által neki felajánlott külügyminiszteri tárcát ugyanez okból nem fogadta el.

A NOT előtti beszédét így fejezte be: „Mindig az volt az álláspontom, hogy magyarnak lenni lelki magatartást, lélekállapotot jelent, azt: vajon mindenben közösséget vállalunk-e azokkal, akik magyarnak érzik magukat és eszerint élnek.

Tudom, hogy a magyarság disszimiláció révén vesztett is, idegen vérűek asszimilációjával sokat nyert. Talán az asszimiláció volt megmaradásunk titka és magyarázata.

Mégis, ízig-vérig magyar voltomat, amelyről cselekedetekben, szóban, írásban mindig tanúságot tettem, nem engedem kétségbe vonni!

A népbíróság sokmindent megállapíthat rólam, sokmindent elvehet tőlem, elveheti az életemet is — kettőhöz nem nyúlhat hozzá, kettőtől nem foszthat meg — nyugodt lelkiismeretemtől és ízig-vérig magyar voltomtól!"

Amit a NOT előtt mondott az utolsó szó jogán, az nem védekezés, hanem vád azok ellen, akik megalkuvásukkal elősegítették a bolsevista államrend létesülését Magyarországon.

Elvetemült hóhérmunka akadályozta meg abban, hogy jellemével, rátermettségével tölthesse be a Gondviseléstől kapott küldetését.

Testi léte megszűnt, de szelleme örökké él az emlékezés Magyar Panteonjában.

EZ SEM ELÉG?

A bécsi rádió egyik műsorszáma azt az érzést keltette, mintha valami történelmi fordulat a fekete-sárga zászlót tűzte volna ismét a Burg oromzatára, s a történetírók a császári udvar követelményeihez kényszerülnének igazodni.

Az iktatásügyi miniszter által jóváhagyott Schulstufe előadássorozat keretében dr. Franz Rubachler tanár, Montecuccoli hercegnek, a császári haderő vezérének 1664. augusztusában, a törökök fölött aratott szentgotthárdi győzelmével foglalkozva, a tényeknek meg nem felelő és ellenséges aláfestéssel szólt a magyarságnak azzal kapcsolatos szerepéről. Szerinte a magyar főurak és a magyar társadalom tehetősei személyes hatalmuk és kényelmük féltéséből vonakodtak harcolni a török ellen. Apafi békét kötött a szultánnal és Erdély kikapcsolódott a török elleni harcból.

És addig? Nem Hunyadi Jánosnak hívták a török elleni küzdelem legkimagaslóbb hősét, hat éven át Magyarország kormányzóját V. László kiskorúsága idején, aki Montecuccoli előtt kereken kétszáz évvel vívta nagy harcát a török ellen, utolsó leheletéig? Nem ő volt az, aki még Konstantinápoly eleste előtt a pápához fordult azzal a figyelmeztetéssel, hogy Európát vagy megszabadítják a kegyetlen török uralomtól, vagy a magyarok elesnek Krisztusért és mártírkoronát kapnak? Delente, a Stefanskirche nagyharangja nem juttatja Rubachler úr eszébe, hogy a déli harangszó annak a győzelemnek emlékét hirdeti, amellyel Hunyadi megsemmisítve a török dunai hajóhadát, megfutamította szárazföldi katonaságát, határainkon túlra kergette vissza a szultán becsvágyát és negyven esztendőre kedvét szegte Magyarország megtámadásától?

Mátyás királyunk a török elleni várvonal védelmében támadta meg és foglalta el a török kezén lévő Sabác várát. II. Lajos király hasztalan próbálta Európa udvaraiba küldött követeivel felébreszteni a világ lelkiismeretét, segítséget sehonnan sem kapott a török ellen. „Felőrlődtünk a hosszú harcban — keseregte az angol királynak küldött levelében —, minden erőnket kiadtuk, a török támadását kivédeni nem tudjuk." Mégis megkísérelte 1526. augusztus 29-én alig húszezer főnyi katonájával támadta meg II. Szulejmán szultánnak a Bécs meghódítására indított hetvenezer főnyi és a legújabb tűzfegyverekkel felszerelt seregét. A magyar legnagyobb része megsemmisült, a király halálát lelte, immár második királyunk a törökkel való háborúskodásban. Magyarország, mint Hunyadi bejósolta, elhullott Krisztusért és elnyerte a mártírkoronát, amely a hódoltság után sem került le róla.

Ez sem elég? A várak hosszú sorának védelmében vívott harcok sem? A tőrbe ejtett enyingi Török Bálint várparancsnokot a szultán élete végéig gyötörtette a konstantinápolyi Héttoronyban. Dobó István csodát művelt várvédő magyarjaival Egerben. Szondy György hősi halált halt az utolsó csepp vérig védett Drégely ostromakor. A foglyul ejtett Losonczy Istvánt, Temesvár vitéz védelméért lefejeztette a török. Zrínyi Miklós, akit a bécsi udvar nem támogatott a török elleni küzdelemben, visszautasította a szultán ajánlatát, hogy Szlavónia fejedelmévé teszi Szigetvár feladása esetén, s az ostromló ellen indított rohamban hősi halált halt. „Soha harcos nem halt meg szebb halállal", írta róla Leopold von Rancke, a berlini egyetem történésztanára a múlt század második felében.

Falutól-faluig, várostól-városig harcolt a magyar, rommá lettek legszebb városai, Székesfehérvár, a királyi város eltűnt a föld színéről, Mátyás álomszép budai várpalotája romhalmaz lett, építészeti alkotásainkból alig maradt meg valami, műkincseinket részben a bécsi udvar, részben a szultán hurcoltatta el, megszűnt mind a három egyetemünk, amelyek közül a pécsi mindössze két évvel fiatalabb a hatszáz éves jubileumát ünneplő bécsinél. Népünk elszegényedett, földjeink véres ugarrá váltak, bizonytalanság, állandó életveszedelem közt telt az élet...

Ennyi sem elég?...

Azt is mondta az előadó, hogy a császár seregében harcoló magyarokra nem lehetett építeni németellenességük miatt. Olyan e panasz, mintha azért vádolnák a zsidókat, hogy Hitler idején németellenesek voltak. A német nép nem volt azonos Hitlerrel, miként azon időkben a császárral, akinek Magyarországra küldött zsoldos seregei úgy bántak a magyarokkal, mint az SS a zsidókkal. Győr városának az 1602 évi országgyűléshez intézett panaszából néhány adat:

„A világ minden részéről kihozott segélyhadak (császári zsoldos seregek) nemcsak a nép és jobbágyok, hanem az urak, nemesek és papok birtokait is megtámadják, minden jószágot elrabolnak, a templomokat feltörik, a sírokat felássák... a halotti öltönyöket, ékszereket levonják, a gazdákat ütik-verik, gyermekeket szüleiktől, gyenge leánykákat testvéreiktől, ártatlan és szemérmes szüzecskéket családjaiktól elrabolják, bordélyba hurcolva meggyalázzák... Jobbágyok, miután lakhelyeik a katonaság által felégettettek, vagy azokból kiüzettek, hegyek, havasok, erdők és kősziklák közt a legkeservesebben nyomorognak... Alispánokat, szolgabírákat és más tisztségviselőket még adószedés közben is kifosztják, a kifosztottakat kegyetlenül elverik... Sok nemes család ivadékai éhesen és rongyosan, házankinti koldulásból tengenek."

Mindezt Montecuccoli is tudhatta, hiszen előzőleg épp a panasztevő Győr parancsnoka volt és ismerte a félévszázados és azután sem orvosolt panaszokat. Ha mégis úgy emlékezett meg a császárnak szóló jelentésében a magyarokról, miként azt az előadó ismertette, akkor ez a megemlékezés posthomus nemzetgyalázás.

A rádióelőadás szerzője Magyarországot teszi felelőssé azért, hogy I. Lipót a szentgotthárdi diadal ellenére is rossz feltételekkel kényszerült megkötni a vasvári békét, mert csak így tudta biz-

192

tosítani országa határait. A szerző ezzel kimondta, hogy a császár személyes hatalmának, az örökös Habsburg tartománynak területét akarta biztosítani, mitsem törődve Magyarországgal, amelynek megkoronázott királya volt. Mi csupán érdekei előváraként szerepeltünk, mint később a gazdasági kiaknázás gyarmataként.

És ugyan mit biztosított a valóban szégyenteljes vasvári békével? Alig két évtized múlva már Bécs falait parittyázzák Mola Mohamed szultán ágyúi, aki magát ugyancsak Isten kegyelméből valónak nevezi, és mint ilyen, megparancsolja a császárnak, hogy várja be őt Bécsben avégből, hogy ott majd leüttesse a fejét. E kedélyes hangú üzenetben megígéri azt is, hogy az ország nagyjait és a kicsinyeket is a legnagyobb kínzásoknak fogja alávetni. ,,Magamhoz ragadom a te kicsi országodat és annak népességét elsöpröm a föld színéről", írta a császárnak küldött levele végén. Bizonyára meg is téteti nagy vezére, Kara Mustafa vezérlete alatt felvonult háromszázezernyi seregével, ha a végpillanatban nem jön a szorongatott város és a városból elmenekült császár segítségére Sobieski lengyel király.

És a magyarok?... A magyarok önálló nemzetként már nem vehettek részt a szentgotthárdi csatában és Bécs védelmében sem. Erdély a töröké volt, az északi és nyugati országrész a Habsburgé, a többi terület afféle senkiföldje, amelyben egymást váltva csatangolt, garázdálkodott a két háborúskodó fél. A magyarok ott harcoltak, ahová az országrészüket bitorló uralom parancsolta. Olykor egymás ellen is.

A szerző sok mindenről megfeledkezik. Felsorolja a különböző népek katonai teljesítményét a barbárság ellen, a magyart azonban nem említi. Lehet ez? Komoly ez? Minden európai nép megtette a magáét, csak a magyar nem? Talán nem is a magyarok, hanem nyugati szomszédaik éltek török hódoltság alatt százötven esztendőn át? Mintha harcoktól, más népek megsegítésétől vonakodó nép lettünk volna egész történelmünk folyamán. Mintha Marchfeldnél a cseh Ottokár fölött aratott döntő győzelemhez nem V. István királyunk magyarjai segítették volna Habsburgi Rudolfot?... És ami 1741-ben történt a kettős Monarchia megteremtése után? Erre prof. dr. Fritz Wagner adja meg a választ Absolutizmus und Aufklärung című művében: ,,Létrejött a kettős Monarchia és harminc évvel később, 1741-ben Magyarország lett a teljes Monarchia megmentője."

193

Vagy talán nem elég a vér, amelyet a magyarság a további század alatt áldozott? Az első világháború idején is, Isonzonál, Dél-Tirol védelmében, kitartó önfeláldozás csodáját művelve, tizenkétszer megújult ütközetben vertek vissza minden támadást. Nem katonai okai voltak annak, hogy a küzdelem mégsem hozta meg a végső győzelmet. Magyarország 3.800.000 katonát állított az első világháborúban és abból 661.000 halt hősi halált. De nem magyarok voltak azok, akik a Monarchia soknyelvű mozaik-hadseregéből nagyobb csoportokban álltak át az oroszok oldalára.

Aztán mi lett a vég? Országunkból három hatalmas karéjt szeltek Trianonban csehek, románok, szerbek, de Ausztriának is jutott egy szelet, jóllehet közös feladatok és közös érdekek Monarchiáját alkottuk majd négyszáz esztendőn át.

Nem tehettünk többet sem a barbárság ellen, sem Nyugat védelmében, mint ezer éven át áldozva életet, javakat, kultúrát, fejlődési lehetőséget, míg tőlünk nyugatra kultúrában gazdagodva, társadalmi fejlődésünk minden adottságával zavartalanul épülhettek, gazdagodhattak gyönyörű városok.

A magyarságot nem érheti az a vád, hogy rokontalanul és magánosan bár, nem töltötte be történelmi szerepét Európa rokonnépeinek nagy családjában.

Dr. Rubachler olyan szemléletet csúsztatott főként az ifjúságnak szánt előadás-sorozatába, amely nemcsak hamis, hanem sértő is a magyarokra. Elfeledte, hogy Ausztria már nem császári tartomány, hanem szabad nép szabad állama, amelyet nem választanak el ellenséges érzelmek a magyaroktól s hogy épp ez a minden nép nemzeti érzékenységét tisztelő állam külön törvénnyel biztosította az egyik népcsoport érzékenységének védelmét.

Azt is elfeledte az előadó, hogy a bécsi rádió kozmikus tanterem, amelynek hallgatóságában nagy számmal vannak vasfüggönyön inneni és azon túli magyarok is.

HIÁBA VOLT?

A hontalan öreg gondolatban így társalgott odahaza élő unokahugával, akit nem látott kislány kora óta.

— Elmúlt a tavasz, és te szegénykém nem csodálhattad, mint bújik ki az első ibolya, mint zöldül a rét, lombosodnak a fák. Kora hajnalokon, amikor elindulsz gyári munkahelyedre, még nem bontakoztak ki a természet színei és mire hazavetődtél, az est sötétje fedett be mindent.

— Egy vasárnapi munkaszünet reggelén eszméltem arra —, szólt a válasz —, hogy kivirágzott a táj, de nem lehettem tanúja a kibontakozó tavasz izgalmas történéseinek. Egykori kertünk orgonabokrainál álltam gondolatban és visszaemlékeztem virágos réteken csatangoló gyermekkoromra.

— Emlékszel a diófára, amelyet én ültettem és kis kezeddel te borogattad gyökereire a puha földet? Azt ígértem akkor, hogy támlás padokkal körülvett asztalt verek a fa lombja alá. Elképzeltem a derűs reggeleket, meghitt családi ebédeket, üvegburás gyertya fényében borozgató öregek meséit, langyos estéken. Szép és zavartalan gyermekéveidben álmok meg valóságok tündérvilága vett körül.

— Hol van ez már édes bátyám. Nincsenek derűs reggelek, meghitt családi ebédek, mesélgető öregek. Mivé lett a tündérvilág? És mivé lettem én? Egyetlen borzalmas éjszaka öreggé tett. Azóta egyre hallom apám utolsó hördülését, letiport édesanyám halálsikolyát. A te diófád pompásan elterebélyesedett, de ágai alatt idegenek vertek asztalt, padokat.

— Volt egy másik diófa is a kertetekben. Te már csak a kidöntött fa korhadó törzsét láttad. Dédapám ültette és négy nemzedék üldögélt alatta. Az ágaiból keletkezett sátrat bevilágító lámpás fényében szívtam magamba nagyapám történeteit. Szinte hallottam kardja csörrenését, vágtató paripák patáinak dobogását, puskagolyók süvítését, ágyúk dörejét. Pirossapkás honvédek ülték körül a terített asztalt és nagyanyám fel-felsóhajtott Branyiszkóról, Buda bevételéről, a világosi fegyverletételről szóló történeteik közben. Akkor is oroszok gázoltak át az országon, akkor is kutakba, szérükbe, kamrákba befalazott zugokba rejtették a nőket. Nagyapám a kufsteini várbörtönbe került, házunkba idegenek költöztek s az öreg diófa alatt cseh komiszárok retye-rutyája habzsolta a sört.

— Istenem, Istenem!

— Legjobbjaink véreztek el vesztőhelyeken, menekültek hon-talanságba, lettek a hazában bujdosók. Bécsből kormányozták országunkat és császári hivatalnokok telepedtek a közigazgatás élére. A nemzet zsellérként élt saját földjén, a népet kegyetlen adó-terhek sújtották, a nyugatra való utazás tiltott volt, az iskolázás a németesítés ügyét szolgálta.

— Nekünk meg oroszt kell tanulnunk.

— Akkor a nemzeti érzelmű réteg visszavonult a közügyektől és aki az új rendszerben hivatalt vállalt, azt hallgatólagosan ki-közösítették.

— Mi ezt nem tehetjük. De egyébként minden úgy van, mint abban az időben. Csak Moszkvával kell behelyettesíteni Bécset, a németet orosszal, moszkovitával a bachhuszárt. A ma költője pedig, miként akkor, irigyen gondolhat a sebzett vadra, amely „a rengetegben kínjának hangot ad: s magát az elnyomott magyar-nak kisírnia nem szabad."

— Sokszor gondolok rád, féltőn és fájdalommal.

— Több borzalmat éltem és élek át, mint az a nemzedék, amely-ről szóltál. Megpróbáltatásaim súlyosabbak az övéiknél. Nincs senkim, akivel megoszthatnám a bánatomat. A te diófádat a párt-titkár és családja veszi körül, míg nekem egy Váci-úti bérház nyir-kos és sötét odúja az otthonom. Drága bátyám, ne keseríts a múlt-tal. A te életedben szép volt a jelen, kecsegtető a jövő.

— Ne feledd, hogy két világháborút harcoltam végig.

— Te se feledd, ami azóta történt, hogy 1956 október 23-án...

— Várj! Még nem mondtam el, amit akartam. Azt, hogy mi minden volt azok mögött, hosszú bujdosás, raboskodás után jöttek össze az öreg diófa alatt azzal a büszke tudattal, hogy önmagukból merítettek erőt, aminél nincs nehezebb. Kövesd példájukat.

— Szavak, szavak...

— A kételkedők akkor is ezt mondták a reménykedőknek.

— És nem nekik volt igazuk? Bár ne hittem volna abban, amit hittem, amikor beálltam a diákok, munkásifjak néma menetébe. Azokéba, akik tizenhat pontba foglalt kiáltványban követelték a szabadságjogok visszaállítását, a szovjet csapatok azonnali ki-vonulását, Rákosi Mátyás felelősségre vonását, az ávós terror-különítmények feloszlatását. Csakhamar ezrekre nőtt a menet, a kommunista tiszti akadémia növendékeivel az élen. Ott voltam, amikor a Parlament előtt sortűz fogadta a tüntető fiatalokat, ott voltam a rádió ellen intézett ostromnál és gyönyörködve láttam, amint ledöntötték a vérengző szovjetbálvány óriási bronzszobrát. Tizenhárom napon át voltam velük, sírtam velük. Voltam zászlóvivő is, s bár fegyvert egyszer sem sütöttem el, mégis tizenhárom évig kellett sínylődnöm különféle börtönökben.

Az öregember felsóhajtott és nem volt válasza.

— És mindez miért? A nyugati világ nekünk tapsolt és azt mondta, hogy történelmünk legszebb lapjait írjuk, sajtójuk, rádiójuk, amely forradalomra uszított minket éveken át, naphosszat sugározta a Budapestről kapott híreket, de senki meg se moccant, amikor ismét végiggázoltak rajtunk a szovjet tankok. Diáklányokat, tizenhat éves gyerkőcöket húztak bitóra. Segélyért kiáltott az ország, s az ENSz meg az emberi jogok védelmére hivatott intézmények álszent részvétsóhajával hunyták le szemüket, fogták be fülüket. Igen, így volt. De így soha többé nem lesz. Minket örökre meggyőztek arról, hogy beléjük vetett reményeink, a szabadulásért vívott harcunk hiába volt.

— Megértem keserűségedet, de ilyet mégse mondj! Lehet, hogy a te nemzedéked sem érheti meg a boldogabb jövőt, de egy nemzet boldogságához nemzedékek kitartó helytállása kell. Történelmünk tanúsítja, hogy a hazáért vívott harc sohasem hiábavaló. „Nemzeti nagy létünk nagy temetője" lelkiismeretünket ébrentartó örök példa, Rákóczi szabadságharca nemzeti büszkeségünket és önérzetünket táplálja, s a Habsburg-uralom óta tartományként kezelt országunk 1948 nélkül nem vívhatta volna ki a 67-es megállapodást, amely Magyarországot a szabad népek közösségébe helyezte vissza évszázadok után. 48 óta az 56-os szabadságharc volt a magyarok leghősibb cselekedete a magyar jövőért. Az 56-os szabadságharc bukásában is örök bizonyítéka annak, hogy történelmi küldetésünk van Európa szívében. Mi voltunk az egyetlen nép, parányi nemzet, amely fegyverrel akarta visszaszerezni szabadságát az orosztól, és a Nyugatnak példát mutatott arról, hogy miként dönthetné meg a szovjetóriás hatalmát. Gondolj arra is édes hugom, hogy a történelem nemcsak balsorssal ismétli önmagát, hanem előbb-utóbb valóra váltja a reményeket is.

— De mikor, mikor?

— Istenbe vetett bizakodással felelem, miként nagyanyám felelte szüleimnek: „Amit nem hoztak meg a hosszú évek, meghozhatja egy óra."

VAN REMÉNY

Sárgás felhők ölelgettek sziklacsúcsokat, lila fénypászták foszlányai lógtak sötétedő látóhatáron s ahol a város hevert, park fenyőóriásainak fekete függönyén túl, vörös fényjel hunyorgott hajdani papi fejedelmek erődítményén.

Az öregember szobája tágas ablakánál állt, az égi színjáték komor díszleteivel szemközt, de nem azt látta, hanem a barna csuhás, mokány szerzetest, a magyarországi ferencesek tartományfőnökét az újságban közölt képen megörökített jelenetben, amint az eskütétel után kezet fog a népköztársaság elnökével. Karja merev, szinte vonakodó, ajkán dac és elnémított harag, mintha buzogány lógna a kezében, amellyel nem szabad ütnie. Talán a pápai döntésre gondolt, amellyel XII. Pius átokkal sújtotta azokat is, akik szolgálatukkal erősítik a kommunista rendszert?

Két évtized alatt sok minden változott s az őskeresztények mártíromságára kész magatartásból megalkuvás lett.

A Vatikán bronzkapuja előtt felsorakoztatott svájci gárdát is látta, meg a parancsnoki kard tisztelgő villanását, látta a Borgia Sala termein átvonuló lila cingulusos pápai kamarások menetét a lakosztályhoz, amelynek bejáratánál Krisztus fehértógás földi helytartója kéznyújtással fogadja a frakkba öltöztetett kommunista diktátort, aki eltörte, hogy Újvidék főterén kínhalált haljanak karóba húzott, kerékbe tört magyarok. Látta és tovább tűnődött mindazon, ami volt és hatályát vesztette két évtized alatt.

Látta az újságban közölt vallomást is, amelyen reverendás papi tanár állítja azt, hogy a Nyugatra vetődött magyar hontalanok 80-90 százaléka elveszett a magyarság számára, és az idegen népekbe való felszívódás folyamata megállíthatatlan lenne, ha nem jött volna a huszonnegyedik órában, a Debrecenben tartott anyanyelvi konferencia. A Nyugaton élő magyarság nyelvi megmaradásának ügyét csak Magyarországon lehet és szabad megtárgyalni. Látta és azokra a százezrekre gondolt, akik 45-ben és 56-ban azért hagyták el hazájukat, mert hitték, hogy nemcsak a nyelv, hanem a nemzet megmaradása is csak úgy biztosítható, ha a határokon túlról folytatják harcukat a kommunista rendszer ellen.

És látta a hontalanságból hazaküldött dicsekvő levél szövegét is arról, hogy a levél írója előfizetéssel támogatja a hontalan magyarokat hazacsalogató lapot, amely ingyen küldött példányok ezreivel árasztja el a magyar emigrációt, hogy kábítsa ellentállását és szétszórja a tábort, amelybe azok gyülekeztek, akik akarják, hogy ismét szabad nemzetállam legyen a magyar, akik e hitbe vetett reményt sugározzák haza s nyugati hatalmak segítségét keresik e remény megvalósulásához.

És látta azoknak a névsorát, akik adományaikat küldték az emigráció által a magyar nyelv megmaradásáért létesült magyar gimnázium létének biztosítására, és e névsorban nem találta olyan tehetős magyarok nevét, akik báli vigalmakra koldulnak pénzt, de a hontalanságban felnövekvő új nemzedék nyelvi meg érzelmi magyarságának megtartásáért fillérnyi áldozatra sem hajlandók.

A rendszer szolgálatába szegődött tanár mindenesetre téved és a Debrecenből indított mozgalom nem alkalmas, nem is hivatott arra, hogy megállítsa a nyelvi felszívódás folyamatát, de elérheti az emigrációs törekvések felszámolásának nyelvvédelemmel leplezett célját, ha az emigráció nem áll ellent a csábító dallamnak. A rendszert segíti céljai elérésében a Nyugaton jelentkező koráramlat is, amely elfogadhatónak vallja azt, ami két évtized előtt nemzetellenes tett, átokkal sújtott bűn volt. Az emigrációt az a veszedelem fenyegeti, hogy nem lesz, aki átvegye hűen betöltött feladatát és új, közönyös nemzedék lép a 45-ös meg 56-os emigráció helyébe.

Az otthoni milliók pedig a látszatenyhülés engedélyezett örömeivel zsongítják életük örömtelenségét, hervasztják a balsorsuk változásába vetett reményt. A terror letaszítja mindazokat, akik templomi vagy irodalmi szószékről vállalkoznak e remény ébrentartására s a látszatenyhülésbe való beletörődés szomorú bizonyítéka annak, hogy Magyarországon mily mélyre süllyedt az egykor szabad ember. Mi lett a március 15-ék ünnepségein hangoztatott fogadkozásból, hogy rabok tovább nem leszünk? A mai Magyarországot gépfegyverek mögül kormányozzák Moszkva szolgálatában álló kamajkánok, akik nem vallják, hogy nagyra és önálló állami létre hivatott nép a magyar.

És Nyugat, amelytől a magyar sors jobbrafordulását várja a magyar emigráció? A kellő erővel rendelkező egyetlen nyugati hatalom, amely oly sokszor hangoztatta kis nemzetek védelmének ígéretét, a magyar ügy védelmét elejtette. Amerika külügyminiszterhelyettese egy sajtóértekezleten azt a választ adta a pittsburghi Magyarság munkatársának, hogy nem vállalhatnak háborús kockázatot oly kis népért, mint a magyar, de hallgatott arról, hogy talán új világháború veszélyét idézik elő oly törpe állam védelméért, mint Izrael.

— Hát nincs remény? — kérdezte önmagától és visszalépett az ablaktól.

Az esteledés eltüntette a színeket, ormokat, csak a repülőjáratokat óvó irányfény hunyorgott vörösen az elsötétült táj fölött.

— Hagyj fel a reménykedéssel! — sóhajtotta íróasztalához ülve. — Időd letelt, hangod gyöngült, némítsd magadba harcos kedvedet. Új fegyverekkel nőttek mögéd új nemzedékek, s ami neked fáj, az nekik idegen.

— Nem így van! — vélte hallani a „magyarok maradunk!" címen közölt költeményből.

— Ki vagy? — hajolt a vers fölé.

A szerző Ausztráliában született, a Murray partján és versében elmondta, hogy sohasem járt a Lánchídon, sem az Üllői úton Kosztolányi fái alatt, nem ült a Múzeum lépcsőjén, amelyen egykor Petőfi szavalt, neki távoli hegy a Hargita, ő nem ismeri a Nyírség homokját, sem a templom harangját egy tiszaparti kis faluban, ahol nagyapja porlik egy akácfa alatt.

Majd így vall tovább:

„Soha nem láttam a hazát, amely nektek mindent jelentett egykor, bánatot, ifjúságot, derüt. Az én magyarságom nem a tiétek, az én magyarságom fájóbb, keserűbb... Talán magával sodor majd a végelszámolás... s egy új világ születik majd meg nélkülem. De addig gyökértelen kettős életemben is mindig érzem majd, hogy testvérem a pesti srác, aki ott fekszik az aszfalt alatt, ki akkor halt meg, amikor újra romba dőlt a pesti ház s a Murray parton született életemnek nem közömbös, ha a Tiszáról sír egy hegedű vagy magyar bajnok áll a győztes dobogón valahol egy olimpián. Minden meg nem született magyar magzat nékem is fáj. Az éhen halt biafrai csecsemő mögül a székelyt látom az erdélyi térben, ki elfelejtve vár újsághír nélkül, reménytelenül... Kettős életem keresztútján sokmindent talán hiába vártok el tőlem, de halljátok, a nyelv még él az ajkamon."

A világon szétszórt magyar ifjak nevében küldött márciusi üzenet fénnyel töltötte be a szoba homályát és fényt gyújtott az öregember réveteg tekintetében.

De vajon mit mond egy másik újságpéldány első oldalán, Krisztinavárosi körmenet című versében az otthon élő költő? Mit vall a vasfüggöny mögötti hazában? A strófák hosszú rendjéből kiugranak, szinte kiáltanak szavai: „Előre éhenhalt zászlóalj! Előre mind, ki megfagyott! Halleluja! Feltámadás van! Előre mind, mind magyarok!... Merni s tenni, mert sem keresztfa, sem tűztrón, ha nem moccanunk, nem válthat meg se pénz, se fegyver, csak mi magunk, csak mi magunk!"

Odahaza s a hazátlanságban végtelenbe nyíló, örök útra készülődnek az öregek.

Nyugodtan tehetik.

Tengereken túlról, vasfüggöny mögül érkező üzenet bizonyítja. A költő hangszer, amelyből a nemzet lelke szól s amíg szólni mer, nem kell félteni sem a hazátlan, sem a rab hazában élő nemzetet.

AZ EMIGRÁCIÓ ÉL!

Egy illetékes vélemény szerint helyesebb lenne Mindszenty bíboros hagyatékát gyümölcsöztető vállalkozásba fektetni, mintsem a végrendelet előírását követve, nemzeti, emigrációs erkölcsi törekvésekre fordítani.

E meglepő vélemény indokolása az, hogy az emigrációra hamarosan kimúlás vár. Sajtóját, intézményeit közöny hervasztja s akik boldogulásukat megtalálták az idegenben, azok már szívük szerinti hazájuknak vallják az őket befogadó országot s e szellemben nevelt gyermekeik már nem tudnak magyarul, vérszerinti származásuk emléke elmosódott, nem ismerik történelmünket, elidegenülten nézik a nemzeti emigráció törekvéseit és azt a szellemet, amelyet apáik hoztak magukkal a hontalanságba. A szovjettel egyezkedő „détante" pedig a nemzetközi világ érdeklődését elterelte az 56-ban mutatkozó együttérzéstől s ezzel a létét biztosító lehetőségét veszíti el az emigráció.

Helytálló-e ez a sötét jóslat?

201

És van-e bárhol is olyan törvény, amely bárkit is feljogosítana arra, hogy hatálytalanítsa az örökhagyó végrendeletébe foglalt akaratát, ha az nem ütközik erkölcsi alapelvekbe, törvényben megállapított tilalmakba?

Mely szellem lappang a hercegprimás akaratát mellőző óhaj mögött? Ha szólhatna, vajon mit szólna a szándékhoz, amely törvényben biztosított jogától akarja megfosztani és lesújtó ítéletet hoz történelmi szerepéről, mintegy idejét múlt törekvésnek bélyegezve azt. Az „illetékes" óhaja ugyanis azt jelenti, hogy a biboros tévedett, délibábos elképzelések megszállottja volt, amikor szembeszállt a folyamattal, amely az ország bolsevizálásához vezetett. Tévedett, amikor szivós, de fegyvertelen harcot kezdett Moszkva zsoldosaival és példája „károsan" befolyásolta a mögéje sorakozó milliókat, akik benne látták reményeik teljesülésének a biztosítékát. Tévedett, amikor a terror túlerejével szemben mind veszélyesebbé váló helyzetében sem adta fel céltalan céljait, bár tudta, hogy feje fölött összecsaptak a hullámok és a mártíromság golgotás útját kell bejárnia. Tévedett, amikor az ávós pribékek által megszállt érseki székházában, utolsó üzenetként, írásba foglaltan, papjaihoz juttatta elhatározását, hogy érseki székéről nem mond le, semmit sem ír alá, és ha mégis tenné, azt az emberi test gyöngeségének tulajdonítsák.

Tévedett, amikor józan megalkuvás helyett az emberkínzás Andrássy-úti üzemébe való elhurcoltatást vállalta, tizenkilenc napon át az összeroskadásig tartó ütlegelést és a megaláztatást, amelyhez hasonlóban egyetlen primás elődjének sem volt része az esztergomi érsekek közjogi hatalommal is felruházott főpapi székében. Tévedett, amikor eszméletlenségig tartó kínoztatás után sem írta alá a tetteit meghamisító jegyzőkönyvet, elviselve annak következményeképpen rafinált agymosással előkészített vallomását meghamisító kirakatper előkészítését. De tévedett az „illetékes" kijelentése mögött lappangó vélemény szerint, amikor életfogytiglani elítéltetésének börtönéből a szovjet Góliáttal vívott harc dávidi cselekedete kiszabadította és így szólt nemzetéhez és a világhoz: „Nem szakítottam múltammal. Ugyanazzal a testi és szellemi épséggel állok nemzetem mellett, mint nyolc évvel ezelőtt."

Tévedett, amikor az amerikai követségen elutasította, hogy érseki székétől való lemondással nyerhesse vissza szabadságát. Tévedett, amikor csupán a parancsot jelentő pápai óhajnak engedelmeskedve, de érdeki tisztjéről le nem mondva, elhagyta az országot. Tévedett azután is, amikor az ígéretet be nem tartó intézkedés megfosztotta érseki székétől és a szabad világban töltött három éven át, új küldetést, testi, lelki fáradalmakat vállalva, tengereken inneni és azokon túl szétszóródott magyarokban a hazához való hűséget, nyelvünk megőrzését és az evangéliumi igéhez való ragaszkodást erősítette. Végül tévedett, amikor jövőbe vetett hittel úgy rendelkezett, hogy nemzeti szellemű emigrációs célokra fordítsák hagyatékát.

A hercegprimás végakaratával szembeszegülő „illetékes" véleménye azt is jelenti, hogy időszerűtlen szemlélettel látta a követendő utat és egész pályája hasztalan törekvések, hiábavaló célok céltalan hajszájának végestelen sorozata volt.

De mást is jelent az említett vélemény.

Ha többé nem lesz szószólója a sérelmeknek, amelyek a román impérium részéről érik és — amint Gábor Áron írta tettekre hívó kiáltványában —, azzal a veszedelemmel fenyegeti Erdélyt hárommillió magyarját, hogy „koldustarisznyával a vállán, a nagyvilágban keressen emberi sorsot." Elhagyni kényszerüljön az ezeréves magyar birtoklás földjét, amelybe ősei fogadták be azokat, akik most kiüldözésére készülnek.

Aki a politikai emigráció hamaros kimúlását jósolja és e jóslat alapján megmásítani akarja Mindszenty végrendeletét, az nemcsak Mindszentyt tagadja meg, hanem magát a hazát is. Lemond arról, hogy a magyar nemzet a visszaszerzett állami önállóság birtokában folytathassa történelmi szerepét.

Az emigráció hamaros kimúlásának hirdetésében a hazai rendszer vágyálma és bomlasztó szándéka szólal meg olyan gyászmagyarok ajkán a szabad világban, akik lehetnek sötéten látó jóhiszeműek, de nagyobb valószínűség szerint a rendszer céljait szolgáló emigrációs huligánok.

Igyekezetük hasztalan.

Az emigráció él és mindaddig él, amíg be nem töltötte az emigrálással vállalt történelmi küldetését.

Nem igaz, hogy közöny hervasztja sajtóját. Eleven cáfolata ennek a világrészeken Láthatatlan Magyarországot alkotó emigrációnk számtalan újságja, képes revüje, időszaki kiadványa, irodalmi közlönye és hatalmas könyvtárrá sokasodó, magas színvonalú írói alkotások tömege. Az emigráció sajtója gyújt, hevít, nemzeti eszméhez való hűségre buzdít. Ha itt-ott egy-egy újság anyagi nehézségek, elfáradás, elvénhedés következtében megszűnik, máris új elhatározás követi, ifjú nemzedékek hivatástudata áll az előd helyébe.

Az sem felel meg a valóságnak, hogy az emigráció közösségi intézményei felbomlóban vannak. Immár két évtizede virágzik Burg Kastl magaslatán az emigráció magyar ifjúságát nemzeti szellemben nevelő iskola és e szellemhez ragaszkodó magyarok évről-évre növekvő számban küldik oda gyermekeiket. A magyar diaszpórának alig van jelentősebb települése, ahol ne lenne hajléka a magyar kultúra és közösségi szellem ápolásának. Egy éve, hogy tanúi voltunk a nagyszerű és valóra váltott elhatározásnak, nagy anyagi áldozattal pazar palotát adva a magyar célok szolgálatára Torontóban, ahol tevékeny irodalmi élet van s ahol a magyar emigráció szellemi Athenjét hozhatják létre.

Ha olykor személyes torzsalkodás lohasztja a közösségi szellemet, az menten fellángol és erőre kap, amint magyar sérelmek jajkiáltása kíván közösségi tetteket. Felemelő példája ennek a clevelandi Magyar Találkozó által kezdeményezett mozgalom, amely a nyugati világ lelkiismeretét ostromolja avégből, hogy hatálytalanítsa az egyedül szovjet érdekeket szolgáló helsinkii megállapodást, amely békeszerződésekben vállalt és az UNO alapokmányába foglalt kötelezettséget megtagadva, hozzájárult Európa megosztottságának és a szovjetnek kiszolgáltatott országok rabságának állandósításához.

Az emigráció erejét, cselekvésre kész szellemét tanúsítja az a másik törekvés, amely az USA törvényhozásától kéri, hogy tagadja meg jóváhagyását annak a bukaresti kötésnek, amelyben Ford elnök Erdély hárommillió magyarját kiszolgáltatta a falánk románok kénye-kedvének.

Az emigráció igenis él! Bizonyítéka ennek az az ujjongó lelkesedés, amely a nemzeti eszmények szószólóját, a diaszpórák egészét bejáró Mindszentyt fogadta apostoli működésének valamennyi állomáshelyén, s akinek végrendeleti intézkedését törvénybe ütköző blaszfémia akarja elgáncsolni abban, hogy hagyatéka az általa kijelölt célt és szellemet szolgálhassa.

Az emlékezés és emlékeztetés tábortüzei körül gyülekeznek a hazához hű emigránsok. Kegyelem, hogy a hontalanságba kényszerült milliónyi magyarral olyan szigetek létesültek Nyugaton, ahol a hazát figyelő őrtornyok adhatnak tájékoztató jeleket a világnak és ahol tovább él az odahaza elnémított eszme, ahol elkiáltható a jaj, amelyet torkon fojt a kommunista terror és ahol nem talál szilárd talajra a magyar egységet züllesztení akaró törekvés.

1945-ben orosz zsarnokság telepedett hazánkra, 1956-ban hruscsovi ököl zúzta össze a fellángoló szabadságvágy dicsőséges harcát, de az emigráció él és híven él ahhoz a történelmi feladatához, amellyel a Gondviselés küldte a szabad világba.

VÁDOLHATÓ-E EMIGRÁCIÓS IFJÚSÁGUNK?

1948. márciusán, az alsótábla ülésén azt indítványozta Kossuth Lajos, hogy mondják ki a közteherviselést, a jobbágyság megszüntetését, a népképviseletet és felelős kormány kinevezését kérjék a királytól. A bécsi udvar azért engedett szabad utat a törvénytervezetek meghozatalának, mert a Habsburg-Birodalom két országának fővárosában fenyegetően morajlott fel az elégedetlenség és Budapesten megszületett a március 15-i tizenkét pont.

Alkotmányon kívüli területen, de az alkotmány teljessé tételéért, maga a nép hozott törvényeket. Olyan törvényeket, amelyek a reformnemzedék programjában is jelentkeztek s nem voltak ismeretlenek a közvélemény előtt sem.

Mégis e tizenkét pont volt a sorsdöntő cselekedet, amelyben minden jog forrása: a nép szuverén akarata adott jogot, hatálytalanított igazságtalanságokat, mielőtt az alkotmány szerinti törvényhozók tehették volna. A Nemzeti Múzeum lépcsőinek történelmi rivaldájáról küldte parancsát a nép az udvarnak s üzenetét az alkotmányos szerveknek, hogy bátran lássanak munkához, mert mögöttük áll a nemzet.

A tizenkét pontba foglalt elhatározások Kossuth Lajos agyában fogantak meg, de gyújtóerejüket és az országot tettekre serkentő tüzet a márciusi ifjak adták. Az eszme Kossuthé, a megvalósítása az országgyűlésé, de a lendület, amely az eszmét megvalósulásig röpítette a márciusi ifjak örök dicsősége. Nélküle a kossuthi eszmék nem hathatták volna át a közvéleményt oly mértékben, hogy azokból törvény lehessen és bekövetkezhessék a szabadságharc csodája.

E jurátusok s a melléjük felsorakozó literátusok nélkül, (akiknek zsebében apáik Horátiusa mellett ott volt már Lamennais abbé könyve) nem születhetett volna meg az a Magyarország sem, amely megalkuvásokkal ugyan, de mégis 48-as alapon épült fel 67-ben.

Ez az ifjúság a szabadságharcban híven teljesítette mindazt, amire felesküdött, aztán elhelyezkedett Ausztria börtöneiben, szétfutott a száműzetésbe és többé nem juthatott szerephez az élő magyar történelemben. A 67-es kiegyezésben nem lehetett része, mert az a lehiggadás, önmérséklet műve volt. Távol tartották attól a gyújtó és gyulékony hajlamú ifjúságot.

Ez az állapot állandósult a további évtizedekben is. Már nem kényszerűségből, hanem tévesen alkalmazott hagyományból. Ami a kiegyezéskor még az építőmunka volt, abból a kiegyezés után az erők parlagon hevertetése lett.

Egy hosszú korszak, a magyar életnek sorsdöntő korszaka telt el anélkül, hogy munkájában méltó része lehetett volna az ifjúságnak. Csak a hangját hallathatta a véderővita idején, Kossuth Lajos temetésekor a nemzeti gyász kiharcolásánál, de az egyetemi keresztmozgalmak viharos napjaiban és a darabont korszaknak nevezett, nemzeti ellentálláskor. Tényező azonban nem lehetett a nemzet nagy ügyeiben.

A 67 utáni korszak, kevéssel a kiegyezést követően, elvesztette nagy vezérét, a kora ifjúságától haladó szellemű Deák Ferencet, aminek része volt abban, hogy nem vették igénybe a koráramlatokkal szemben mindég fogékonyabb fiatalságot.

Gigantikus idealizmusa gúzsba kötötten, szenvedő tanúja lett annak, miként hanyagolódnak el és válnak helyrehozhatatlan mulasztásokká el nem végzett időszerű feladatok. A fel-felötlő hiányokkal később, kiöregedve s az öregek bátortalanságával, nekik kellett viaskodniok kevés eredménnyel.

A magyar világ kormányzása a kényelmes lehetőségek felszínén haladt. Nem volt ereje távlati képet nyújtó magasságba emelkedni. Hiányzott az ifjúság lendítő hatása. Divat lett a mérséklés szükségességét hangoztatni. Talán azért, mert hiányzott az elhatározó tettek keresztülviteléhez szükséges kossuthi, majd deákferenci bátorság.

Az ifjú nemzedék részvétele nélküli kormányzás megmaradt az első világháborút követő korszakban is. A fiatalság csupán a gazdasági leromlás és állásnélküliség következményei miatt folytathatta harcát.

A nemzet természetes életerőiből továbbra is felhasználatlan maradt az új nemzedékben rejlő televény erő. Jogos keserűséget váltott ki, hogy bár a világháború katasztrófáját az elődök idézték elő, következményeit az utódoknak kell viselniök. Róluk és nélkülük intézkedtek, holott mindinkább róluk volt szó. Egy egész nemzedék hullott ki az egymást követő nemzedékek folytonosságából.

A mai ifjúságnak közéletünkben való részvételét nem bénítják 67 utáni megkötöttségek. Az emigráció 45-ös áradata kihalóban van s az öregedő 56-osok is őrségváltásra készülődnek.

De hol vannak, akik majd helyükbe lépnek? Teljesülhet-e a vágy, hogy az új nemzedék felsorakozzék és megmentse a magyar emigrációt az idegen népek tengerében való elmerüléstől? Ezt az ifjúságot érheti-e hasonló vád ahhoz, amellyel 1847. szeptemberében a huszonnégy éves Petőfi ostorozta kortársait a magyar ifjakhoz intézett versében?

Többfelől, főként az óceánról túlról, sóhajok sokasodnak arról, hogy nőttön-nő azoknak a magyar ifjaknak a száma, akik nem beszélik, vagy alig beszélik nyelvünket. Esetleg eldadognak néhány magyar szót, akár a nyájas idegen, aki hibásan kiejtett magyar szóval tüntet ki bennünket.

De ha valóban elnémult sok magyar fiatalban a magyar szó és érzelem, nem azokat illeti-e a vád, akik engedték, hogy gyermekeik ne tudjanak azon a nyelven, amelyben a nemzet él, és csak addig él, amíg nyelvében él?

E gyászmagyarok könyvtárában a befogadó ország irodalmi művei sokasodnak, s ha netán nem mondták még fel az emigráció valamelyik újságjának előfizetését azon időből, amikor még magyar szóra szomjaztak hontalanságuk kezdetén, ma olvasatlanul hevertetik, vagy papírkosárba dobják. Nem olvassák az emigráció magyar íróit, nem is tudnak arról, hogy megélhetéssel viaskodó küzdelem közepette írók nőttek naggyá s a magyar irodalom egészébe tartozó, gazdag irodalom keletkezett az idegenben.

Mindez nem érdekli őket. Ők sikerrel boldogultak, közülük többen meg is milliomosodtak. Akkor sem térnének vissza szülőhazájukba, ha megszűnne a kommunista uralom.

Ők azok, akik nemcsak hazát cseréltek, hanem szívet is. Ők az ubi bene, ibi patria hősei. Jéghideg cinizmussal jelentik ki, hogy gyermekeiknek nincs szükségük a magyar nyelvre, fölösleges megismertetni őket történelmünkkel, kultúránkkal s nosztalgikus képzetekkel nehezíteni boldogulásukat.

Igyekeznek meghonosodni a befogadó ország társadalmi és gazdasági elitjében. Evégből rendezett partykra annyit pocsékolnak, ami elegendő lenne ahhoz, hogy egy szegénysorsú magyar diák a magyarság őrvárában, Burg Kastlban tanulhasson magyar nyelvet és magyar szellemet.

Pöffeszkedő dicsekvéssel hírlelik, ha gyermekeik beházasodással idegen iparmágnás családokba kerültek: mindörökre elszakadva saját fajtájuktól. Fityinget sem áldoznak magyar kultúrára, karitatív intézményekre. Elkerülik honfitársaikat, de olykor leereszkednek a vígalmi összejövetelekre, hogy képeslapok társasági rovata magasztalja és mutogassa őket idegen előkelőségek társaságában.

Olyanok is akadnak közöttük, egykor büszke „nemzetséget" alkotó családok leszármazottjai, akik gőgösen különültek el a polgártól, és meg sem látták a milliókat, oly időkben is, amikor megszűnt már az előjogokat biztosító rendiség, s most elszakadnak menekült honfitársaiktól is.

A hazától való elhűtlenedés vádja azokra a szülőkre száll, akik tűrték, vagy éppen elősegítették, hogy gyermekeik hátat fordítsanak magyarságuknak. De ki győzi meg erről ezeket az ifjakat? Ki tudja rávenni, hogy változtassák meg eddigi magatartásukat?

Az apák és fiúk közötti ellentét sohasem volt nagyobb, mint ma, az emberiséget ketté osztó világnézetek korában. Megváltozott az ízlés, az erkölcsről, erényről, bűnről és a haza mibenlétéről alkotott fogalom. Hatalom lett a terror, dicsőség az emberirtás és a családi élet tisztaságát, a házasság intézményét gyermeklányok prostituálása zülleszti. Az élettapasztalattal bölcsekké érlelődött öregek tisztelete, szavaik hitele megszűnt. Ők a maradi vének, akik nem tudnak lépést tartani a fejlődés követelményeivel. Szánakozó mosoly fogadja érveiket.

De nem hatástalan, ha ifjú kortárs szól saját kortársaihoz. Közülük kell kiemelkedniük azoknak, akik apostolokként hirdetik a nyelvünkhöz, hazánkhoz, történelmünkhöz, nemzeti hagyományainkhoz való ragaszkodás követelményét.

Az emigrációnak, de magának a nemzetnek is szüksége van a szabad világban élő magyar ifjúság televényében rejlő erőre. Részvételük nélkül nem hiúsulhat meg a befogadó ország magától értetődő törekvése, hogy nyelvükben, gondolkozásukban, végül vérükben is magukba olvassza azokat, akik nála találtak menedéket. Az ifjúság nélkül nem hiúsítható meg az sem, hogy a szovjet hatalommal támogatott hazai rendszer vörössé festhesse a magyar emigrációt.

Ifjúságunk legyen az erőtartalék, amely, ha elérkezik a hazatérés ideje, visszaad valamit abból a vérveszteségből, amelyet az orosz megszállás és a kommunista hatalom következtében, százezrek idegenbe történt menekülésével szenvedett el a magyar nemzet.

Az emigráció ifjúságát ne érhesse a vád, amellyel Petőfi tettekre sarkallta ifjú kortársait azzal, hogy önös célokat követve, szívükben nem marad hely a haza számára. Megalkuvás nélkül kell védenie létünket azzal a kommunizmussal szemben, amely Oroszországban hatvan év alatt mitsem valósított meg a népek boldogabb jövőjének igéretéből, de intézményesítette a Gulágban dokumentált emberkínzást és harmincmilliónyi orosz életét oltotta ki ez idő alatt.

Az emigráció ifjúsága, léte könnyebbé tételéért, ne tagadja meg magyarságát, legyen reményeinket éltető márciusi tűz, amely Világos után hamu alatti parázsként izzott és lángolva lobogott fel állami önállóságunkért vívott és mindmáig meg sem szűnő harcainkban.

Közelít az idő, amikor a jelenbe lépve, ez az ifjúság lesz a „ma". Részvétele nélkül a nemzet hasonló lenne a fához, amely nem hajt már virágot.

TEGNAP ÉS MA

Gyakorta figyeltem a lárvájából szabaduló tiszavirág ezreinek alkonyat előtti nászrajzását a víz színén.

Rövid idő múlva barna foltokkal pettyezett, ezüstös fátyolként sodorta magával egymáshoz simuló tetemüket a Rába sebes vize.

Két óra alatt szűnt meg egy egész nemzedék, teljesítve a faj megmaradásának parancsát. De lehet, hogy minden átélt pillanatuk eseményekkel zsúfolt éveket jelentett. Ugyanúgy, mint az elődöknél.

A teremtmények között egyedül az embernek adatott, hogy soha nem szűnő fejlődéssel újuljon meg utódaiban. Évmilliókkal sem kifejezhető az út, amely alatt alkotásokkal, felismerésekkel, javította életét a testében, szellemében fejlődő ember.

Amióta eszmélni tudok, egyre hallom, hogy boldog elődeinknek nem kellett megélniök oly szörnyűségeket, mint nekünk a mában.

A panasz nem helytálló. Az emberiség története tanúsítja, hogy megpróbáltatásai annál nagyobbak, mennél távolabbi időben vizsgáljuk a múltat. Ki él át oly egyetemes kínt, amellyel jégkorszak, özönvíz sújtotta az ősembert? Vésetek, sírleletek beszédes adatai számolnak be a szenvedések végestelen sorozatáról azon időkben, amikor máglyára dobott szüzek feláldozásával táplálták a tűz falánk istenének éhségét.

Amikor barlangok, sátrak szolgáltak lakóhelyül.

Amikor egész népek kényszerültek a jobb életlehetőségért vagy az erősebb népektől üldözötten, új hazát keresni a népvándorlások korszakában.

Amikor végestelen háborúk győztesei kardélre hánytak, vagy rabszolgává tettek, barmokként hasznosítottak, embervásáron értékesítettek legyőzötteket.

Amikor korbáccsal hajszolt ezrek pusztultak el sírkamrák fölé emelt piramisok építésénél.

Amikor élet-halál ura volt a családfő és pallosjog alapján nyakaztathatta jobbágyait a földesúr.

Amikor a császár felgyújthatta Rómát és az amfiteátrum vadállatainak dobathatta a keresztényeket és eleven testükkel világíthatta Róma utcáit.

Amikor boszorkányperek babonás együgyüsége máglyára küldte az elítélteket.

Amikor a hunok, Dzsingisz kán tatárjai dúlták fel a nyugati világot.

Amikor Európa-szerte kivégzési mód volt a karóba húzás, kerékbe törés.

Amikor emberhússal táplálkoztak.

Amikor a konkvisztádorok az Új Világ őslakóit irthatták.

Amikor a szeretet és megbocsátás krisztusi szellemét megtagadó inkvizíció irgalmatlan kínzás után, ártatlan ezreket küldött Jézus nevében máglyahalálba.

Amikor Luther és Kálvin papjait életfogytiglani rabsággal gyötörték és a hitvitákból keletkező harmincéves háború nyomorba taszított országokat, népeket.

Amikor tömeggyilkosságokat követhetett el, tulajdonokat kobozhatott el uralkodói önkény.

Amikor tatárvész, török hódoltság, Habsburg erőszak irthatta a magyar népet, és a szabadságharc hőseinek ezreit küldhette bitóra, tízezreit börtönbe és száműzetésbe.

Amikor emberirtó körvadászatokat rendeztek s kiterjeszthették a rabszolgakereskedelmet.

Amikor banditák, rablók, utonálló betyárok, tengeri kalózok és földalatti mozgalmak uralkodókat, államfőket gyilkolhattak.

Akkor is voltak az emberiséget sújtó természeti csapások, árvizek, városokat megsemmisítő földrengések, tűzhányók kitörései.

Semmi sem új a nap alatt, legkevésbé a bűnözés eredendő hajlama, de nem új az a törekvés sem, amely a természeti csapások rombolását igyekszik helyrehozni.

A bűnöző hajlammal pedig nemcsak az isteni követelményeket hirdető vallások, hanem a társadalmi haladás, az emberi jogegyenlőségre törekvő törvények, állami intézmények, szervezetek veszik fel a harcot.

A mát a tegnaphoz hasonlító szemlélet nem hagyhatja figyelmen kívül az ember mind könnyebbé vált életét a technikai civilizáció fejlődése révén. Királyok, várpaloták hajdani urai irigyelnék meg azt a kényelmet, amelyben ma az egyszerű gyári munkásnak is része lehet a villanyvilágítás, központi fűtés, távbeszélő, gépkocsi, vasút, hajózás, repülőgép s a szórakoztatásban, ismeretszerzésben rádiók, távolbalátó készülékek révén.

211

A ma emberének moccannia sem kell a televízió képernyője előtt és világrészeket járhat be, államvezetők tanácskozásain, parlamenti vitákon, fogadásokon, operaházi előadásokon lehet jelen, őserdők mélyébe hatolva, veszélytelenül szemlélheti a vadállatok életét.

A ma nem rosszabb a tegnapnál, a tegnap sem a tegnapelőttnél és így tovább. Minden korszak emberének életét fenyegető veszedelmekkel kellett és kell megküzdenie, mindaddig, amíg a Hegyi Beszéd szelleme le nem győzi a bűnöző hajlamot s az általános jólét az inségből keletkező elégedetlenség vérengző lázongását.

A mát és a múltat összehasonlító szemlélet többnyire figyelmen kívül hagyja, hogy apáink életében még nem léteztek a technikai hírközlésnek azok a vívmányai, amelyek sajtóval, rádióval, televízióval minden jelentősebb eseményről beszámolnak az öt világrész lakóinak.

A repülőgép megszüntette a távolságokat s az egymástól távol eső államok elkülönültségét, egymással szembeni érdektelenségét. Ma mind szorosabb közösséget alkotnak népek, államok, ma minden számottevő hír végigszáguld az egész világon.

Ma beleremeg bensőnk, ha a rádió bemondja, hogy valahol, határainkon, tengereken túl, utasaival együtt pusztult el szakadékba zuhanó autóbusz. Elsüllyedt hajók ezrei hevernek tengerek mélyén, amelyeknek végzetéről nem értesültek a kortársak. Ma azonban eseményként foglalkoztat minket az is, ha kalandvágyó fiatalok vitorlása süllyed el valahol a távoli tengeren. Kitchener lord kedve szerint mészároltathatott gyarmati népeket anélkül, hogy a világ közvéleménye tudott volna tetteiről. De ha ma valahol sérelem ér egy négert, „diszkrimináció"-t kiáltanak mind a négy égtáj felől.

A múlt csak azért látszik szebbnek, békésebbnek, mert szörnyűségeinek híre nem terjedt el nyomban, s a történetírás is rendszerint hiányosan számolt be azokról.

Korunk elszomorító eseményeinek legjelentősebb tényezője az, hogy a technika rohamos fejlődése hatásosabbá tette a fejlődést kihasználó bűnözők eszközeit is. Nem az emberiség lett roszszabb, nem a bűnözők kártevése növekedett meg a múlthoz viszonyítottan, csak a bűn elkövetésének lehetőségei és eszközei váltak hatásosabbakká.

Az egykori bűnözőnek nagyobb kozkázattal kellett számolnia, mint a mainak. A bakonyi betyár napokig állhatott lesben, mire zsákmányt sikerült szereznie, míg a mai repülőgép utasait ejtve túszul, dollármilliókat zsarolhat, gonosztevőket szabadíthat ki börtönökből.

Mindez igazolni látszik azt a véleményt, hogy apáink boldogabb korban éltek, de az érem másik oldala, hogy korunk szociális szelleme, társadalmunk berendezkedése mind nagyobb tömegeket emel ki a nyomorból. Nagy katasztrófák esetén megmozdul államok, társadalmak gondoskodó szolidaritása a természeti csapásokkal, tűzvésszel, járvánnyal, éhinséggel sújtott népek érdekében.

A múlthoz viszonyított visszaesés talán csak az üresedő templomokkal, paphiánnyal, hitéleti közönnyel, istentagadással mutatkozik. Ez a visszaesés azonban látszólagos és kirívó tüneteinek oka, hogy az erjedő emberi lélek már nem éri be az Isten létének a vallásokban adott eddigi magyarázatával, az ezer évek óta követett istenkultusszal, s mindezt összhangba akarja hozni a tudományok felismeréseivel.

Úgy, amint Teilhard de Chardin hangoztatta más szavakkal. Az ember nem önmagáért van, hanem része és egyik mozgató eleme annak a világegyetemnek, amely olykor sejteti is titokzatos céljait s emelynek első tudatos közreműködője az Istent és a lét rendeltetését kereső ember.

Azt is vallotta híres naplójában, amelynek magyar nyelvű fordítása Páter Rezek Román remeklése, hogy „egyesek kápolnácskájukból figyelve a világ haladását, nem látnak túl egy-egy vallási eseménynél."

Nem vesznek tudomást arról, hogy a világ teremtése nem végződik az ember teremtésével, miként a Genezis adja elő. A Teremtés hat nappal ábrázolt evolúciós művének folytatása az emberi szellem, amely létre hozza a természet romboló erőit leküzdő eszközöket és a Föld urává teszi az embert.

Ehhez hozzáfűzhetjük, hogy a Teremtés óta soha meg nem szűnő evolúció civilizálttá és a közösségi élet létrehozatalával alkalmassá tette az embert arra, hogy növekvő jobbléttel küzdje át magát a természet akadályain az ismeretlen, titokzatos és végső cél felé.

„Itt az ideje — írja Teilhard a Tudomány és Krisztus című művében —, hogy a szent Tudomány minden ágában imádságos lélekkel és komoly tanulmányokkal kutassa fel azt a régiót, ahol az Isten és a Kozmosz érintkezik."

Az említett hitéleti válságnál jelentős szerepe van az Egyházon belül mutatkozó antagonizmusoknak. A cölibátus ellen lázadó, az oltári szolgálatot cserben hagyó papok arról tesznek bizonyságot, hogy nem küldetéstudatból, hanem könnyebb boldogulásért léptek a papi rendbe. Szakadár papok, köztük főpapok tagadják meg a pápa iránti engedelmességet, a kommunista rendszerrel megalkuvó papok elhanyagolják a lelkek gondozását és elvilágiasodásukkal a beléjük vetett bizalmat csökkentik. Mások oly vitát folytatnak, amelyre a Mohács előtti korszak nádorának mondása illik: „Pókhálót szedegetünk, amikor a házunk ég."

E tünetek ellenére is egyre növekvő az Isten és a hozzá vezető utat keresők tábora. Korunkban világnézeti ellentétekkel zaklatott fiatalok mind nagyobb számban s a lelki élet kultuszát szolgáló intézményekkel bizonyítják, hogy hisznek a halálon túli életben, túlvilági hatalomban s benső békéjüket csak e hittel találhatják meg. Tudják a minden embernek megadatott sugallatból, hogy földi életünkről egyszer majd számot kell adnunk odaát.

Az istentagadók és az istenkeresés iránti közönyösek a tiszavirághoz hasonlóan, éveknek látszó pillanatok alatt, az elődök külső életének változatlan ismétlésével illannak el a semmibe.

Az Isten szolgálatára törekvő ember a Teremtés munkása, aki e szolgálat révén felismeri a világ rendeltetését, az önmagát kinyilatkoztató Istent.

„Az igaz ember hittel él", mondja Pál apostol, ami azt is jelenti, hogy alkalmassá válik a teremtés által alkotott evoluciós mű munkájában való részvételre.

HAZALÁTOGATÓK FELELŐSSÉGE

Levelet kaptam Amerikában élő öreg barátomtól, aki sűrűn látogat el Magyarországra és unokaöccse abba a szűk körbe tartozik, amelynek tagjai egy telefonhívással kedvezően intézhetik el azt, ami e rendszer büntető tilalmába ütközik.

Elgondolkoztató levelében a következőképpen vélekedik az otthoni állapotokról:

„Beszéltem a falumbeli termelőszövetkezet egyik dolgozójával. Ő is, meg a felesége is most ment nyugdíjba. A férfi, aki tehenész volt, 1.596.—, felesége 634.— forint nyugdíjat kap. De ennél lényegesen jelentősebb, hogy mindketten 1.600 négyszögöl (kettőjüknek 2 katasztrális hold) háztáji földet kaptak, amelynek jövedelme több, mint nyugdíjuk összegének háromszorosa. El lehetett képzelni a „boldog" Horthy-korszakban ilyesmit? Írhat az emigrációs sajtó amit akar, én a saját szememmel láttam, hogy mint élnek otthon, mit építettek és mit mulasztottunk el 1919 és 1945 között! Csak szégyelhetjük magunkat. A kis ország leromboltatott, kifosztatott, óriási jóvátétel teljesítésére ítéltetett, senkitől segítséget az újjáépítéshez nem kapott... és ma a rabszolgaországok közül kitűnik az életszínvonalával, mely a dolgozóknál nagyobb, mint az „országgyarapító" és a köréjük csoportosult zsidók, talpnyaló „vitézek", nagybirtokosok idejében volt. Szociális juttatások terén pedig a nagy USA elbújhat a letiport, de feltámadt kis országunk mögött. No de ezt tudnám folytatni holnap reggelig."

Egy másik levél írója, önként jelentkező katona a második világháborúban, és a voronyezsi harcok sebesültje, a következőképp foglalta össze e nyáron otthon tett látogatásakor szerzett benyomásait:

„Nem ismernétek rá Budapestre. Nem a sok létesítményre utalok, pár lakónegyed és szállodák, de az emberi mentalitásra. Az elvtelen, minden áron élni akaró és a lehetőségek kimerítése. Vendéglők, szórakozóhelyek mind tömve vannak. Autóvásárlás, nyaraló a fő téma, és a külföldi utazások. Az üzletben bőven van áru, ami már nem csak keleti import, de az árubőség össze sem hasonlítható akár egy nyugati kisváros kirakataival. Trafikban kaphatók az ismert amerikai cigaretták és az a szólás járja: „Legjobb magyar cigi a Kent!" A zsidó zsargon úgy beköltözött a hétköznapi nyelvbe, hogy ők észre sem veszik. A régi erőszakot valami új metódus váltotta fel. Már nem kötelező egy követ fújni. Talán úgy mondhatnám, hogy a legbiztosabb bázis az elvtelenek tábora. Már a külföldiektől sem félnek, mint veszélyes propagandistáktól. Sokkal inkább a szomszédos „demokráciák" irigységétől.

A nagy invesztálások, méregdrága szállodák a nyugatiaké. Ezzel párhuzamosan nyüzsög a sisera had: cseh, jugoszláv, román, lengyel, ami csak forgalom, de megeszi a hasznot. A nyugatiak számára Magyarország egyre drágább nyaralóhely."

E levelekkel egyidejűleg került kezembe Csernohorszky Vilmosnak a sorsunk valóságára intő, s az otthoni állapotokat tudósi higgadtsággal ismertető „Modus vivendi vagy kollaboráció" című tanulmánya. E tömör műből, amelyben 48 és 56 szelleme lángol, veszem az alábbi idézeteket:

„Magyarország családvédelmi és családtámogatási rendszere a kapitalista országokéhoz képest vérlázítóan alávaló... Magam is láttam orvosi rendelésen 5 éves gyermeket, aki tejet még nem látott, sápadt volt és vézna, mert öten voltak testvérek s a segédmunkás apa keresetéből reggelihez csak kenyérre és vizre tellet... Egykori arisztokraták és kapitalisták gellérthegyi, rózsadombi és pasaréti villáinak mostani lakói skót whyskit isznak és hollandi szivart szívnak, a nép pénzéből üzemeltetett állami Mercedeseken járnak balatoni villába nyaralni, mátrai vagy bükki üdülőbe telelni, nem ritkán pedig vadászni, hogy példát mutassanak ebben is, milyen a népből jött vezető!"

Egy otthon élő mérnöktől vett vallomás meg így szól:

„Nem vesztem meg erővel élni, amikor egy ország víkendezik körülöttem. Akinek kis esze is van, abba hagyja az erőfeszítést, és él kényelmesen... Az okos ember abbahagyja a szaporodás évezredes mániáját... „Kicsi vagy kocsi"... Ez a mentalitás valahogyan mégis csak összefügg a mai helyzettel s így a rendszerrel... Abba a jövendőbe, mely az országra vár, már nem érdemes utódot küldeni."

„Elgondolkoztató — folytatja Csernohorszky —, hogy a miénkhez hasonló abortusz-gyakorlat egy szovjet csatlósállamban sincsen... Miért éppen Magyarországon valósították meg legvégletesebben a mezőgazdaság kollektivizálását és ezzel — előre kitervelten — a parasztság tönkretételét és felszámolását?"

„Az Állami Egyházügyi Hivatal által a párt olyan mérvű és jellegű hatalmat gyakorol az egyházzal s így a vallás felett, amilyennel még az apostoli királyok sem rendelkeztek..."

„A nemzeti tudat oldódása és a népszaporodás vészes csökkenése mellett nem kevésbé katasztrófális jelenség, hogy a „munkatársadalmában a munka eddig példa nélkül álló nevetségessé tétele az egyéni és társadalmi morál, a közösségi tudat teljes megszűnését eredményezte... A tisztességes munka, ami csak megélhetést ad, de házat, autót, villát nem hoz: hülyeség!"

„Az új gazdasági mechanizmus — a pesti nyelv szerint a „legrögösebb út a kapitalizmushoz", melyben „nyugati árak és keleti bérek dialektikus" szintézise van folyamatban, a gazdag és gazdagabb, a szegény még szegényebb lesz... A dolgozók kritikai észrevétele szerint Weiss Manfréd és a mai gyárigazgatók közt az a fő különbség, hogy azok luxus életszínvonalukat a „saját zsebükből", míg a maiak közvetlenül a dolgozókéból finanszirozzák, mert „miénk a gyár, hiszen magunknak építettük."

Az egykori kommunista Kassák szavaival végződik a tanulmány:

„Őseim, sajnos, tűrték egy felkapaszkodott osztály zsarnokságát, én a magam osztályából felkapaszkodottak gőgjét, kapzsiságát, önkényes törvénykezését nem bírom el. Nem anarchisztikus törvénytagadás ez, hanem az igazságtalanság gyűlölete és a hatalmaskodók megvetése. Észszerű, bár nagy gyönyöröket nem nyújtó emberi magatartás..."

A hazajáró magyar, aki nyugalmát világjáró utazgatásaival teszi változatossá, csak keveset és megtévesztetten látott meg az otthoni állapotokból. Nem látta, ami az 56-os szabadságharc résztvevője, a mindenáron élni-akarás, lehetőségek léha kimerítése mögött, a nemzeti lélek megbetegedésének mind súlyosabb tüneteiből. Nem látta, hogy az 56 utáni véres megtorlást követő lazulás csupán csalétek. Öncélú, nemzeti öntudatot, élniakarást nélkülöző porhanyó magyarok a külső terror enyhülése fejében a nemzeti önállóság, független állami lét visszaszerzéséről mondanak le.

Ami a hazabotorkáló magyart az otthon látottak dicsőítésére késztette, az egyrészt a nemzethalál tervszerű előidézése, másrészt e halál bűnös vállalása egyesek részéről. Tragikus bizonyíték arról, hogy nem él bennünk az elődök hősi szelleme, amely nem kevésbé súlyos megpróbáltatások századain át, megőrizte nemzeti létünket, nem kötött állami önállóságunkat feláldozó alkut s elszenvedett csalódások után sem bújt apátiába feladata elől. Az ellentállás törökkel, Habsburg zsarnoksággal vívott századai alatt nem vált a nemzet „rabszolga országgá."

A levélíró saját szemére hivatkozó rövidlátással hasonlítja össze a mai rendszer alkotásait a „boldog" Horthy-korszakkal. Hát nem tud arról, hogy mily végzetes történelmi csapással indult s szenvedte következményeit a „boldog"-nak gúnyolt Horthy-korszak? Nem tud arról, hogy a trianoni bárd az ezeréves ország történelmi területének csak egy negyedét hagyta meg és majd négymilliónyi magyart kényszerített kisebbségi sorsba? A megcsonkítottan vonagló ország négy sebből vérző ereit kellett elkötni? Az ősi lakóhelyükről kiüldözött magyarok százezreivel kellett megosztani hajlékot, kenyeret? Valójában soha meg nem szűnő kínnal nélkülözni gyáriparnál elengedhetetlenül szükséges s az utódállamok zsákmányává tett nyersanyagokat.

E korszaknak tűrnie kellett, hogy a magyar alkotóerő által létesített városok kultúrális intézmények, bányászati-, erdészeti főiskolánk, múzeumaink olyan utódok birtokába kerüljenek, akik nem alkotó munkával, nem is győzelemmel vívott harccal szerezték meg. A velük együtt vívott harcban elkövetett árulás Júdásaiként kapták, a nyugati nagyhatalmaktól, amelyek a Párizs környéki diktátumokkal beláthatatlan időkig biztosították nem csupán Európa, hanem a világhatalommá támogatott bolsevizmus által, öt földrész valamennyi népének háborús vérengzésekkel meg-megújúló békétlenséget. A mai rendszer nem igényli a müncheni és bécsi döntésekkel visszanyert területeket, bűnnek minősíti, ha jó magyarok nem mondanak le az ősi határokról s visszaigénylik legalább azt, amit a müncheni és bécsi döntéssel visszakaptunk.

Kisajátított nagybirtokok, gyárak jövedelmének felhasználásával, kulturális javak külföldön történt értékesítésével könnyű jóvátételt fizetni, de a Trianonnal koldussá nyomorított, oláh betörés által kifosztott, elhagyott és végsőkig megalázott, keserűséggel telített nemzetnek százszor nehezebb volt a szörnyű követelmények teljesítése. Ellenséges államok gyűrűjében, baráttalanul, segélytelenül kellett nekilátni a keserves feladatnak: négy éves háború, forradalmak, oláh rablás pusztításait pótolni és három esztendős erőfeszítéssel érni el annak elismerését, hogy államként foglalhasson helyet a népek genfi szövetségében. A mai rendszer a szovjet birodalomba való tartozás biztosítottságával s annak védelme alatt érhette el, vehette fel kapcsolatait a külállamokkal, ENSz-szel.

A kommunizmus akaratlan propagandistájává tévelyedett barátom szerint szégyelnünk kell magunkat a két háború közötti békében eltelt húsz esztendős korszak miatt, mert elmulasztottuk, amit tennünk kellett volna. Ő ugyanis „saját szemével" látta, hogy „miként élnek otthon és mit építettek". Mindezt egy-két heti tapasztalat alapján. De vajon kiemelték-e a nemzet gyökereire tapadt idegen testeket? Orvosolták-e a sebeket, amelyeket 45-ben és 56-ban szenvedett a nemzet? Lehet-e, hogy feledést és megbocsájtást jelent a szenvedők hallgatása?

Kivel beszélt odahaza a vissza-visszatérő vándor? Betért-e a bűzös, sötét otthonokba, a társbérlőkkel zsúfolt lakásokba, ahol még most is óvóhelyi harc folyik a tűzhelyeknél? Beszélt-e az elkeseredettekkel? Mit mondott a széntől szurtos arcú gyári munkás, amikor műhelyéből ballagva, melléje szegődött és kérdezte sorsa felől? Vagy nem mondott semmit, mert nem is tudakolta életét?

Csak azt látta, ahol a jólét ragyog, ahol a kivételezettek élnek, ahol egy telefonhívással megszerezhető az, amiért másnak büntetés jár?

A nemrég-múltat becsmérlő öreg vándor feledékenysége ellenére is emlékszik talán még arra, hogy 1925-ben létrejött a magyar szociális politika leghatalmasabb, gazdag nyugati államokat felülmúló alkotása, az OTI, amely minden dolgozó számára segítséget biztosított betegség, baleset, öregség, rokkantság, özvegység, árvaság esetére s az intézmény önkormányzatának közgyűlését felerészben munkaadók, felerészben munkavállalók alkották. A beteggyógyítás terén való működését nagy számban létesülő üdülők, kórházak segítették elő. 1935-ben már 305 kórház működött az országban s az üdülőket nem eltulajdonított kastélyokból létesítették.

A szociális fejlődés szolgálatában Szociálpolitikai Intézet létesült a Központi Statisztikai Hivatal keretében. Elkezdte működését a Zöldkereszt-mozgalom és annak egészségügyi mintajárásai. Az egészségvédelem e rendszere felölelte az anya- és csecsemővédelmet, az iskolás gyermekek védelmét, a nemi betegség, gümőkór, trachoma, malária elleni küzdelmet, és fáradozott a népélelmezéssel, rászorulók házi ápolásával, falvakban tisztiorvosok irányítása alatt működő egészségvédelmi házak létesítésével. A második világháborúban való részvételünk előtt, hétszáznál több egészségvédelmi körzet működött. Nem maradhatnak említés nélkül a Kisvelencén, Farkashegyen, Svábhegyen testi fejlődésükben visszamaradt gyermekeket gondozó intézetek, a tüdőbetegek számára létesült mátraházai szanatórium, a kékesi, gallyatetői üdülő, a Hámori-tó partján, Basedow-kórban, légzőszervi hurutban szenvedők gyógyhelyén, Mátyás király korabeli stílusban, 1928-ban épült csodaszép Palota-szálló és a földgáz sikeres feltárása 1925-ben.

És arra sem emlékszik, hogy vasútaink kocsiállományának talán egyetlen ép darabja sem maradt a háborús igénybevétel, valamint az oláh vandalizmus következtében, s a magyar állam e felmérhetetlen károsodást pótolva, két év alatt régi színvonalára emelte vasútainkat?

A két háború közötti időben nem fordult meg Pécsett, Szegeden, Debrecenben és nem látta az egyetemek palotáit, klinikai telepeit, Szegeden az Eötvös Kollégiumot? Nem látta ugyanott az egyetemnek Korb Flóris által remekelt központi épületét? Nem látta Tihanyban a világhírű biológiai kutatóintézetet, Svábhegyen az állam és székesfőváros áldozatkészségéből 1926-ban létesült Astrofizikai Observatóriumot, előterében egy bronzszobor égbe röppenő nőalakjával, Pásztor Jánosnak talán legszebb, minden esetre legköltőibb alkotásával? Nem hallott az 1920-ban létesült közgazdasági karról?

És a tanyai iskolák százairól sem hallott, amelyekért ostobán gyalázkodó támadások érték alkotójukat, Klebersberg Kunó grófot, akit számtalan kultúralkotásáért azzal büntetett a népi demokrácia, hogy az Eskü-téren álló szobrát ledöntette? S arról sem tud, hogy 1921-ben hozott testnevelési törvényünk megelőzte Európa legnagyobb országait a Testnevelési Főiskola létesítésével és számos intézkedésével?

Nem tud azokról a külföldi kollégiumokról, amelyek Rómában, Berlinben, Bécsben a nyugati tudományok, művészetek tágabb megismerését tették lehetővé tehetséges fiatalok ezrei számára? És arról sem tud, hogy milyen lendületet vett az iparosodás, amelyben a szövőipar európai viszonylatban is az élre ugrott? Nem tud arról, hogy e rövid idő alatt létesült a Horthy Miklós-híd és csupán a második világháborúban való részvételünk állította meg a jelentős részben elkészült Árpád-híd építésének befejezését?

Ez a korszak létesítette 1936-ban a Régészeti és Ásatási Intézetet, újította fel a műemlékek feltárásának ügyét oly sikerrel, mint a visegrádi ásatások, főként az esztergomi királyi várkastély feltárására, amelynek felfedezése a tudós papi régész, Leopold Antal nevéhez fűződik. 1929-ben korszerűen átépítették és villamosították a svábhegyi fogaskerekű vasútat.

A Horthy-korszak alatt létesült a Széchenyi-fürdő, a margitszigeti fedettuszoda, Nemzeti Sportuszoda, számos országút betonozása és e korszak egyik legnagyobb alkotása, Európa egyik legmodernebb légiállomása, a budaörsi repülőtér, nagy hangárokkal, meterológiai állomással, tökéletes technikai felszereléssel, — az egyéb repülőterek mellett.

És mindezért szégyelnünk kelljen magunkat?

Az egyetlen történelni bűn, amely a Horthy-korszakot terheli, a radikális földreform halogatása volt. A nemzeti társadalom zömében, de a népképviseleti parlamentben, kormányainkban, sőt a földbirtokos réteg nagy részében is megérett már a földreform halaszthatatlan végrehajtásának kivánalma. A tudósi falukutatás elindítója a középbirtokos Matolcsy Mátyás volt, Földreform című könyvével. Ha a nemzeti és népi óhaj megvalósulását nem akadályozza meg egy maradi, pöffeteg főúri réteg, amelynek sikerült maga mellé állítania a kormányzót is, ugyan mi vád érhetné a megszabdalt ország államvezetését a két világháború közötti keserves körülmények között? E kor jobbjai mindent megtettek azért, hogy el ne vérezzen és nemzeti egységben folytathassa életét a törpévé szabdalt ezeréves Magyarország.

Barátom azzal érvel, hogy a kolhoz tehenésze és felesége a szánalmas csekély nyugdíjon felül, két kataszteri hold földhöz jutott. De miért említi ezt elismerően és nem jajkiáltással amiatt, hogy íme ez lett a 45-ben nagy hűhóval és dirrel-durral történt földhöz juttatásokból? Elvették és kolhozokká forrasztották, amit 45-ben adtak, a most abból osztogatnak olyanoknak, akik a rendszerhez való hűségükkel érdemelték ki. A felszabadulásnak csúfolt borzalmak idején, bizánci örökségünk csalárd görögtüzével hirdették, hogy azé a föld, aki nemzedékek óta, véres verejtékkel műveli, de hazug nagylelkűségükben eleve tudták, hogy éppúgy visszaveszik tőlük, miként elvették az előző tulajdonosoktól.

A földosztásosdi után a kommunisták cinikus őszinteséggel állapították meg, hogy az eladdig reakciós propagandának minősített földosztással keletkezett állapot nem felel meg a közösség érdekeinek. Sajtójukban, népgyűléseken, közgazdasági ankétokon bizonygatták, hogy a törpebirtokon való gazdálkodás a földhaszon csökkenését és a munkanélküliség növekedését idézi elő. Olyan gazdasági egységek létesítését követelték, amelyek nagyobb területen, nagyobb hasznot hoznak és nagyobb kivitelt tesznek lehetővé.

De te, kisbirtokos magyar paraszt, földedhez való ősi ragaszkodással, nemzeti érzületeddel, a rendszer legerősebb ellenfelének bizonyultál. Téged minden áron meg kellett semmisíteni. Előbb ellentétet szítva közted és a földtulajdonból kimaradt véreid között, aztán az adóztatás és beszolgáltatás embertelen rendelkezéseivel venni ki szádból az utolsó falatot is. Így érlelni meg a tragikus pillanatot, amikor a közös nyomorban egymásra talált a zsellér meg a kisbirtokos paraszt s a világszerte becsült magyar paraszti individiumból a mezőgazdasági munkás szabványa, robotos proletár rabszolga lett.

Nem az a hiba, hogy veterán barátomban talán póri ősöktől öröklött keserűség vidult fel annak láttán, hogy a hatalomban immár egyetlen ivadékuk sincs azoknak, akik a Dózsa-lázadás minden résztvevőjét halállal szerették volna sújtani „természetes uruk", a nemes ember elleni tettükért, de negyven napig tartó tanácskozás után beérték azzal, hogy a 72 cikkből álló Tripartitumnak a jobbágysággal foglalkozó 62 könyörtelen cikkelyében úgy rendelkeztek, hogy nemcsak fenntartották az úrbérnek nevezett jobbágyi szolgáltatásokat és robottal a rabszolgasághoz hasonló állapotot, hanem a szabad költözködés egyetlen jogától is megfosztották a jobbágyot.

Nem az a hiba, hogy a hazalátogató emigráns a 45 utáni vörös uralom alkotásait dicsőítve, elmulasztotta a háborúval nem kevésbé sújtott nyugati államok alkotásaival való összehasonlítást. Tudatlanságból, avagy rosszindulatból elhallgatta azokat az alkotásokat, amellyekkel negyedére csonkított államunk emelkedett fel a trianoni műtét véres asztaláról. Maga erejéből, minden segítség nélkül kötötte be sebeit, indította el a szellemi élet vérkeringését s szociális, kulturális alkotásai közül nem egy mutatott követendő példát a háború győzteseinek.

A hiba az, hogy agg barátom nem szólt ekként az otthoni megalkuvókhoz: „Legyetek észnél magyarok, bárokban megengedett tobzódásért, olykor-olykornyi poharazgatásért, „csengőfrász" nélküli éjszakákért, a lazulásnak nevezett állapotért hálálkodtok, nem szabadságban, népjogokban való felemelkedést jelent a titeket megillető helyre. Amit kaptatok, kis része azoknak a jogoknak, amelyek a nyugati demokratikus országban, sőt már Afrika felszabadított népeinél is, magától értetődő része a minden embert megillető jogoknak."

Azelőtt Magyarországon is így volt, mégha látszólag ellent mond is ennek Illyés Gyulának a puszták népéről írott remeke, mert azok a jogbitorlók, akikről ő ír, a magyar társadalom töredékét alkották, s az általa feltárt állapotok nem azonosíthatók az uradalmak valamennyiével, s a falukutatókkal felébresztett nemzeti készség rég elismerte, várta a radikális földreform meghozatalát.

Az meg is történt volna, ha az újabb háború — miként oly sokszor történelmünk folyamán —, véget nem vet az alkotókedv rövid békekorszakának és az országfejlesztés egyéb reményeivel együtt le nem söpri a földreformot a megérett és eltökélt tervek asztaláról.

A hiba az, hogy a hazalátogató veterán bírói ítélkezéssel szól és általánosít, holott nem is rég, — főként Oroszországban —, a feudalizmus csökevényei sanyargatták világszerte a föld népét. Hippolyte Taine, a francia történetírás legnagyobbja, Franciaország kialakulásáról szóló művében leközli Massilon püspök 1740-ben írott levelét, amelyben „a föld népének nyomorát borzalmasabbnak festi le a gyarmati négereknél, mert az egész országban a legsúlyosabb és legkitartóbb munkával sem tudja elérni, hogy kenyere legyen és megfizethesse az adót."

Ha ezen írás korlátozott terjedelme lehetővé tenné, más országok jobbágyainak elnyomásáról ugyancsak lenne mit mondanom. Egyebek közt arról, hogy Németországban, az 1525 évi parasztlázadást egész falvak elnéptelenítésével torolták meg.

Hiba az is, hogy a mai rendszertől elragadtatott hazalátogató talán a hatalmasok szűk körébe tartozó rokonától elkábítottan, hazafiatlan gúnnyal amlíti a Felvidék és Erdély részbeni területeivel történt országgyarapodás rövid ideig tartó örömét és „talpnyaló vitézek"-nek nevezi a túlnyomó részt népi rétegből való jó magyarokat, akik a kormányzó által 1920-ban alapított rendben vitézi rangot nyertek el háborús érdemeikért.

A halál mind sűrűbben ragad el elaggott emigránsokat, akik azzal a hittel és eltökéltséggel hagyták el hazájukat, hogy amíg vissza nem nyeri szabadságát, a hontalanságban őrzői lesznek a nemzethez való hűségnek és a nemzeti nyelvnek.

Negyedszázadnál hosszabb idő tanúsítja, hogy a történelem lassú léptekkel hozza meg a remények teljesülését s azt csak a nemzeti léthez hűséggel ragaszkodó nép érheti el. Világválság sötétíti a jövőt. A kommunista rendszerrel támasztott ellentétek, a vágtában fejlődő fegyverkezés, energiaválság, ázsiai, afrikai népnyomor újabb háborús összecsapást sejtet, amely —, ha bekövetkeznék —, népek temetőjévé tenné a földet. Ha a félelem és az államvezetők bölcsessége elhárítja az apokaliptikus végzetet, akkor az uralmakat, határokat újból meghatározó döntés csak abban az esetben lesz kedvező számunkra, ha otthon és a hontalanságban áldozatkész, hű magyarok azt tanúsították előzőleg, hogy a magyarság államalkotó, önálló nemzetként, a Szent István-i gondolatban akar megmaradni.

Bűnös felelősség terheli azokat a hazalátógatókat, akik otthoni megalkuvásról, lelki ellentállás fegyverletételéről szóló, hamis színezetű, célzatos és kártékony híreikkel gyöngítik a nemzeti önállóságba vetett reményt és a külvilág felé azt a hitet keltik, hogy a magyar nép másíthatatlan, történelmi elhatározással szegődött el ahhoz a rendszerhez, amely a zsarnokság vérvörös igájába akarja fogni az egész világot.

A HARAGOKNAK KI KELL HŰLNIÖK

A világ egyre távolodik a fényforrástól, amelyet kétezer éve Jézus gyújtott örök szavaival:

— Boldogok, akik szomjúhozzák az igazságot.

Az emberiség talán még sohasem szomjazta oly kevéssé, mint a két világháború, forradalmak, világnézetek közelmúlt évtizedei után. Államok, rendszerek, népcsoportok, egyének elszenvedett sérelmektől engesztelhetetlenül forralják bosszúvágyukat. Sem felejteni, sem megbocsájtani nem tudnak.

A békeszerződések nem hozták meg az érdekek összeegyeztetését s Európa a belső ellentétek nyomott légkörében él. Legnépesebb államának keleti részén megszálló hatalom, a kettéosztottság véglegesítésének szándékával irányítják bábkormányát. Az egyesült Európa létrehozatalát, amelyben az államok alávetnék magukat az államközösség formájának, a degaulleizmus hatalmi látomásai hátráltatják. A francia-német együttműködés valójában nem jött létre.

A nagyhatalmi igény minden adottságával rendelkező Németországot gyermekcipőbe kényszerítették és a nemzeti büszkeségében sértett német nép veszélyes önuralommal tűri, hogy önállóságuk teljességét birtokló törpe-államok kerültek eléje a nemzetközi élet protokolljában. Szabadon csattogtathatják véleményüket a németekről, de felháborodással zúg a nemzetközi erdőrengeteg, ha a németek a viszonosság jogán bírálják más népek magatartását.

Meddig nyomható el a többrehivatottság és nagyobb erő tudata? A lefojtott gőz feszítőerejének meddig állhat ellent kormányzati bölcsesség és újabb megpróbáltatásoktól félő békevágy? A Versaillest követő korszak megmutatta már, hogy nincs iga, amely előbb-utóbb le nem rázható.

A népek kirobbanó elkeseredése ugyanolyan tünet, mint a mérlegelni nem tudó egyéné. Kitörését nem állítja meg a tett kockázatával járó veszély tudata. Az 56-os magyar szabadságharc és a világtörténelem számos hasonló példája tanúskodik erről. A hatalmakat, népeket sakkban tartó atombomba is hatástalan mumussá válhat a megszokással. Nincs, nem is volt és sohasem lesz olyan öldöklő fegyver, amely megrettenthetné az elkeseredésből keletkező önkívület halállal is szembeszálló elszántságát.

A második világháború utáni korszak a megtorlás és elrettentés szellemében indult és alkalmi jogalkotás nem eléggé átgondolt törvényeivel szolgálta céljait. A megtorló vágy még előbb keletkezett, azokban az években, amikor többmillió állampolgárt rekesztettek ki a jogok teljességéből és üldöztek más módon is. E vágy beteljesülését aztán az az esemény lökte előre, amely véget vetve Moszkva és Berlin rövid életű szövetségének, felújította két össze nem egyeztethető világnézet minden ellentétét. Elkövetkezett a háborús bűnösök felelősségrevonása, de csak olyan cselekedetekért, amelyeknek a németek és szövetségeseik követtek el. Mintha bűnnek minősülő cselekedetek csak a legyőzötteket terhelték volna.

Az igazságot nem mérlegelő bosszút, kannibáli megtorlást Sztálin hirdette meg, arra emelve poharát a jaltai vacsorán, hogy a németek leveretése után legalább negyvenezer embert állítanak kivégző osztagaik elé. Churchill hiába pattant fel magából kikelten tiltakozva. Sztálin mosolygott, Roosevelt is mosolygott.

225

A tragikus lakoma majd minden résztvevője cinikus mosollyal fogadta a bejelentést, amelynek nemcsak katonák ítélet nélküli kivégzésével, hanem a polgári lakosság elhurcolásával és más hasonló bűntettekkel tett eleget a győztes vörös hadsereg.

A történelem folyamán nemegyszer fordult elő, hogy uralkodók, hadvezérek, államférfiak fejét vétette a győztes, de korunkban történt először, hogy bíráskodó testületek ítélkeztek a legyőzöttek fölött. Ezekből az ítéletekből nemrég visszahulló bumeráng lett. A nürnbergi ítélkezés huszadik évfordulóján ugyanis azzal fenyegetődzött a szovjetsajtó, hogy a nürnbergi „igazságszolgáltatás" Amerikát is sújtja" hitleri módszerű, távol-keleti háborúskodása miatt. Idézték R.H. Jackson amerikai főügyésznek a nürnbergi per folyamán tett kijelentését, amely szerint az USA kormánya a német háborús bűnök megtorlásával nem akar olyan rendelkezést iktatni a nemzetközi jogba, amelynek érvényét ne ismernék el önmagukkal szemben is.

Az oroszoknak kétségtelenül van emlékezőtehetségük s nem mulasztanak el egyetlen alkalmat sem, amikor ellenfeleik felidézett kijelentéseivel vádolhatnak, de kiváló taktikai érzékük ezúttal nem észlelte, hogy a nürnbergi ítéletre való utalással érvet adtak annak a vádnak, amely tőlünk kérheti számon a Katinitól az 56-os szabadságharcig elkövetett háborús és népellenes bűnöket.

Az 1945-tel bekövetkezett eseményeket megrendülten fogadták olyan magyarok is, akik felszabadításnak hitték a megszállást és boldogabb magyar jövő biztosítékát látták a kommunista párttal való együttműködésben. Közülük sokan húzódtak vissza a közélettől, menekültek nyugatra. A nemzet pedig vágyakozó összehasonlítással nézte a német közösségből újból önállósult és szerencsésebb körülmények között élő nyugati szomszédját. Ausztriában az amerikai megszállók kaszárnyákat, lakótelepeket létesítettek, amelynek az államszerződés megkötése után, az osztrák nemzeti vagyont gyarapították. Az osztrák nép szabadon választott nemzetgyűlésre és kormányzatra bízhatta államéletét, külpolitikája irányítását. Ausztriában a háborúvesztés nem idézett elő gyűlölködéssel szított társadalmi ellentéteket. A parlamenti demokráciához való visszatérés megrázkódtatás nélkül következett be.

De a szerencsésnek hitt Ausztria valóban olyan szerencsés? Biztonságos-e fehéren lengő zászlajával bolyongani scyllák és kharybdisek között? A kormánykerék egyetlen elhibázott fordulata elég ahhoz, hogy valamelyik nagyhatalom tiltakozásán roppanjon meg a hajó bordázata. És mi lesz, ha elkapja, nyílt tengerre sodorja valami nemzetközi viszály és gépháza meg vitorlái nem tudnak megküzdeni a viharral? És mi lesz, ha forrongó erők, vádak, kivánalmak, követelések, burkolt fenyegetések nyílt fegyverzettel jelentkeznek a belső politikai aréna porondján?

A kődobást viszonzó új-testamentumi követelmény magasságáig még nem érkezett el az ember, de a szemet-szemért, fogatfogért ó-testamentumi törvénye elévült és szöges ellentétben áll a modern ember méltóságával és humánumával.

Van azonban járható út, múltakból meríthető tanulság. Világbéke aligha lesz valaha is, de lehetnek korszakok, amelyek megpihentetik a harcoktól meggyötört és kifáradt népeket, orvosolhatják sebeit, ha az ellenfelek haragokból okultan, és sérelmeik további hangoztatása nélkül fognak kezet egymással.

A bűnök nem évülnek el, de a haragoknak ki kell hűlniök!

Ha ez nem következik be, megtorlások és viszontmegtorlások végestelen folyamatává válik az élet.

ŐRSÉGVÁLTÁS ELŐTT

A magyar emigráció fiatalságával felmerülő probléma egyrészt közös a nyugati államok mindegyikében erjedző jelenségekkel, másrészt attól függetlenül az, hogy emigrációnk fiataljai meg akarnak-e maradni és abban a szellemben akarnak-e megmaradni magyarnak, amelyet az emigrációba vetődött és a nemzeti eszméhez hű apáik hoztak magukkal.

A nacionalizmus vérünkbe oltott szabadságvágy. Minden élni akaró, történelmi létéhez, kultúrájához ragaszkodó nemzet nemzeti érzelmének hitvallásával védekezik más nép általi elnyomatása ellen. Az eszmeileg bizonytalan célokért tüntető nyugati ifjúság nagy része elfojtotta vagy megtagadta magában ezt a vágyat. A demokratikus államrendben biztosított lehetőségek révén,

227

hazája érdekével ellentétben álló érdekekért is tüntethet. Abból legfeljebb a rendfenntartó közegekkel mérkőző csetepaté lesz és nem temetők halálos csöndje, mint a kommunista rendőrállamokban.

Ezeknek a fiataloknak fájt Hanoi bombázása, de egy szavuk sem volt azok ellen, akik tíz éve indított háborújukkal a kommunista államrendet erőszakolták Dél-Vietnamra és a megszállt területek lakosaival kegyetlenkednek.

A nyugat-német ifjúság, amely oly sokszor háborog, egyszer sem tüntetett amiatt, hogy halálos géppisztoly-sorozat zúdul azokra, akik menekülést kísérelnek meg a berlini szégyenfalon túlról, és amiatt sem tüntet, hogy a Szovjetben tudósokat, írókat, művészeket börtönöznek be, küldenek Szibériába, gyötörnek elmegyógyintézetekben, mert az emberi jogok védelmében emelték fel szavukat.

Ezek a megtévesztett és kommunista érzelmű fiatalok annak a jól működő propaganda hadviselésnek a rohamcsapatai, amely az egész világ forradalmasításával akarja elérni a kommunizmus uralmát.

Válságos és világnézetek harcát vívó korunkban a magyar emigráció semlegességre kényszerülten, arra törekedhet csak, hogy megtartsa fiataljai nyelvi és érzelmi magyarságát. Ezek a fiatalok már nem politikai menekültek, hanem különböző meggyőződésű politikai menekültek leszármazottjai. Örökösei vagy szakadárai az apáik által vallott magyarságnak, világnézetnek. Érzelmeik, ítéleteiket új elemekkel befolyásolja az őket befogadó, idegen államok szelleme.

Ez az a pont, amellyel az emigrációs fiatalság problémája sajátosan magyar problémává válik. Arról van szó, hogy a 45 utáni emigráció hőskorának, részben az 56 utáninak magyarjai tovább tudják-e adni azokat az eszméket, amelyekkel a hontalanságot vállalták. A régiek közül egyre többen szedelőzködnek a túlvilágra, sorvadnak intézményeik, közönyösödés következtében megszűnő újságokkal őrtornyok dőlnek le, amelyek a kommunizmus markába gyűrt magyar milliók sorsáról adtak hírt Nyugatnak, rámutatva arra, hogy megmaradásuk érdekében hatálytalanítaniok kell a háború győztes befejezésének mámorától elvakultan hozott és évszázadok óta Európa nagy közösségébe tartozó népeket a Szovjetnek kiszolgáltató békediktátumokat.

Egy Baltimoréban 1910-ben kivándorolt magyar, tízezer dollárt adományozott szülőfalujának, Rakócnak, azzal a rendeltetéssel, hogy édesanyja és a második világháborúban amerikai pilótaként elesett fia emlékét közkönyvtár létesítésével örökítsék meg. A párszáz lakosú falu népét hatezer kötetet magába foglaló könyvtár-épülettel ajándékozni meg, és ezzel előbbre vinni szellemi életét, akkor is szép és hasznos cselekedet, ha esetleg az otthoni rendszerhez húzó érzelem van mögötte.

De akad-e az emigráció milliomossá dollárosodott magyarjai részéről hasonló áldozathozatal az emigrációban felserdülő ifjúságért?

A magyar irodalomnak terebélyes fája nőtt Nyugaton, de az elmúlt negyedszázad sem volt elégséges olyan szépirodalmi folyóirat létesítésére, amely a baloldaliakhoz hasonló színvonalon, és a nemzeti eszméhez hűen adna teret régi íróknak is, de elsősorban a fiatalokak. A fiatalok, akikben megszólal az írói küldetés tudata, az érvényesüléshez szükséges fórumot keresve, a nemzetitől idegen szellemi lapokhoz kényszerülnek. Esetleg világnézetünk ellenére, s aztán a baloldal révén elért sikerük hatása alatt, világnézetük is baloldalivá lesz.

Az emigrációs író csak az eljövendő irodalomtörténetírás lapjain találkozhat a magyar néppel, amikor már nem lehet hatással arra, de ott, ahová a történelem állította, milliónyinál több magyarban éltetheti a hazához való ragaszkodást, a felszabadulás reményét. Elsősorban azoknál, akik idegen talajba gyökeresedve, vagy éppen idegenben születve, magyar szót alig hallanak, s ha anyagi boldogulásukat elérték, hajlamosak részvétlen közönnyel szabadulni a magyarságukhoz való hűség keresztjétől.

„Megpróbáltatások tűrő vállalása nélkül nincs nemzeti megmaradás", mondta Deák Ferenc.

A politikai emigráció is csak megpróbáltatásokat vállaló kitartással töltheti be küldetését. Őrségváltás előtt vagyunk, amelynél a jövő érdekében nem nélkülözhetjük a fiatal írókat, s amikor még tennünk lehet valamit azért, hogy ezek a fiatalok nemzeti szellemben induljanak el pályájukon.

De ehhez szószék kell! A szükséges anyagiakkal rendelkező, s olyan nívójú szépirodalmi folyóirat, mint az otthoni rendszerrel megalkuvó, a nemzeti gondolattól idegen folyóiratoké.

„ŐRSZEM MIT LÁTSZ AZ ÉJBEN?"

Éj van.

Harminckét éve tartó éj.

Azóta, hogy a vörös áradat átlépte országunk keleti határát.

Azóta, hogy felsikoltottak a letiport nők.

Azóta, hogy anyát, hitvest, leánygyermeket védő férfiak vére sötétlett a barbár hódítók útján.

Azóta, hogy nem csak kastélyokat, hanem zsupfedeles házacskákat is kifosztottak.

Azóta, hogy méneseket, gulyákat, nyájakat hajtottak a szovjet falánk torkába.

Azóta, hogy gyárak leszerelt gépeit rabolták el.

Azóta, hogy városok, falvak fegyvertelen polgárait kancsukázták Szibéria kényszermunkatáboraiba.

Azóta, hogy templomokat fosztottak ki, papokat gyilkoltak le. Főpásztori rezidenciájába fogadott nők védelméért hasba lőttek egy püspököt.

Azóta, hogy királyaink budai várpalotájának vázzá bombázott kupolájára kitűzték a vörös lobogót.

*

Éj van.

Amióta a debreceni Nagytemplomba Vorosilov parancsa szerinti nemzetgyűlés ült össze.

Amióta a népbíráskodás feladatává tették, hogy ne igazságszolgáltatás, hanem megtorlás legyen a cél.

Amióta ávós verebekkel tartottak embervadászatot.

Amióta fogalom lett a csengőfrász.

Amióta embervértől bűzlöttek a politikai rendőrség kínzóüzemei.

Amióta Moszkva hájasfejű bérence meghirdette, hogy vérrel kell öntözni a forradalom ifjú fáját.

Amióta felszabadításnak dicsőítették a megszállást.

Amióta lerombolták nagyjaink szobrait és hódítóknak hódoló emlékművekkel népesítették be a köztereket.

Amióta borbélysegédből lett miniszterelnök ezer évünk egészét gyalázó beszédet mondott.
Amióta százezrek kényszerültek új hazát keresni.

*

A lángolást, amely remények fényével világította be a tizenegy éve tartó éjszakát, judási árulás segítette hősök kiontott vérével oltani.
Újból százezrek kerestek új hazát.
Bitófák erdeje ringatott gyermekkorú ifjakat is.
Az írókat elnémította a félelem.
A zsarnokságról szóló költői ostor sem suhogott már és az aranyjánosi walesi bárdoknak sem akadtak követői.

*

Lehet, sőt bizonyos, hogy bűnt, gyalázatot, nemzetrontó, oroszosító törekvést leleplező, elnyomott milliók érzéseit kifejező művek is íródtak, íróasztalok fiókjaiban várva, hogy veszélytelenül nyilvánosságra kerülhessenek.
De akkor már csak kútfő értékük lehet a történetírás számára, és nem teljesíthették azt a rendeltetésüket, hogy ébren tartsák honfitársaikban a szabadságvágy parazsát és Nyugat ne feledje a szovjet Góliáttal vívott, bukásában is ünnepelt dávidi harcot.

*

A cári zsarnokság hagyományait emberkínzással, jogtiprással, szibériai deportálással követő vörös hatalom földjén nőttön nő az emberi jogokat, Helsinkiben kötött megállapodás betartását követelő szakadárok száma börtöntől börtönig hirdetve, hogy immár fel nem tartóztatható a liberalizálódás folyamata. Pekingtől Washingtonig kiáltják igazukat a közvélemény tudatába.
A cseheknék sem szűnt meg a prágai tavasz emléke. Évről évre élesztgetik és volt kommunista miniszter, párttitkár, világhírű író csatlakozott a szabadságjogok kiterjesztését követelő, Charta 77-nek nevezett kiáltvány aláíróihoz.
A magyarországi olvadásnak nevezett korszak óta kvaterkázó kedélyesség tölti el azokat is, akik hősi helytállásra küldettek. A Moszkvát szolgáló bérenc-vezetők ellentállás nélkül tömhették be a forrásokat, amelyekből az 56-os lángolás keletkezett és szellemi határzárral tartják távol a nyugaton élő magyar írók műveit

a magyar millióktól. Csak akkor bocsájtják be, ha egy húron pendülnek a rendszerrel. Illyés Gyula írta valahol, hogy csak egy magyar irodalom van. A magyar nyelven írott művek összessége. Igazat mondott, olyan igazságot, amely nem talált meghallgatásra a budapesti Gondolat kiadó által megjelentetett Világirodalmi Kisenciklopédiában. A tudósi hozzáértéssel készült, rég nélkülözött, hézagpótló mű előszava azt vallja, hogy irodalmunk a világirodalom szerves része, ezért szerepelnie kell egy ilyen kézikönyvben, de ugyanakkor politikai célzatossággal mellőzi azon írók értékelését, akik bár az emigrációban élnek, mégis a magyar irodalom egészébe tartoznak. Kivétel Zilahy Lajos és Márai Sándor. Az előbbi világsikereivel Nyugat nagy íróinak rangsorába került s Márai, ha nem is hasonló sikerrel, de a magyar nyelvterületen túli értékeink közé tartozik.

*

Olyanokat is mellőz az Enciklopédia, akikkel bőven foglalkoznak világnyelveken megjelenő, világirodalmi enciklopédiák. Hisszük, nem a tudós szerkesztőktől származik a politikai célzatosság: magyar milliók tudatából gyomlálni ki a kommunista szemléletnek meg nem felelő irodalmi műveket.

Mi más magyarázata lehet Cs. Szabó László kiközösítésének, aki nagynevű íróvá érett odahaza s a szépirodalom csaknem valamennyi műfajában világirodalmi szinten gazdagítja irodalmunkat az emigrációban is? Avagy az Enciklopédia szellemének megállapításába nem volt beleszólásuk azoknak az író-kortársaknak, akik egykor nagyra értékelték Cs. Szabő Lászlót s akik az otthoni nagyok sorában meg az államrendnek tetsző írók közé tartoznak?

Az Enciklopédia feledésbe hantolja Nyirő Józsefet, a Jézusfaragó Ember-t és az Isten Igájában című regény íróját, aki Tamásit megelőzve hozta irodalmunkba a székely nép lelkét és hangját. A baloldali és jobboldali irányzat legkiválóbb kritikusai egyöntetű elismeréssel méltatták annakidején. Benedek Marcell így írt róla: ,,Prózája dúsan rakott képekkel, hasonlatokkal, meglepő, monumentális szépségekkel. A székely nép sorsa, múltja, elhagyatottsága, emberi értékei az' ő novelláiban mutatkoznak először."

Elhallgattatásra ítélték, mert nem alkudott meg az orosz megszállással élre törő eszmékkel.

Hasonló célzat mellőzte Kovách Aladárt, akit huszonhat éves korában Téli Zsoltár-áért ünnepelték a Nemzeti Színházban s aki csodás szépségű, tiszta nyelvezetével örök helyet biztosított magának a magyar irodalomban.

Arról a sikerről is hallgatnak, amellyel a Hazában belső emigrációba kényszerült Gábor Áron, levetve magáról a szellem magyarországi bilincseit, világsikert aratott Szibériai Trilógiá-jával az emigrációban.

A magyar költészet legjobbjai közé nőtt Fáy Ferencről is, aki hontalanságát és a magyarságot sirató verseiben új költői hanggal, szóképekkel gazdagította irodalmunkat.

Tollas Tibort is mellőzésre kárhoztatták, jóllehet ő nemcsak költészetével, hanem világjáró, a szétszóródott magyarságban nyelvünket éltető munkájával az egyetemes magyarság érdekét szolgálja.

Hasonló sors éri Tűz Tamást, akit még Illyés Gyula avatott költővé a Magyar Csillagban s aki az emigrációban vált világirodalmivá.

Az aggastyánként is ifjú Nyisztor Zoltán korunk fél évszázadára visszatekintő Vallomás című művében elfogultan tárgyilagossággal írta meg a magyar végzetet a bizonnyal ez volt az ok, amiért róla is hallgattak.

Miért hiányzik az Enciklopédiából Wass Albert, A Farkasverem Baumgarten-díjjal kitüntetett írója? És miért az a Csiky Ágnes Mária, aki az emigrációban vált legjobb költőink egyikévé és Medvetánc című színdarabja pályázók tömegét legyőzve, München legnagyobb színházában került bemutatásra?

*

Nélkülözhető-e a világirodalmi értékű magyar írókat ismertető Enciklopédiából az a Surányi Miklós, akit Kiss József Hét című lapjában közölt, Trianoni Páva című, első regénye regényíróink élvonalába emelt s fő művével, az Egyedül vagyunk-kal, nemcsak a magyar olvasókhoz vitte közelebb Széchenyi István történelmi és emberi alakját, hanem német meg olasz nyelven a történelmünket kevéssé ismerő, irányunkban kevés érdeklődést tanúsító Nyugathoz is?

Avagy miért söpörték ki az Enciklopédiából Hunyadi Sándort, akiről a költő és a rendszer irodalomtudósa, Bóka László így írt: ,,A társadalmi fejlődés nagy hullámverésében meg tudja látni az emberi kisvilág apró drámáit, egy-egy pillanatba sűrítve, felismeri az emberi viszonylatok erkölcsi konfliktusait s úgy tud szólni róluk, hogy szavának utánozhatatlan a természetessége..." Az elismerést nem könnyen osztogató Nagy Lajos pedig „a lelke mélyén igazságos" írónak mondja.

Az Enciklopédia bőségesen foglalkozik a pártos irodalom két oly parányával, mint Gábor Andor és Illés Béla, de az Ady-nemzedék számos értékéről hallgat. Harsányi Zsoltról is, aki húszonegynéhány nyelven megjelent regényével valóban a világirodalomba írta nevét.

Ady-nemzedékkel egyidőben jelentkező papköltők közül csak Sik Sándort méltatja, de szava sincs a vele legalább is egyenlő értékű Harsányi Lajosról s a magyarok millióit magával ragadó Mécs László költészetéről.

Politikai célzatossága legkirívóbb azáltal, hogy nem tud Prohászka Ottokárról, a katolikus irodalom legnagyobbjáról, aki nemcsak a lélek igényeivel foglalkozott, a társadalom szociális megújhodását, a földvagyon-megoszlás igazságtalanságának megszűntetését követelte, hanem költői és újítói nyelvezetével azt a helyet foglalja el irodalmunkban, amit a maga korában Pázmány Péter, akivel világirodalmi színvonalát az Enciklopédia is elismeri.

Zárójeles megjegyzés vallja, hogy a kiváló szerkesztők olyan értékelésre is kényszerültek, amelyeknek helyessége szerintünk is vitatható. Művük magyar vonatkozásban olyan, mintha a Habsburg korszak idején, hasonló enciklopédiában számolva be hazai irodalmunk legjobbjairól, mellőzték volna a költő Zrínyi, Bethlen Miklós, II. Rákóczi Ferenc, Mikes Kelemen, Széchenyi István, Kossuth Lajos, Petőfi Sándor, Vörösmarty Mihály, Eötvös József nevét.

*

E közlemény terjedelmét és írójának agg korát felülmúló feladat lenne mindazoknak az emigráns íróknak felsorolása és értékelése, akik nem szerepelnek az Enciklopédiában, bár az értékelés mérlegén nem kevesebbek sokaknál, akiket világirodalminak minősit az Enciklopédia, mivel Kossuth-díjban részesültek.

Az irodalomtudomány emigrációs művelőire vár a feladat, olyan irodalmi fórumot teremteni, amelynél az értékelés egyetlen mértéke az irodalmi színvonal, amely teret ad azoknak és csak azoknak a műveknek, amelyek ennek az igénynek megfelelnek és feladata meggyőzni az emigrációs és otthoni olvasókat arról, hogy egy irodalmi mű nem kisebb értékű azért, mert nem otthon, hanem a lehetőségekben szerény emigrációban íródtak.

Ez a feladat vezethette az Árpád Akadémia létesítőit. Jó magyarok, megszállottak felbecsülhetetlen értékű cselekedete, amit azonban az írók és művek szigorúbb értékelésével olyan szintre kell emelni, hogy azok az írók is felkarolják, akik ma még elkülönülnek az Árpád Akadémiától.

*

Az általános emberi eszmény miként érvényesül a mai hazai rendszerben?

Mi ad tartalmat a haza fogalmának?

Indokolt-e a hajdani nemesi és főnemesi rend sommásan történő elítélése, lekicsinylése?

Ez a rend számtalanszor tanusította hazaszeretetét, véres felkelésekkel, börtönökben, vesztőhelyeken szenvedett mártíriumával.

Elmondják-e magukról ugyanezt az államhatalom mai bitorlói, akik nemcsak tűrték, hanem kérték is a szovjet igát az 56-os szabadságharc idején.

*

Az őrszem némán áll a csillagtalan éjben.

Áll és vár.

Várja a pillanatot, amikor dereng a pirkadat és mindenre fényt derít a felkelő nap.

MAGAMRÓL ÉS MÁSOKRÓL

Nőnek-e új tölgyek?

Tél volt. Zord és kegyetlen. Akár a magyarságra sújtó átok. A nemzet vonaglott a trianoni mészárszéken ezeréves birtoklásunkat szétszabdaló műtéttől.

Szenvedett a szabad akaratát, állami szuverénitását sértő sebtől is, amelyet a győztes hatalmak parancsából önmagán kellett ejtenie, az uralkodó jogait megszűntető 1921. VII. t.c. meghozatalával.

Győr szabad királyi város tisztviselője voltam, amikor 1921. október 21-ének délelőttjén, háromezer katonával zsúfolt szerelvény állapodott meg a győri vasúti állomás első sínpárján.

A vonat IV. Károly királyt és Zita királynőt hozta Sopronból, a Budapestre való bevonulás és a trón visszaszerzésének szándékával. Kíséretükben Andrássy Gyula gróf, az összeomlás előtti monarchia külügyminisztere, Gratz Oszkár, a második Teleki kormány külügyminisztere, Rakovszky István, a kormányzót választó nemzetgyűlés elnöke és a rögtönzötten bárói rangemelésben részesülő Lehár ezredes, a királyra esküt tett katonák parancsnoka.

Az esemény futótűzként terjedő hírével felvert város ezrei tódultak az állomásra, látni a peronon tipródó királyi párt, a magyar közélet nagynevű szereplőit és megtudni valamit a várható fejleményekből, előzményekből. Éljeneztek, kendőket lengettek reményektől lelkesülten, a rendőrkordon mögül. Végzetünkből szabadító s a trianoni korlátokat ledöntő csodát várták.

Huszonnégy év múlva, 1945. áprilisában, a Markó utcai fogházban Fekete Örs zárkatársam elmondta, hogy ő volt a magán repülőgép pilótája, amellyel a királyi párt a dübendorfi repülőtérről szöktette meg s vitte Cziráky gróf kastélyához közeli Dénespusztára. Mintha csupán sétautat tennének, nyugatnak tartott a géppel, mind magasabbra emelkedve, majd a megfigyelők látóhatárán túl, hirtelen keletnek fordult. Hazám határa fölött visszanézett a kormány mellől és e szavakkal köszöntötte fejedelmi utasait:

— Éljen Magyarország, éljen a király!

Arra természetesen nem tudott választ adni, hogy a király miért nem Bécsbe, Habsburg tartományuk ősi székhelyére vitette magát a hatalom visszaszerzéséért és miért nem osztrák pilótára bízta életüket a veszélyes vállalkozásnál. A győri állomáson mind izgatottabban várták a vonat indulását. Mi rejlik a késedelem mögött? Órák teltek el, mire felüvöltött a mozdony és a vonat elindult az utolsó magyar királlyal végzete felé.

Sötét este tanúja voltam a marciális jelenetnek, amikor a győri pályaudvar síntengere fölötti Nádor-hídról a széles és nyílegyenes Vilmos-császár útra kanyarodott a tüzérek lovasmenete. Felhangzott a vezéri kürtjel, lópaták csattogtak, ágyútalpak kerekei dübörögtek a betonburkolaton s a gyéren világító utcalámpák fényében fel-felvillantak a fegyverek. Az egyik üteg élén Német Tibor főhadnagy, a győri alispán fia nyargalt délcegen. Néhány év múlva ő lesz a kormányzó szárnysegédje.

A kivezényelt tüzérség feladata az volt, hogy védelmezze a királyra felesküdött sereget a kormány csapataival kezdődő csatában, de alig helyezkedtek el a Budaörsöt környező hegyek egyikén, a vérontástól megrettent király elállt tervétől s a csata véget ért. A passió-játékairól, pompás úrnapi körmeneteiről híres Budaörsnél magyarok ontották magyarok vérét. Közel a helységhez, ahol úrnapi körmenetek angyalarcú, koszorús kislányai virágot hintettek az Oltáriszentséget vivő pap léptei elé. E szép magyar tájon hullott le mindörökre annak a IV. Károlynak koronája, akit a magyarokra telepedő Habsburg uralkodók hosszú sorában talán a nemzet is megszeretett volna, s akire részvéttel gondoltak olyanok is, akik nem voltak hívei a királyság intézményének.

Mindmáig nem dőlt el a vita, hogy valóban bekövetkezik-e Magyarország katonai lerohanása a fölénk cseperedett utódállamok által, ha Horthy kormányzó és Gömbös Gyula nem hiúsítja meg a királyt a trón visszaszerzésének második kísérletében is.

A Trianon által előidézett kétségbeesés sokakat vitt önkéntes halálba. Máig érzem a megrendülést, amelyet egy Erdélyben szolgáló csendőrőrmester és a pozsonyi helyőrség parancsnokának, Farkas ezredesnek, a megszállók bevonulása miatt elkövetett öngyilkosságáról szóló újsághír váltott ki bennem.

Az ország elvesztette gazdasági erőforrásainak túlnyomó részét, a fellendülő gyáripar megtorpant, az új határok mögül elüldözöttek százezrei özönlöttek az ország nagyobb városaiba, főként

Budapestre, ahol a vasúti állomások holtvágányain utcasorok keletkeztek hajlékul szolgáló tehervagonokból. A tőzsdei mocsárban a pénzromlás hiénái lubickoltak, nem létező vállalatok értékpapírjait jegyezték, terpeszkedő iparlovagok száguldoztak luxusautókon, dorbézoltak mulatóhelyeken, miközben a B-listával kenyerüket vesztő állástalanok meg a hadikölcsön-jegyzéssel tönkrement kisemberek nyomorban fuldokolva néztek e reménytelen jövőbe.

Kidöntötték Tisza Istvánt, az egyetlen erőt, a meg nem félemlíthető szilárd férfit, aki nem rettent volna meg szembeszállni a rombolás forradalmi szellemével és mutatni tudta volna a követendő utat.

Történelmi időket éltünk, történelmünk legválságosabb korszakát és nem volt, mint annyiszor a múltban, történelmi feladatokra elhivatott vezérünk. Ezeréves múltunkban először, törvényhozásunk által elfogadott olyan békeokmányt kellett aláírnunk, amely megszüntette tengernyi vérrel, soha meg nem alkuvó kitartással védett és a honfoglalás dicső tényével szerzett országunk területi egészét. Átéltünk tatárvészt, török hódoltságot, Habsburg despotizmust, de ezerévünk óta először éltünk át oly tragédiát, amely területe háromnegyedétől fosztotta meg és mindmáig vérző csonkká nyomorította hazánkat.

Hiányzott a vezér, aki a háborúvesztés után letörte volna a bolsevizmushoz vezető s a nemzet benső egységét bomlasztó őszirózsás forradalmat, aki felrázta volna ijedt ájulatából társadalmunkat s a harcterekről töretlenül visszatérő katonai erőt a határok védelmére küldte volna, amikor még nem volt Trianon, s amikor még visszaverhető lett volna a benső bomlásunkat hasznosító alattomos beszivárgás, amellyel román, szerb, cseh katonai alakulatok lopakodtak földünkre.

De hiányzott a kommün bukása meg a trianoni döntés után is a vezér, aki felismerve az egyes társadalmi osztályok közt keletkező szakadékot, nem éri be azzal, hogy keresztény nemzeti irányzat vegye át az államvezetést, hanem gátat vet a rendi világ szellemét felújító, retrográd törekvéseknek, nem tűri, hogy politikai törtetők szállják meg közéletünk fórumait s aki e nemzeti egység megteremtésével megmaradásunkat biztosító, revíziós reményeinket megtartó nemzeti egység szilárd alapján kezdi el jövőnket építő munkáját.

Az elhivatottság, vezéri képességek nélküli, részben nemzet-
ellenes szándékú államvezetők szereplése robbantotta ki belőlem
a Károlyi forradalom első heteiben, a Győri Életben vagy a Reggel
című napi lapban közölt verset, amelynek szelleméről vallanak
a vers záró sorai:
   A miniszter hétfőn senkit sem fogad
   S a történelem néma sírházába
   Elindult velünk a sokökrös gyászfogat.
Kettős bánattól megszállottan írtam „Nőnek-e új tölgyek?"
című versemet, s a közlés vajmi kevés reménnyel, a nagymúltú
Budapesti hírlap főszerkesztőjének, az elmúlt korszak legnagyobb
publicistájának, Rákosi Jenőnek küldtem el, aki versemet meg
is jelentette a lap 1920. szeptember 8-i, vasárnapi számának első
oldalán.
   A forradalmakkal megtiport ország legelőkelőbb lapjában
jajdulhattam el a ránk mért végzet miatti bánatomat és a vádat
is, amellyel lelkiismeretem ítélőszéke előtt, önmagammal azo-
nosítottam a háború négy éve alatt tanúsított helytállástól kimerült
és vezérlő szellem nélküli nemzet kormányát és társadalmát:
   Cudar ricsaj, betyári dal rivall
   S karvalyként egymás szemét kivájja,
   Ahány van, egymásba mar
   Mindmegannyi magyar.
   A vers szenzációként hatott a toronyalatti városházán, meg
a Budapesti Hírlap eszméit követő újságolvasók óriási táborában,
de felfigyeltek rá a Budapesti Hírlappal ellentétes világnézet pó-
lusain is.
   Úgy éreztem magam, mintha hosszú és nyomasztó álomból
ébredtem volna. Visszakerültem lelkileg oda, ahol húszéves ko-
romban kezdtem írói pályámat. Mámorosan olvastam a nevem
alatt közölt verset. Szellemét és lényegét így hirdették utolsó sorai:
   Ki őserdő voltál dús terebéllyel,
   Hol vannak óriás tölgyeid?
   A vihartállók mind kidőltek,
   A kopár bérceket remegve nézem:
   A régi tölgyek helyébe nőnek-e új tölgyek?
   E vers lett elaltatott vágyaim ébresztője s ünnepi közlésétől
kaptam a bátorító hitet, hogy az írói küldetés elhivatottjai közé
tartozom. Ez a hit töltött el és erősödött az 1921. esztendő em-
lített eseményeivel.

A Trianonnal kezdődő korszakban nem én voltam az egyetlen, aki lelkiismerete ítélőszéke elé állította önmagát és kérte számon önmagától, amit tett, avagy tenni elmulasztott.

Bennem nem először jelentkezett a benső utakra térő ember önmagával való elégedetlensége. Már diákkoromban, a vallási dogmákkal szembeni kételyemmel vívott küzdelmemben. Jogászkodásom második esztendejében is, amikor „pap akartam lenni Kalocsán".

Albérleti szobám többnyire fűtetlen volt 1921 telén. Esténkint, ha sokfelé ágazó társadalmi életem nem kötött le egyebütt, regattista barátaim asztalához telepedtem a Kioszk nevű kávéházban. Mint azon az estén is, amikor írni kezdtem misztériumdrámámat, a dantei igaz utat kereső, katolikus író hitvallását, életem huszonnyolcadik évében.

Az emlékezés gyönyörével gondolok azokra, akik a távolból közéjük hullott, idegen tollú madarat barátságunkba fogadták és a nőkre, akik lázító szeretettel bátorítottak visszaröppenem oda, ahonnam ifjú íróként érkeztem Győrbe. Ne várjam be, míg elszürkít és szárnyaimat szegi a vidéki élet.

— Nekem nincsenek már szárnyaim — feleltem csüggedten, bár ezt legbelül magam sem hittem.

Írói vágyaimmal való szakításom azzal következett be, hogy huszonharmadik éven ifjúi elsietettségével kiadott novelláskönyvvem, „Az én arcom" címen, kevés kivétellel könnyűnek találtatott az irodalom elhivatott kritikusainak mérlegén. Elkeseredésemet megnövelte, hogy pénzzé kellett tennem diákkorom óta nagy igényességgel és gonddal gyűjtött könyveimet. Úgy véltem, mind ez arra int, hogy mondjak le szellemi igényeimről is.

Az aggkor távlatából

Dühös daccal hivatalnok-filiszter akartam lenni, aki a szolgálati ranglétrán emelkedve, talán még polgármester is lehet. Szellemi örömökkel töltött estéimet a társadalmi életben való élénk részvétel váltotta fel.

De a kínzóan elaltatott vágyakkal nem tűntek el az írói hajlammal járó tulajdonságok. Szemléletemben, véleményeimben, magatartásomban sűrűn jelentkező ellentét választott el azoktól, akikkel azonosulni akartam. Csak egy ajtót vágtam be magam mögött, de lényem legmélyén az maradtam, aki addig voltam.

240

Népszerűtlenné tettem magam azoknál, akik megérezték, hogy az idegen madár előbb-utóbb visszaröppen az elhagyott égtájra.
— Ne képzelegj — mondogatták terveket, reményeket lohasztó szándékkal. — Itt fogsz szépen megöregedni, mint mi is. Fogalmazó voltál, aljegyző lettél, és ha iparkodsz, még tanácsnok is lehetsz.
Nem vitatkoztam, nem is akartam többnek látszani másoknál. Vallottam és vallom: Ha még oly remekművet alkot is a lángész, mint a Divina Comedia, az ember és ember közti különbség hajszálnyinál is kevesebb a bennünk közös adottsághoz mérten, hogy a maga helyén minden ember nélkülözhetetlen erő és érték, ha a neki adott hivatással a Teremtés titokzatos célját és összhangját szolgálja. Már semmi sem tehetett kishitűvé új hivatás felé röppenő reményeim mámoros állapotában.

*

Röstelkedő mosollyal emlékezem Szauter Ferenc városi tanácsnokra, Győrből való távozásom után a város polgármesterére, akinek hivatali szobájába az épp elkészült novella átélésétől lázasan robogtam be egy alkalommal.
— Foglalj helyet —, mutatott az íróasztala melletti karosszékre. — Szívesen meghallgatlak, megmondhatom tetszett-e avagy nem, de ennél többet ne várj. Nem vagyok hivatott annak elbírálására, hogy amit írtál, jó-e, avagy nem.
Ez nem is volt fontos számomra. Nem válaszából, hanem — mint másoknál is — arról a hatásról akartam lemérni írásom értékét, amit felolvasásom vált ki hallgatóim arcán.
Sokszor vétettem az előírt hivatali idő betartása ellen és vajmi kevés buzgalmat tanúsítottam a sablonos ügyiratok intézésénél. Emiatt többször dorgáltak feletteseim, de ugyanakkor méltányolták, hogy jól beváltam, ha ünnepélyes feliratok szövegezését bízták rám és jogászi búvárkodást, szellemi elmélyülést kívánt a munka. Én készítettem a terjedelmes szabályrendeletet, amelyet a városi rendőrség államosításakor a rendőrség hatásköréből kivont feladatok róttak a közigazgatásra és új ügyosztály felállítását tették szükségessé.
Darányi Kálmán főispánnal sem gyűlt meg a bajom, amikor titkárával küldött üzenetére így feleltem: „Vigasztalhatatlan vagyok, hogy okot adtam őméltósága neheztelésére, de annak szívből örülök, hogy emiatt nem nevez ki tiszteletbeli tanácsnokká,

mert minden városi tanács annyit veszít súlyából, amennyi a tanácsba kinevezett tiszteletbeli tanácsnokok száma."

Darányinak volt humorérzéke, és főispáni székét anélkül hagyta el, hogy újabb tiszteletbeli kinevezésekkel igazolja az én „archimedesi" tételemet. Humorérzékére vall Oláh Györgynek, a Darányi halálakor írott nekrológjában felidézett válasza, amit a parlamenti folyosón tanácsaival alkalmatlankodó képviselőnek adott: „Mindég bizalommal fordulhatsz hozzám, ha az én tanácsomra van szükséged, és én is bizalommal fordulok hozzád, ha szükségem lesz a te tanácsodra." Évek múlva engesztelhetetlen haragját váltottam ki azzal, hogy „Élni akarok!" című regényem szatirikusan ábrázolt alakját sokak előtt felismerhetően, róla mintáztam.

Önmagammal való elégedetlenségem és a Bethlen-korszak közéletét nem alaptalanul bíráló regényem miatt üldöztetést is szenvedtem, de azzal törtem át az eszméimet körülvevő, merev világ kereteit. Magatartásom magyarázatát és igazolását kaptam Teilhard de Chardintól, aki így ír Tudomány és Krisztus című művében: „Sem értelmi, sem erkölcsi, sem misztikus szempontból nem vagyunk már elégedettek azzal, ami kielégítette apáinkat."

Aggkorom távlatából megszépülnek mások hibái és nem érzem elszenvedett sebeim sajgását. Él a múlt és az évtizedek romjai közül felemelkedve, a győri Baross utca keskeny medrében korzózók sűrűjében látom magamat is.

E fel-alá hullámzó menetben lép elém regényem egy másik szereplőjévé tett barátom, Bély Andor. Úgy látom őt, mint első találkozásunk alkalmával, harcokból hazatért délceg katonát, hoszszú barna köpenyben, zubbonyán rangjának három csillagával. Ő is olvasta azóta regényemben némi iróniával készült rajzát az ügyvédnek, aki — miként ő tette —, réztábláján négy nyelven tudatta, hogy a magyaron kívül németül, franciául és angolul képviseli ügyfeleit. Abban a városban, ahol talán egy sem akadt ügyfelei között, akinek nem a magyar lett volna az anyanyelve.

Mégis meleg mosollyal nyújtotta kezét, nem vádolt, nem is neheztelt, sem nem említette, hogy önmagára ismert regényem szereplőjében. Örült, hogy előkelő irodalmi vállalat jelentette meg művemet.

Szodfridt József főispán a vármegye tiszteletbeli főügyészévé nevezte ki és ennél többre nem is vitte a közéletben. Vihette volna, ha akarja. De miért nem akarta? Kiváló szónoki képesség, sokoldalúság, kiművelt elme, az országra váró feladatokban, világpolitikában való tájékozottság, szilárd meggyőződés és ítélőképesség gazdag fegyverzetével, minden adottsága megvolt ahhoz, hogy sikeres közéleti pályát járjon be. Nem akarta. Talán, mert élete nyugalmát féltette a posványos politikai harcokban való részvételtől? Vagy élete nagy szerelméért mondott le a közéleti küldetésről? Sokszor dangobáltam vele a Rába, Rábca meg a Günyünél szélesen kitáruló Duna vizén sikló regattacsónakunkban, partmenti füzeseken túli réteken sütkéreztünk, borozgattunk a kommunista terror hónapja alatt, amikor dologtalanná tett mindkettőnket a rendszer és az alkoholtilalom miatt nehéz volt boritalhoz jutni.

Az ő révén gyakori vendége voltam egy bankigazgató otthonának. A társadalom felsőbb rétegeibe törekvő férj meglepő naivitással hitte, hogy a református presbitériumnál elért tagságával és az exkluzív Csónakázó Egyletbe történt befogadásával, sikerrel álcázta zsidó származását. A Csónakázó Egyletnél barátom közbenjárásának is része volt, a talán ebben leli magyarázatát, hogy a férj szemet hunyt barátomnak a csábító alkatú, szép szőke feleség iránti szerelmének és az egész úri réteg előtt tudott kapcsolatának. Bély Andor érzelmei a zsidó üldöztetések idején sem változtak, bár szerelméből elhervadt, korosodó nő lett. Előítéletekkel szembeszálló támasza volt az egész családnak és egyetlen lányukat jelentékeny vagyona örökösévé tette. Vigaszuk volt a nagy bánatban is, amely kivételesen tehetséges fiúk öngyilkosságával sújtotta őket. Tettét zsidó származása miatt követte el.

A regattisták kávéházi asztalához elvetődött olykor Valló István barátom is, akikből a régi Győr utolsó polgármestere lesz. Akkor még aljegyzőtársam a város szolgálatában. Egerben született s a dicső múltról regélő városból hozta nagy célokért lelkesülő magyarságát. Nemcsak kiváló hivatalnok volt, hanem tudós is, a magas színvonalú Győri Szemle szerkesztője, a várostudomány magyarországi úttörője s a Győri városépítés című nagy mű társszerkesztője Borbitó Virgillel. Számos más művében is emléket állított Győrnek, amelynek naggyá fejlesztéséről álmodott.

A kommunisták börtönéből való szabadulásom után, amikor feleségemet már hontalanságba kényszerítette a miattam szenvedett üldöztetés, gyakorta fordultam meg a hivatalából eltávolított győri polgármester otthonában. Együttléteink olyanok voltak, mint a szellemidézők szeanszai. Öt év előtti bombázások

243

romfalai közt botorkálva, valahol a budai Dunapart gyéren világított területén, sötét lépcsőházban lopakodva, gyorsan nyíló ajtó csukódott be mögöttem és gyengén világított szobában viszontláttam azokat, akiktől majd húsz éve váltam el Győrött. A régi világ szereplőit, Krisztinkovics Antalt, a pestvidéki rendőrkerület volt főkapitányát és Gálos Rezső egyetemi magántanárt.

Úgy tetszett, hogy szellemalakok közt vagyok. A kerek asztalon üveg bor, négy pohár és egy tányéron pogácsa. A poharak össze-összecsendültek s halk hangon folyt a társalgás, mert füle lehet a falnak is. Óvakodó kérdésekkel tapogattam, mi lappang barátaimban a nagy változás után, kérdezhetem-e őket arról, amit tudni szeretnék. Mind bővebben ömlött a közlékeny baráti szó, míg váratlanul hívatlan vendég érkezett.

Épp, amikor fel akartam olvasni Isten madárkája című, börtönéveim alatt rólam gondoskodó feleségemről írott versemet. A nem várt vendég nem a régi világból érkezett. Küldték, megbízást teljesít, avagy azért jött, mert szíve a régi győriekhez húzza? Már egyikünk sem beszélt arról, amiről akart. Krisztinkovics, anekdóták mesteri előadója, vidám történetekkel szórakoztatott s Gálos a készülő műről beszélt, amit Kármán Józsefről, a Fanni hagyományai szerzőjéről ír, a házigazda városfejlesztésre váró feledatokat ismertetett s én zsebembe süllyesztettem versemet. Elgondolkoztam. A börtönből csak testem szabadult, lelkem azonban a bebörtönzött maradt.

Múltbanéző emlékezetemben fel-felbukkan Drobni Lajos ügyvéd. Egy ideig börtöntársam a Gyűjtőfogházban. Szabadulása után szíve ellenére Brazíliába vándorolt feleségével, Kosáryné Réz Lola hugával, s annak halála után hazavitte a honvágy. A győri múzeum teremőreként tengette, majd az aggok szociális otthonának nevezett, nyomorúságos menhelyen fejezte be életét.

Győri polgár, üvegkereskedő fia, Doberdó sziklafalai közt három forró nyáron, kemény télen át harcoló katona, ügyvédként pénztelen szegények védője, a közbizalom parancsoló akaratából pártonkívüli tagja a törvényhozásnak, pályatársai bizalmából a győri ügyvédi kamara elnöke. Nem vallott szélsőséges elveket, zsidóüldöző sem volt, s amikor célba vette a kommunista hajsza őt is, zsidók, nemzsidók egyaránt mellé álltak. Egyike azoknak az áldozatoknak, akiknek egyetlen bűnük, hogy mindvégig kitartottak a hazához, hitükhöz és a társadalmi békét szolgáló törekvésükhöz hű magyarok oldalán.

A sátán lovagja

Mind elmentek, mind meghaltak, de bennem újból-újra eljátszák egykori szerepüket. A Csónakázó Egylet társasági termében vagyok, fejemen rostélyos sisak, kezemben hajlékony pengéjű kard. Meixner Feri, Dunántúl vívóbajnokának vezényszavát követve védek, cselezek, hogy megtanuljam mindazt, ami szükséges ahhoz, hogy a másnapra kitűzött párbajban megálljam helyemet. Aztán hirtelen elhajítom kardomat. Céltalan igyekezet órák alatt elsajátítani azt, amit addig nem sajátítottam el. Akár a diák, aki a vizsga előtti napon akarja magába szajkózni a szükséges tudást. Ha szerencsém van győzök, ha nem, ellenfelem kerül ki győztesen.

— Üfene! — mondtam aztán, amikor Meixner Misi szekundánsom, a másik Meixner bátyja, és azzal együtt a Royal Szálló tulajdonosa, kezembe adta a beretvaéles, könnyűnek nevezett lovassági kardot. Orvosom Petz Aladár, a győri kórház igazgatófőorvosa, a székesfehérvári hadtest utasítását követve, az engedélyezett egyetlen bandázzsal kötötte át nyakamat. Ellenfelem ugyanis tartalékos hadnagy volt, ezért a hadtest írta elő a párbaj feltételeit és gondoskodott arról, hogy ellenfelem véres elégtétellel torolhassa meg a testi sértést, amely részemről érte nyílt utcán, világos nappal.

Nem ismertem, soha nem is láttam és néhány perccel előtt még nem sejtettem, hogy a velem szembejövő fiatal férfi, máig sem tudom miért, sértő megjegyzést tesz rám a kíséretemben lévő Woticz Pál, közkedvelt neofita előtt. Kedvem ellenére tettem, amit tettem, de arra kényszerített kihívó mosolya s a provokáló hangsúllyal megismételt sértés.

Másik szekundánsom Meixner Ernő ügyvéd volt, a két fivér unokabátyja, akit a háború utáni elnyomás a Nemzeti Bank elnökévé tesz majd. Éreztem, hogy mindenki nekem drukkol, ellenfelem két szekundánsa is, akik az antiszemita Ébredő Magyarok Mozgalmának tagjai voltak. Orvosa, Czechmeister Tóni, ellenfelem háta mögül, szája mozdulatával buzdított:

— Vágd meg jól!

Elhangzott a vezényszó:

— Rajta!

Heves roham kergetett a falig, kardjaink markolatig futottak össze. Úgyanígy ismétlődött az én rohamom is. A harmadik menetnél újfajta, soha nem érzett gyönyör láza töltött el. Előttem sápadó arc, mind kapkodóbb védekezés. Már megsebesítettem ellenfelemet, de nem hallottam a párbajt leállító „Állj!"-t. Növekvő hévvel folytattam támadásomat s ha a vezetőségéd kardom elé tett kardja nem állítja meg iramomat, ellenfelem védtelenül maradt koponyáját töri be a beretvaéles penge.

— Remek vívó lettél volna — mondta a párbajt vezető Meixner, a viadal után.

Győri életemben egy negatív erő is működött. Talán a legbizarabb ember személyében, akivel valaha is találkoztam. Soha el nem dönthetem, a Sátán küldöttjeként lépett-e életembe, avagy próbatételemre küldetett? Szövetséget akart-e kötni velem, a rontás szellemének szolgálatában, avagy kiérdemelnem az Istenhez vezető utat?

A Csónakázó Egylet kertjében találkoztam vele először. Ott csodáltam meg lenyügöző modorral, villámló szemekkel álcázott igazi arcát. Hazárd kártyajátékra csábított és kedélyes könyörtelenséggel fosztott ki. Ő nyert, én vesztettem, ő cseppnyi többlettel gyarapította milliós vagyonát, az én számomra vagyont jelentő és a Gondviselés váratlan kegyeléből kapott háromezer koronát herdáltam el.

— Sajnos mennem kell —, emelkedett fel, amikor tárcámból kihúztam utolsó százasomat.

Egy órával előbb terveket szőttem arról, hogy pénzküldeménynyel könnyítem anyám és vele élő két testvérem életét, ruhatáramat felfrissítem, szabadságomat a Balatonon töltöm s még mindég marad annyim, amivel jó ideig kiegészíthetem szerény köztisztviselői fizetésemet.

— Őrült voltál! — támadtak rám a kártyacsata tanúi. — Antónióval nem szabad kártyázni. Csak addig játszik, amíg megy a lapja, s az első vesztett tét után sietve távozik zsákmányával.

Kisportolt, atléta alkatú férfi, párbajok, szerelmi botrányok hőse volt. Mondták, hogy apácaruhába öltözöttem vette be magát egy női kolostorba, szép, fiatal apác miatt. A helybeli színtársulat legszebb színésznőjét faképnél hagyta, miután elunta. A húsz éves és szerelmes Valbi könyörgő levelekkel ostromolta hűtlenné lett csábítóját Komáromból, ahová a társulattal költözött. „Öngyilkos leszek!" írta utolsó levelében. Az is lett. Azzal a töltött pisztollyal követte el tettét, amit Antóniótól kapott válaszul a várva várt levél helyett. Az eset miatt öngyilkosságra való felbújtás vádját emelte Antónió ellen a győri királyi ügyészség, az esküdtszék döntése azonban felmentő volt. Általános vélemény szerint a dúsgazdag apa az esküdtszék többségének megvesztegetésével érte el a kedvező döntést.

Olykor rést nyitott a lelkét burkoló páncélon. Mint azon az estén, amikor azzal toppant be albérleti szobámba, hogy olvassam el a Pesti Hírlapban, sok éve közölt apróhirdetését. Elmondta, hogy akkoriban egy tragikus emlék gyötrő látomása elől menekülve, vonaton, luxushajókon utazta be a világot. De bárhova ment, a látomás mindenüvé követte. Azután sem hagyta el, amikor hazatért. Mellette hevert éjszakákon, nappalokon át, vádolt, gyötört, ő meg nyitott szemmel bámult a semmibe. Hová fusson, hogyan szabaduljon üldözőjétől? Legyen öngyilkos? Előbb-utóbb az lesz, de még nem érkezett el az ideje. Még szeretne valamit megismerni, amit még nem ismert. Nem mondta ki, de éreztem, hogy a szerelemre gondolt, és a szép Valbi véres látomása elől menekült.

— Egy vasárnap délután —, folytatta történetét —, a Pesti Hírlapot olvasva, elérkeztem az apróhirdetésekhez, szerelmet, szeretkező társat kereső nők, férfiak üzeneteivel. Ez az! Ütöttem homlokomra. Antónió, te ezeken a hasábokon át surransz be egy nő szívébe, aki vasárnap délutáni unalomból szintén végigböngészi a szerelmi üzenetek rovatát. Egy nő emlékétől csak egy másik nő szerelme által lehet megszabadulni.

Összehajtogatott újságkivágást tett a kezembe:

— Ime!

Egész hasábot töltött be a „Bakkara asszonyai" jeligéjű hirdetés. Azzal kezdte, hogy anyagilag független, előnytelen külsejű, harminc éves férfi keresi szép, anyagilag független, húsz-huszonkét éves nő szerelmét. Nem tudom felidézni a csábításnak azt a démoni művészetét, amellyel alattomos sejtetésbe burkoltan ígért gyönyört annak, aki nem fél a mindent feláldozó szerelem kockázatától.

A Pesti Hírlap apróhirdetési rovata napokon át közölte: „Bakkara asszonyai" levele van. „Bakkara asszonyai" levele van. Az eset felkeltette azon idők nagynyelvű filozófusának, Alexander Bernátnak figyelmét. A Budapesti Hírlapban közölt cikke hosszan foglalkozott az apróhirdetés szerzőjével, aki az írnitudás olyan

247

tehetségével rombol, amellyel írói műveket is alkothatott volna. Avagy talán író lappang az erkölcsi züllöttség hátborzongató szövege mögött? A levelek százai közt lányukat féltő, kétségbeesett anyák levelei azért fohászkodtak, hogy lányuk soha meg ne ismerje az apróhirdetés szerzőjét.

— Okulásodul szolgáljon —, mondta Antónió és összetépte a foszladozó újságkivágást. — Nem bűn, ha magadévá teszel egy nőt, mert megkívántad, és ő megkívánt téged, de lelket mételyező bűn, ha szerelmet hazudsz neki.

Lelki fregoli volt, hol ilyen, hol amolyan módon álcázva igazi lényét. Keresztlevele szerint evangélikus, valójában minden hitvallás tagadója. Egy nap mégis azzal lepett meg, hogy a karmelita rendház priorjával barátkozik. Mi keresnivalója a szentéletű szerzetesek kolostorában? Lelkiismeretét gyötrő emlékeitől akar szabadulni, avagy a szentéletű szerzetes lelkébe akarja csempészni sátáni szellemét?

Máskor meg Vátszjászana ókori hindu költő kis példányszámú, bibliofil kiadásában megjelent, Kámaszútra című művét tette elém. A szerelem vezérfonaláról szóló könyvet, amelyet a másodrendű szent könyvek közé sorolnak a hinduk, akik az indiai Kadjuraesiban, Beneres és Delhi erotikus domborművekkel zsúfolt templomot emeltek a termékenység kultuszának.

Megborzadtam a testi szerelmet bordélyházi nyíltsággal ismertető műtől. Nem jutottam tovább az első oldalnál.

Antónió gúnyos mosollyal vette tudomásul, hogy nem akartam végigolvasni a könyvet. Új módszerhez folyamodott. Trágárul durva megjegyzést tett egy fiatal, szinte gyermeklányra, mintha viszonyom lenne vele.

Felháborodottam utasítottam rendre.

— Velem így ne beszélj! — vágott vissza. — Az én zsebemben töltött browning van.

— Az enyémben is! — hazudtam.

Gyanakodva nézett rám, de attól kezdve óvakodott a hasonló kitételektől. Talán válaszom indította el különös átalakulásának folyamatát? A párbajok, merész kalandok hősén a félelem és üldözési rögeszme jelei mutatkoztak. Lakása bejáratát riasztócsengőkkel, nagy zajjal robbanó rakétákkal szereltette fel.

— Amilyen őrült vagy, tőled is félnem kell —, mondta egy alkalommal.

Tíz esztendei városi szolgálat után, a fővárosba költöztem, írói vágyaimat követve.

— Nehogy valaha is tolladra végy! Életeddel fizetnél érte! — vett tőlem búcsút Antónió.

Alakját nem is állíthattam volna be első nagyobb regényem történetébe, amely főként egy vidéki város közéletéről és azon idők társadalmi körülményeiről szólt. Antónió bonyolult lelkű, csillogó szellemű, gazdag parazita volt, aki az életet páholyból szemlélte, mint valami színjátékot, de sohasem vett részt a küzdelemben, amely e színen zajlott. Mohó újságolvasó, azzal az érdekes véleménnyel, hogy nem a nagybetűs közleményekből, hanem a látszólag jelentéktelen események kis híreiből lehet következtetni arra, amit a jövő hoz. Nem az emberiség, nem is a magyarság sorsáért aggódott, hanem önmagát féltette, Mit tegyen, hová menjen, ha az oroszországi kommunista államrend világhatalommá erősödik és igájába fog népeket, országokat? Mit tegyen, ha Magyarországon ismét bolsevizmus lesz?

Sok év múlva, kecskeméti rokonaimnál voltam, amikor váratlanul felhívott telefonon Budapestről. Arra kért, hogy másnap keressem fel a Pannonia Szállodában. Fontos ügyben akarja hallani véleményemet.

Szemén fekete szemüveggel, sezlonon heverve várt a szobájában.

— Valbi meg akart vakítani — panaszolta, először nevezve meg az ögyilkosságba hajszolt fiatal lányt. — A Genfből jövő expressznek abba a fülkéjébe szált be, amelynek egyetlen utasa voltam. Úgy tett, mintha nem ismerne fel, és az ablak melletti ülésen, velem szemközt foglalt helyet. Nem tudom hogyan, miért, hirtelen mély álomba zuhantam. Mire felébredtem, arcomat, szememet a nyitott ablakon behulló hópihék lepték el és ismét egyedül voltam. Ne nézz rám ilyen hitetlenkedve. Ő volt, ő nyitotta rám az ablakot, hogy a szememre telepedő hó megvakítson. De nem ezért kértelek. Másról van szó. Véleményedet akarom hallani, mert író vagy és minden író látnok is. Arra felelj, lesz-e nálunk ismét bolsevizmus?

— Lesz — feleltem habozás nélkül —, ha nem juttatják földhöz a föld nyomorgó népét.

Többé nem láttam. Míg egy nap Az Est első oldalán nagybetűs cím közölte, hogy öngyilkosságot követett el egy városvégi szállodában. Előbb megmérgezte, aztán szíven lőtte magát. Ő, akinek

249

az élete a haláltól való rettegésben telt el, félve, hogy meggyilkolják és a gyilkosságot ő maga követte el önmagán.

Szobája ajtajára rajzszögekkel rögzített cédulán néhány rejtélyes, összefüggéstelen szó állott.

A füzet

1921. telén, mint írtam, belső válságaimat oldottam meg misztériumdrámámmal.

Látom a kávéházi színt, ahol elnémultak Lakatos Misi cigányprimás bandájának siketítő hangossággal tomboló húrjai, az elnéptelenedő hombár egyik részében elsötétültek a csillárok s a regattisták hosszú asztalánál már csak én maradtam, meg egy külföldi folyóiratokat böngésző, magas homlokú mérnökszázados.

A tulajdonos Keller, egy ledérségéről ismert és megejtő szépségű nő után vetette magát, fivére Ferenc, a sánta főpincér, a tálalónak támaszkodva a lassan múló órákkal birkózott, hogy szolgálata végeztével, bűzös spelunka kártyaasztalánál tékozolja el, amit aznap keresett. A másik Ferenc, a szőke és sejpítő pincér, székeket rakott az elsötétült rész márványasztalaira.

Csönd vett körül. Az a mágikus csönd, amely felszabadítja kötelékeiből az ihletet. Tollam irammal száguldott a magam elé terített papiroson, a tudat alól felszabaduló gondolatok mámoros forróságával. Képzeletem bordó függönye mögül megszólalt a Hang. A misztériumdráma nyitánya. Majd szétfutott a függöny és színre lépett a sír szélén tántorgó Ember meg az Élet és Halál titkát kutató Költő, aki az Ember utolsó sóhajával kinyíló kapun akar belesni, hogy meglásson valamit abból, ami a kapun túl van.

Én voltam az Ember, és én voltam a Költő. A néma és mégis hallható Csönd is én voltam. Meg a Halál, az Eleveelrendelés és a misztériumdráma többi szereplője. Én szólaltam meg általuk, és mindaz, ami velük történt, a titkok titkát kutató gyötrődés, az én gyötrődésem látomása volt.

— Mit írsz? — nézett fel tornyosuló folyóiratok mögül a százados.

— Majd! — feleltem idegesen és tovább írtam.

A Csöndről írtam, amelyhez így szólt a Költő:

— Értelek és nem hallom beszéded.

A Csönd meg így felelt:

— Igen, mert én a Csönd vagyok,
Kísérőtársa minden elmúlásnak,
És én harsogva hallgatok.
A végtelen zaj vagyok, ősi lárma,
Profán füleknek süket némaság,
De ahol szárnyára kel a gond,
E huhogva szálló fekete madár,
Ahol csontváz-kezét kinyújtva,
Életet ragad váratlan halál,
Ahol felsikolt az iszonyat,
Ahol többé már nincs remény,
Sem cél, sem balsorsból kiút,
Vaksötétben semmi, semmi fény,
Ott megpendítem húrtalan gitárom
És minden fül számára másként
Zokog fel néma dallamom.
Nézd a tömeg ezernyi arcát,
Minden arcon túl
Más lélek felesel velem:
Az egyik jajjal, a másik kacajjal,
Mind másként érti egyazon énekem.
Letettem töltőtollamat és a századosra néztem:
— Akarod hallani?
— Örömmel.
Így kezdődött és három éjbe nyúló este alatt ért zárójelenetéhez
a lét és nemlét titkát öröktől kutató, soha ki nem elégülő tudni-
vágyásról szóló misztériumdrámám.

Kettészelt papírívek másik oldalán (a papír drága volt, pénzem
kevés) „Meghalt az Isten?" című régebbi novellám gépírásos szö-
vege. A téma és előadás annál is misztikus. Tizenhatéves korom
válságáról.

A misztériumdráma első címe Két templom volt. Az egyikben
komor falak, homály és az örök akarattal vívott békétlen csata,
míg a másikban kék ég, derű, madárdal, szántóvető élet nyugal-
ma, amelyet nem ver fel haláltól rettegő kesergés, ha közelít a földi
létet lezáró égi béke.

Győri költőnek a Royal Gobelin-termében rendezett irodalmi
estjén, az újraátélésnek azzal a forróságával olvastam fel művemet,
ahogyan az ihlet mámorában vetettem papírra, az elcsöndesült
Kioszk Kávéházban. Erről az irodalmi estről emlékeztem meg Szel-

lemi tájakon című könyvemnek a magyarországi versmozgalomról szóló fejezetében.

Idősebb férfi szájába adtam Mentes Mihály papköltőnek, a Győrött megjelenő Dunántúli Hírlap másnapi számában közölt gunyoros bírálatát a „harsogó" csöndről. Megdöbbentett, hogy a költő nem érti meg a költői kifejezés jelentőségét s aki hivatásában sokszor hallhatta a ravatali csöndet, nem hallatta a fájdalom némán sikoltó hangját. Úgy véltem, hogy a csönd a hangok összességének foglalata, miként a fehér szín az össze színeké.

Évek követtek éveket, évtizedek évtizedeket. Hontalanná lettem, négy testvérem gyors egymásutánban követte rég elhalt anyámat és nekem a politikai elítéltek jogfosztottságával kellett tűrnöm, hogy banditák kezére kerüljön minden érték, amit butorban, képben, könyvben, ékszerben őriztek meg házunk öreg falai s ami a törvényi öröklés szabályai szerint az én tulajdonommá vált.

Amit nem tehettek pénzzé, s ami számomra becsesebb volt a pénznél, azt szétdobálták kegyetlenül. Szemtanútól hallottam, hogy Selmecbánya történetének megörökítésével foglalkozó apám „Selmeci bányászok bérmozgalma a XVII. században" című, kiadatlan munkájának ívei, levelek százai, családi fényképek borították szobáink padlózatát. Jogvédelemért hiába fordultam volna saját hazámban is, hát még az ugyancsak kommunista uralom alá került Csehszlovákiában.

Jól tudták ezt azok is, akik cinkostársaikkal szövetkezve, büntetlenül gazdagodhattak, élhettek jómódban örökségemből, míg nekem mind máig tartó fáradalommal kell keresnem kenyerünket. Hiába fordultam azóta elhalt, egykori barátomhoz, Szlovenszkó nagy festőművészéhez, Gwerk Ödönhöz, azon időben Selmecbánya polgármesteréhez, hogy segítsen megszereznem az árverési eljárástól készült jegyzőkönyvet, amely feltünteti elkelt javaim eladásáért bevett összegeket. Az egykori barát feledte, mert üldözővé lett, én meg üldözötté, hogy egykor én voltam az, aki művészi hajlamával szemben érzéketlen kisiparos apját rávettem arra, hogy a budapesti képzőművészeti főiskola növendékeként fejleszthesse nagyra hivatott tehetségét.

Cikkek, novellák, színpadi kisérletek, regények tömege temette be többé kézbe sem vett ifjúkori művemet. Majd ötven év után, a magyar határ drótakadályain át került vissza hozzám. Születésem 75. évfordulóján jelent meg először nyomtatásban.

A kis példányszámban kiadott, külalakja szerint „füzet", miként a tartalmával meg sem ismerkedő lekicsinylés minősítette megbecsüléssel küldött kis könyvemet. Lehet az jó, lehet rossz, de vitathatatlan hitvallás az emigráció katolikus szellemű szépirodalmi műveinek egyike. Nem került könyvkereskedői forgalomba, sem ismertetés céljából sajtóhoz. Nem volt híre, kevesen értesültek róla, kevesen szerezték be, de mindég lelkes visszhang fogadta azok részéről, akik elolvasták.

Ezek között a fiatalon elhalt Déri Béla, a brüsszeli magyarok lelkésze, a brüsszeli Magyar Ház létesítője, aki több cikkemet közölte Magyar Ház című lapjában, nem állta meg, hogy könyvemről alkotott véleményét ne közölje a nyilvánossággal.

„A Küzdelemből — írta egyebek közt —, megismerhetjük az író fiatalkori vívódásainak egyik megrendítő mozzanatát: hogyan találta meg a kiutat az első világháború utáni materialista és idealista áramlatok között. Benső örömmel fedezzük fel a fiatalkori arcon a későbbi befutott író vonásait és becsületes, őszinte kitárulkozását."

Azt írta meg, az előzmények ismerete nélkül, ami magamban is csak akkor vált tudatossá, amikor visszanéztem elmúlt ifjúságomra, hogy ebben az írásban mondtam el egyet-mást magamról, másokról meg benső vívódásomat előidéző, Trianon utáni korszakról.

Nemrég elhunyt barátom, Várady Imre pedig a következőket írta hozzám intézett levelében:

„Nagyon örvendetes meglepetés volt számomra a 45 évvel ezelőtt készült Küzdelem megjelenése. Együltömben olvastam el, szinte megszakítatlan élvezettel, egyre azon csodálkozva, hogy a huszonnyolc éves korban kitűnő verselő miért pártolt el végleg a költött formától? Az élet-halál problémáival küszködő fiatal lélek szellemi erőfeszítéseinek megrendítő dokumentuma ez a kis könyv. A magyar irodalom bölcselőkölteményei között megkülönböztetett hely illeti meg. Nemcsak témájának örök aktualitása teszi a mai ember számára is izgató olvasmánnyá, hanem kifejezési formája sem avult el, akár hány szép oldala akár tegnap készülhetett volna. A gondolati tartalom erőteljes és megkapó, a Költő, a Csönd, a Halott, az Ember legtöbb szava biztos hatást ígér. Meggyőző erő s végül szuggesztív megnyugtatás van bennük."

Ennél többet nem kaphattam és nem kaphatok. Várady véleménye megnyugtatott afelől, hogy ifjúkori művem aggkoromban történt feltámasztása nem volt időszerűtlen.

Magamról és másokról írott vallomásom végéhez érve, hosszú és küzdelmes élet után, én is — miként misztériumom nehéz munkában elaggott szántóvetője —, föveget levéve, köszöntöm a Mindenség Urát:

Még várj Halál! Csak addig várj,
Míg a nagy útra tészem magam,
Várd be a távozó vendég végszavát:
Az Úr egyik hajlékából másikába térve,
Köszöntenem a Mindenség Urát.
Isten! ki oly soká viselted gondom!
A hosszú életért hálával telten,
És hálával a végső percekért,
Hogy lelkem békéjére lelten
Állhatok agg aratód előtt,
Ki suhint, markol, kévéket köt
És eléd tesz kévéid egyikében.
Teremtőm add túlérett kalászom helyét
Az üdvözültek szérűjében.
És mint a szántóvető, keresztet vetek én is:
— Ámen.

TARTALOM